权威·前沿·原创

皮书系列为
"十二五""十三五""十四五"时期国家重点出版物出版专项规划项目

BLUE BOOK

智库成果出版与传播平台

河南经济蓝皮书

BLUE BOOK OF HENAN'S ECONOMY

2025年河南经济形势
分析与预测

ANALYSIS AND FORECAST OF HENAN'S
ECONOMIC SITUATION (2025)

主　编／季红梅
副主编／李　鑫　童叶萍

社会科学文献出版社
SOCIAL SCIENCES ACADEMIC PRESS (CHINA)

图书在版编目（CIP）数据

2025年河南经济形势分析与预测 / 季红梅主编；李鑫，童叶萍副主编 . -- 北京：社会科学文献出版社，2025.2. --（河南经济蓝皮书）. --ISBN 978-7-5228-5070-2

Ⅰ. F127.61

中国国家版本馆CIP数据核字第2025CK4606号

河南经济蓝皮书
2025年河南经济形势分析与预测

主　　编 / 季红梅
副 主 编 / 李　鑫　童叶萍

出 版 人 / 冀祥德
组稿编辑 / 任文武
责任编辑 / 刘如东
责任印制 / 王京美

出　　版 / 社会科学文献出版社·生态文明分社（010）59367143
　　　　　 地址：北京市北三环中路甲29号院华龙大厦　邮编：100029
　　　　　 网址：www.ssap.com.cn
发　　行 / 社会科学文献出版社（010）59367028
印　　装 / 天津千鹤文化传播有限公司

规　　格 / 开本：787mm×1092mm　1/16
　　　　　 印张：21.5　字数：322千字
版　　次 / 2025年2月第1版　2025年2月第1次印刷
书　　号 / ISBN 978-7-5228-5070-2
定　　价 / 128.00元

读者服务电话：4008918866

▲ 版权所有 翻印必究

"河南经济蓝皮书"编委会

主　编　季红梅
副主编　李　鑫　童叶萍
委　员　(以姓氏笔画为序)
　　　　王文莉　王学青　刘朝阳　李　玉　李　伟
　　　　杨森山　冶伟平　陈　哲　范　磊　范志军
　　　　孟凡玲　秦红涛　郭宏震

"河南经济蓝皮书"编辑部

主　任　童叶萍

副主任　王习涛

编　辑　(以姓氏笔画为序)

　　　　马艳波　邓　珂　刘晨阳　李　沙　李嘉梁

　　　　杨　博　吴　沛　谷潇若　符嫚嫚　蒋文琪

　　　　臧周磊　薛　云

摘　要

本书由河南省统计局主持编撰，全书深入学习贯彻党的二十大和二十届二中、三中全会精神，系统反映了2024年河南始终坚持稳中求进工作总基调，紧抓构建新发展格局战略机遇，锚定"两个确保"，持续实施"十大战略"，坚定扛稳经济大省挑大梁的责任，在稳增长、扩内需、强创新、调结构、惠民生、防风险上持续发力，为实现全省"十五五"良好开局打牢了基础。全书分为主报告、分析预测篇、战略措施篇和专题研究篇四大板块。

本书主报告《2024～2025年河南省经济形势分析与展望》认为，2024年全省上下经济运行呈现稳中向好、好中向新的发展态势，高质量发展扎实推进。展望2025年，外部环境仍旧严峻复杂，世界百年未有之大变局加速演进，全省上下必须坚持以习近平新时代中国特色社会主义思想为指导，全面贯彻中央经济工作会议精神，坚持稳中求进、以进促稳、先立后破，完整、准确、全面贯彻新发展理念，推动经济实现质的有效提升和量的合理增长。

分析预测篇由9篇文章构成，分别对河南省农业、工业、服务业、固定资产投资、消费品市场、财政、金融、能源、生态环境等重点行业运行态势进行分析，客观阐述了2024年新形势下各行业发展现状格局、取得的成绩、出现的亮点和发展中存在的问题，并对2025年发展趋势进行了展望与预测。

战略措施篇由7篇文章构成，重点对全省"十大战略"、郑州国家中心城市建设、黄河流域高质量发展等中央和省委省政府重大战略推进情况等内容进行深入研究，并提出了新形势下如何加快推进战略实施的对策建议。

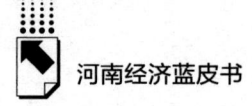

专题研究篇由 13 篇文章构成，紧盯政府重点工作，关注河南经济运行中的重点、热点、难点问题，通过专题调研成果分析，结合政策理论进行问题的深入剖析和研究，为相关政策制定提供参考。

关键词： 经济运行　经济结构　现代化　河南省

Abstract

This book is compiled under the leadership of the Henan Provincial Bureau of Statistics. The book thoroughly studies and implements the spirit of the 20th National Congress of the Communist Party of China and the Second and Third Plenary Sessions of the 20th Central Committee of the Communist Party of China. It systematically reflects the general tone of Henan's work of making progress while maintaining stability in 2024, and firmly grasps the construction of Strategic opportunities for the new development pattern, anchoring the "two guarantees" and persisting continue to implement the "Ten Major Strategies", firmly shoulder the responsibility of leading the economy as a major province, and continue to make efforts in stabilizing growth, expanding domestic demand, strengthening innovation, adjusting structure, benefiting people's livelihood, and preventing risks. Henan has taken a step forward in the practice of Chinese-style modernization Solid steps will lay a solid foundation for achieving a good start in the province's "15th Five-Year Plan". The content of the book is divided into four major parts: main report, analysis and forecast, strategic measures and special research.

The main report of this book, "Analysis and Outlook on the Economic Situation of Henan Province from 2024 to 2025" believes that in 2024, the province's economic operation has showd a development trend of stability and improvement, and good and new development, and high-quality development will be solidly advanced. Looking forward to 2025, the external environment will remain severe and complex, and the world's century-old changes are accelerating. The whole province must adhere to the guidance of Xi Jinping Thought on Socialism with Chinese Characteristics for a New Era, fully implement the spirit of the Central Economic Work Conference, persist in seeking progress while maintaining stability, and promote Stable, establish first and then break, implement the new development concept completely, accurately and comprehensively, and promote the economy to achieve effective qualitative improvement and reasonable quantitative growth.

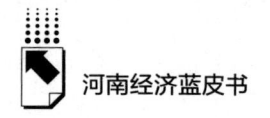

The analysis and forecast part consists of nine articles, which respectively analyze the operating situation of key industries such as agriculture, industry, service industry, fixed asset investment, consumer goods market, foreign trade, finance, finance, energy, and ecological environment in Henan Province, and objectively explain the past under the new situation of the year, the current development pattern, achievements, highlights and problems existing in the development of various industries were analyzed, and the development trends in 2025 were prospected and predicted.

The Strategic Measures part consists of seven articles, focusing on in-depth research on the province's "Ten Major Strategies", the construction of Zhengzhou as a national central city, and the high-quality development of the Yellow River Basin and other major strategic advancements of the central and provincial committees and governments, and puts forward countermeasures and suggestions on how to accelerate strategic implementation under the new situation.

The monographic study part consists of thirteen articles, focusing on the government's key tasks, paying attention to the key, hot and difficult issues in Henan's economic operation. Through the analysis of special research results, combined with policy theory, we conduct in-depth analysis and research of the issues, and provide guidance for the formulation of relevant policies.

Keywords: Economic Operation; Economic Structure; Modernization; Henan Province

目 录

Ⅰ 主报告

B.1 2024~2025年河南省经济形势分析与展望
　　…………………………………… 河南省统计局课题组 / 001

Ⅱ 分析预测篇

B.2 2024~2025年河南省农业农村经济形势分析与展望
　　………………………………………… 李　伟　吴　娜 / 014

B.3 2024~2025年河南省工业形势分析与展望
　　……………………………… 赵清贤　张高峰　张　静 / 022

B.4 2024~2025年河南省服务业形势分析与展望
　　……………………… 朱丽玲　张　旭　景永静　宋谊晴 / 032

B.5 2024~2025年河南省固定资产投资形势分析与展望
　　……………………………… 陈　琛　呼晓飞　张佳瑞 / 041

B.6 2024~2025年河南省消费品市场形势分析与展望
　　………………………………………… 张　静　施　薇 / 050

B.7　2024~2025年河南省财政形势分析与展望

……………………………………………郭宏震　吴梦然　司银哲 / 059

B.8　2024~2025年河南省金融业形势分析与展望

…………………………………任远星　王利娟　张　悦　李惠心 / 068

B.9　2024~2025年河南省能源形势分析与展望

……………………………………………刘金娜　刘芦苇　孙　昊 / 076

B.10　2024~2025年河南省生态环境形势分析与展望

……………………………………………张清敏　孙一兵　袁彩凤 / 085

Ⅲ　战略措施篇

B.11　2024年度河南省文旅文创融合战略研究

………范志军　赵伟光　张路平　杨　奕　虎　磊　杨　朔 / 093

B.12　河南省加快城乡融合发展促进城乡共同繁荣研究

………李迎伟　赵　杨　王一嫔　孟凡玲　杨　争　靳伟莉

　　　　李　玉　武明光　薛冰莹　张　朋　李文鹏 / 104

B.13　农业强省目标下河南乡村振兴实施情况研究

……………………………………………………吴　娜　杨　争 / 117

B.14　河南电力行业绿色低碳转型问题研究

……………………………秦红涛　郭俊锋　刘芦苇　孙　昊 / 131

B.15　河南省新能源汽车产业发展研究

………………………………………………………王　帅　侯　捷 / 142

B.16　提升郑州国家中心城市核心竞争力研究

…………靳伟莉　张　朋　曹青梅　杨浩东　崔君华

　　　　　　　　　　　　　　　　　　　曹　雷　付亚楠 / 154

B.17　河南省全面推进黄河重大国家战略问题研究

……………………………赵新池　李子君　郝占业　王军美 / 168

Ⅳ 专题研究篇

B.18 河南新型电力（新能源）装备产业链高质量发展研究
　　………………………… 邢恩彬　贺　霞　冶伟平　任静雯 / 179

B.19 河南先进制造业和现代服务业深度融合发展研究
　　………………………………………… 张　旭　顾惊鸿 / 191

B.20 河南省加快推广绿证交易研究
　　………………………… 郑修思　李芳远　许艺凡　徐夏楠 / 199

B.21 河南民间资本参与重大项目建设问题研究
　　………………… 赵新池　李子君　郝占业　王军美　潘雨琪 / 209

B.22 河南省内河航运高质量发展策略研究
　　………… 杨朝晖　张仲鼎　付孝银　任　静　王占伟　王纪锋 / 220

B.23 河南省消费扩容提质转型研究
　　………………………………… 张　静　雷茜茜　施　薇 / 229

B.24 河南新质生产力发展研究
　　………………………… 田　钧　海向阳　蔡雪月　李艳培 / 237

B.25 河南省区域经济发展差异的表现特征、影响因素
　　　　与协调发展策略研究
　　………………… 李红梅　张喜峥　赵国顺　张　艺　纪晓斐 / 250

B.26 河南省疏通堵点加快推进工业设备更新研究
　　………………… 赵　杨　王一嫔　赵翠清　李　玉　武明光 / 264

B.27 河南省城乡居民医保参保情况研究
　　……… 赵　杨　王一嫔　赵翠清　李　玉　魏　巍　武明光 / 272

B.28 高质量发展背景下河南省民营经济发展活力区域差异
　　　　与时空演化研究
　　………………… 李　波　石晓芳　肖康康　张瑜若　孟君旖 / 281

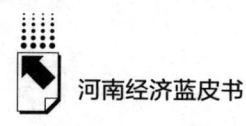

B.29 河南重点监测城市新建商品住宅价格健康水平测度与预警研究
………………………………………… 赵芷曼　张静文 / 291

B.30 河南居民消费情况调研报告
……………… 赵　杨　王一嫔　李　玉　张佳瑞　李亚辉
　　　　　　　　　　　　　　　　　　　魏　巍　武明光 / 310

皮书数据库阅读使用指南

CONTENTS

I Main Report

B.1 Analysis and Outlook on the Economic Situation of Henan
Province from 2024 to 2025
Research Group of Henan Province Bureau of Statistics / 001

II Analysis and Forecast Part

B.2 Analysis and Outlook on the Rural and Agricultural Economic
Situation of Henan Province from 2024 to 2025　　*Li Wei, Wu Na* / 014

B.3 Analysis and Outlook on the Industrial Situation of Henan
Province from 2024 to 2025
Zhao Qingxian, Zhang Gaofeng and Zhang Jing / 022

B.4 Analysis and Outlook on the Service Industry Situation of Henan
Province from 2024 to 2025
Zhu Liling, Zhang Xu, Jing Yongjing and Song Yiqing / 032

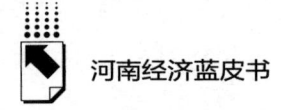

B.5　Analysis and Outlook on the Fixed Asset Investment Situation of
　　　Henan Province from 2024 to 2025
　　　　　　　　　　　　Chen Chen, Hu Xiaofei and Zhang Jiarui / 041

B.6　Analysis and Outlook on the Consumer Goods Market Situation of
　　　Henan Province from 2024 to 2025　　　*Zhang Jing, Shi Wei* / 050

B.7　Analysis and Outlook on the Financial Situation of Henan
　　　Province from 2024 to 2025
　　　　　　　　　　　　Guo Hongzhen, Wu Mengran and Si Yinzhe / 059

B.8　Analysis and Outlook on the Financial Industry Situation of
　　　Henan Province from 2024 to 2025
　　　　　　　　Ren Yuanxing, Wang Lijuan, Zhang Yue and Li Huixin / 068

B.9　Analysis and Outlook on the Energy Situation of Henan
　　　Province from 2024 to 2025
　　　　　　　　　　　　Liu Jinna, Liu Luwei and Sun Hao / 076

B.10　Analysis and Outlook on the Ecological Environment of Henan
　　　 Province from 2024 to 2025
　　　　　　　　　　　　Zhang Qingmin, Sun Yibing and Yuan Caifeng / 085

Ⅲ　Strategic Measures Part

B.11　2024 Annual Research Report on the Integration Strategy of
　　　 Culture and Tourism, and Cultural and Creative Industries in
　　　 Henan Province
　　　　　Fan Zhijun, Zhao Weiguang, Zhang Luping, Yang Yi, Hu Lei and Yang Shuo / 093

B.12　Research on the Accelerate the Integrated Urban-rural
　　　 Development and Promote Common Prosperity in Both
　　　 Urban and Rural Areas in Henan Province
　　　　　Li Yingwei, Zhao Yang, Wang Yipin, Meng Fanling, Yang Zheng, Jin Weili,
　　　　　　Li Yu, Wu Mingguang, Xue Bingying, Zhang Peng and Li Wenpeng / 104

CONTENTS

B.13 Research on the Implementation of Rural Revitalization in Henan Province under the Goal of Building a Strong Agricultural Province
Wu Na, Yang Zheng / 117

B.14 Research on Green and Low Carbon Transformation of Henan Electric Power Industry
Qin Hongtao, Guo Junfeng, Liu Luwei and Sun Hao / 131

B.15 Research on the Development of New Energy Vehicle Industry in Henan Province
Wang Shuai, Hou Jie / 142

B.16 Research on Enhancing the Core Competitiveness of Zhengzhou as a National Central City
Jin Weili, Zhang Peng, Cao Qingmei, Yang Haodong, Cui Junhua, Cao Lei and Fu Yanan / 154

B.17 Henan Province Comprehensively Promotes Research on Major National Strategic Issues Related to the Yellow River
Zhao Xinchi, Li Zijun, Hao Zhanye and Wang Junmei / 168

IV Monographic Study Part

B.18 Research on the High-quality Development of the New Power (New Energy) Equipment Industry Chain in Henan
Xing Enbin, He Xia, Ye Weiping and Ren Jingwen / 179

B.19 Research on the Deep Integration and Development of Advanced Manufacturing Industry and Modern Service Industry in Henan
Zhang Xu, Gu Jinghong / 191

B.20 Research on Accelerating the Promotion of Green Certificate Trading in Henan Province
Zheng Xiusi, Li Fangyuan, Xu Yifan and Xu Xianan / 199

B.21 Research on the Participation of Private Capital from Henan Province in Major Project Construction
Zhao Xinchi, Li Zijun, Hao Zhanye, Wang Junmei and Pan Yuqi / 209

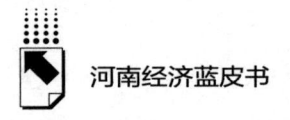

B.22　Research on High-quality Development Strategies for Inland
　　　　Waterway Transport in Henan Province
　　　　　　　　　　　　Yang Zhaohui, Zhang Zhongding, Fu Xiaoyin, Ren Jing,
　　　　　　　　　　　　　　　　　　Wang Zhanwei and Wang Jifeng / 220

B.23　Research on Consumption Expansion and Quality Transformation
　　　　in Henan Province　　　　*Zhang Jing, Lei Qianqian and Shi Wei* / 229

B.24　Research on the Development of New Quality Productivity in
　　　　Henan Province
　　　　　　　　　　Tian Jun, Hai Xiangyang, Cai Xueyue and Li Yanpei / 237

B.25　Research on the Performance Characteristics, Influencing
　　　　Factors and Coordinated Development Strategies of Regional
　　　　Economic Development Differences in Henan Province
　　　　　　　　Ji Hongmei, Zhang Xizheng, Zhao Guoshun, Zhang Yi and Ji Xiaofei / 250

B.26　Research on the Unblocking the Blockage and Steady Progress in
　　　　Industrial Equipment Renewal in Henan Province
　　　　　　　　Zhao Yang, Wang Yipin, Zhao Cuiqing, Li Yu and Wu Mingguang / 264

B.27　Research on Urban and Rural Residents' Health Insurance
　　　　Participation in Henan Province
　　　　　　　Zhao Yang, Wang Yipin, Zhao Cuiqing, Li Yu, Wei Wei and Wu Mingguang / 272

B.28　Research on Regional Differences and Spatio-temporal Evolution of
　　　　Private Economic Development Vitality in Henan Province in the
　　　　Context of High-quality Development
　　　　　　　　Li Bo, Shi Xiaofang, Xiao Kangkang, Zhang Yuruo and Meng Junyi / 281

B.29　Research on Measurement and Early Warning of Healthy Level of
　　　　New Commodity Residential Prices in Key Monitoring Cities of
　　　　Henan Province　　　　　　　*Zhao Zhiman, Zhang Jingwen* / 291

B.30　Research Report on Henan Residents' Consumption
　　　　　　　　Zhao Yang, Wang Yipin, Li Yu, Zhang Jiarui, Li Yahui,
　　　　　　　　　　　　　　　Wei Wei and Wu Mingguang / 310

主报告

B.1 2024～2025年河南省经济形势分析与展望

河南省统计局课题组[*]

摘　要： 2024年，河南省上下坚持以习近平总书记视察河南重要讲话重要指示精神为总纲领、总遵循、总指引，深入学习贯彻党的二十大和二十届二中、三中全会精神，锚定"两个确保"，持续实施"十大战略"，强化存量政策和增量政策协同发力，全省经济运行呈现稳中向好、稳中向新、稳中向优的发展态势，高质量发展扎实推进，主要经济指标增速高于全国，坚定扛稳了经济大省勇挑大梁的政治责任。展望2025年，世界百年未有之大变局全方位、深层次加速演进，外部环境复杂性、严峻性、不确定性明显上升，必须坚持以习近平新时代中国特色社会主义思想为指导，全面贯彻中央经济工作会议精神，认真落实省委经济工作会议安排部署，牢牢把握高质量发展首要任务，坚持稳中求进、以进促稳、先立后破，完整、准确、全面贯

---

[*] 课题组成员：季红梅，河南省统计局副局长；李鑫，河南省统计局副局长；徐委乔，河南省统计局综合处处长；杨琳，河南省统计局综合处副处长；李湛，河南省统计局综合处；王韶光，河南省统计局综合处。执笔人：杨琳、李湛、王韶光。

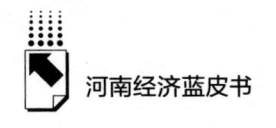

彻新发展理念，推动经济实现质的有效提升和量的合理增长。

关键词： 经济运行　结构之变　动能之变　质量之变

2024年，河南省上下坚持以习近平总书记视察河南重要讲话重要指示精神为总纲领、总遵循、总指引，深入学习贯彻党的二十大和二十届二中、三中全会精神，把思想和行动统一到党中央对经济形势的科学判断和决策部署上来，坚持稳中求进工作总基调，完整、准确、全面贯彻新发展理念，紧抓构建新发展格局战略机遇，锚定"两个确保"，持续实施"十大战略"，强化存量政策和增量政策协同发力，统筹推进稳增长、调结构、促转型、惠民生、防风险、保安全，全省经济运行呈现稳中向好、稳中向新、稳中向优的发展态势，高质量发展扎实推进，主要经济指标增速高于全国平均水平，坚定扛稳了经济大省勇挑大梁的政治责任。

一　2024年全省经济运行稳中向好

根据地区生产总值统一核算结果，2024年，全省实现地区生产总值（GDP）63589.99亿元，按不变价格计算，同比增长5.1%，比2023年加快0.9个百分点。全省GDP增速逐季加快，全年全省GDP增速比第一季度、上半年和前三季度分别加快0.4个、0.2个和0.1个百分点；全省GDP增速从第一季度的低于全国0.6个百分点收窄为上半年的低于全国0.1个百分点，并在前三季度顺利实现反超，全年增速高于全国0.1个百分点。同时，工业、投资、消费等主要经济指标增速持续高于全国，在经济大省中位居前列。2024年，全省规上工业增加值、固定资产投资、社会消费品零售总额同比分别增长8.1%、7.0%、6.1%，分别高于全国2.3个、3.8个、2.6个百分点，在经济总量前十位的经济大省中分别居第2位、第1位、第1位。

（一）生产供给保持稳定

农业生产总体平稳。坚定扛牢农业大省政治责任，扎实做好粮食和重要农产品稳定安全供给。粮食安全根基进一步夯实。强化责任担当，采取多种有力措施，充分调动农民种粮积极性，确保2024年"小麦增产夺丰收行动"取得实效，因地制宜全面落实农业防灾减灾各项措施，秋粮因灾减产总体有限，全年粮食总产量1343.87亿斤，同比增长1.4%，连续8年稳定在1300亿斤以上。瓜果、蔬菜等经济作物供应稳定。2024年，全省蔬菜及食用菌产量8265.29万吨，同比增长2.7%，瓜果类产量1544.22万吨，同比增长2.8%。畜牧业生产形势总体良好。2024年，全省猪牛羊禽肉产量688.21万吨，同比增长2.2%，生猪出栏6029.08万头，同比下降1.2%。

工业经济稳健运行。瞄准制造业高质量发展主攻方向，深入推进新型工业化，把保持工业经济快速增长态势作为经济发展压舱石。超八成行业生产保持增长，七成行业生产改善。2024年，全省40个工业行业大类中，有33个行业增加值实现同比增长，增长面达82.5%，比2023年提高20.0个百分点，其中17个行业同比实现两位数增长；有28个行业增速比2023年加快或降幅收窄，改善面达70.0%。制造业较快增长，支撑明显。2024年，全省规模以上制造业增加值同比增长9.1%，快于全省规上工业1.0个百分点，对全省规上工业增长的贡献率达89.0%。主导产业快速增长，电子、汽车、装备等产业引擎作用发挥显著。2024年，全省主导产业增加值同比增长10.8%，快于全省规上工业增加值增速2.7个百分点；其中，电子信息、汽车及零部件、装备产业分别拉动全省规上工业增加值增长1.3个、1.3个和1.2个百分点。传统产业快速恢复，化工、轻纺等产业回升迅猛。2024年，全省传统支柱产业增加值同比增长6.7%，比2023年加快5.2个百分点；其中，化学工业、轻纺工业增加值分别同比增长16.4%、4.6%，比2023年分别回升14.0个、10.5个百分点。重点产业链群挺起全省工业"脊梁"。全省引入和培育比亚迪、中州时代、金大地等产业链主导项目，吸引相关上下游企业集聚，2024年全省"7+28+N"重点产业链群规上工业增加值同比增

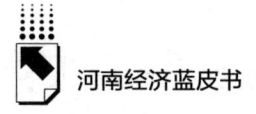

长9.5%，快于全省规上工业增加值增速1.4个百分点，对全省规上工业增长的贡献率达72.4%。其中，先进计算产业链、新能源汽车产业链、尼龙新材料产业链增加值分别同比增长71.3%、46.1%和29.5%。

服务业平稳恢复。加快构建优质高效的服务业新体系，积极培育服务业新动能，着力推动服务业高质量发展。现代服务业增势良好。1~11月，全省规上服务业10大行业门类中，有8个营业收入同比实现增长，增长面达80.0%。其中，租赁和商务服务业营业收入同比增长15.0%。文旅市场持续活跃。2024年，全省共接待游客10.65亿人次，实现旅游收入10304.13亿元，同比分别增长7.0%、6.8%；全省规上娱乐业企业营业收入同比增长31.7%。金融支撑实体经济有力。2024年，全省本外币各项存款余额109446.9亿元，同比增长8.8%；本外币各项贷款余额89257.3亿元，同比增长6.8%，其中全省住户一般消费贷款、住户经营贷款余额同比分别增长16.4%、12.3%。交通物流回暖向好。2024年，全省公路、水路客运量同比增长21.7%，旅客周转量同比增长24.7%，货物运输量、周转量分别同比增长3.5%、7.3%。郑州机场全年货邮吞吐量突破80万吨，创历史新高。

（二）有效需求稳步释放

固定资产投资稳定增长。坚持把项目建设作为经济工作的主抓手，"三个一批"项目建设活动持续深入开展，提质提速推动经济发展增势增能。重大项目支撑作用凸显。2024年，中原科技城数研产业园、郑州比亚迪等11318个亿元及以上项目完成投资同比增长7.6%，拉动全省投资增长4.9个百分点，对全省投资增长的贡献率达70.0%。2024年，全省"7+28+N"重点产业链群投资同比增长25.7%，比2023年加快17.7个百分点，对全省投资增长的贡献率达84.2%。工业投资持续两位数增长。2024年，全省工业投资同比增长21.6%，比2023年加快12.7个百分点，拉动全省投资增长7.0个百分点，2024年以来持续保持两位数增长态势。民间投资积极性增强。2024年，全省民间投资同比增长10.5%，比2023年加快14.4个百分点；增速高于全省投资增速3.5个百分点，自2024年4月以来连续9个月高于全省投资增速。民生补短板投资较快增长。2024年，全省社会领域投资同比增长3.7%，其中教育投资同比增长8.8%；水利、环境和公共设施管理业投资同比增长12.1%，其中生态保护和环境治理业投资同比增长40.4%。房地产市场活跃度有所回升。2024年，全省房地产开发投资同比下降7.5%，自2024年8月以来已连续5个月降幅收窄；新建商品房销售面积、销售额分别同比下降11.0%、13.8%，分别连续6个月、7个月降幅收窄。

消费市场稳中有升。把促消费、提升消费结构、培育消费新业态作为发力点，在以胖东来为代表的全省放心消费创建示范主体的示范带头引领下，持续创新消费场景，激发消费需求，充分释放消费潜力。超八成商品零售保持增长。2024年，在限额以上单位的23类商品中，有19类商品零售额实现同比增长，增长面达82.6%。基本生活类消费增速加快。2024年，全省限额以上单位粮油食品、饮料、日用品等商品零售额分别同比增长17.2%、15.8%、11.1%，比2023年分别加快13.5个、15.2个、14.0个百分点。部分升级类消费快速增长。2024年，全省限额以上单位照相器材、智能手机、金银珠宝等商品零售额同比分别增长42.8%、31.3%、19.0%，比2023年分别加快6.4个、26.3个、12.6个百分点。乡村市场销售快速回升。2024年，全省乡村限额以上单位零售额同比增长11.4%，比2023年加快9.1个百分点。消费品以旧换新带动相关需求加快释放。2024年，全省限额以上单位新能源汽车、家用电器和音像器材等商品零售额同比分别增长30.8%、15.7%。

外贸进出口逆势上扬。持续优政策、育主体、拓市场、稳规模，不断夯实外经贸发展基本盘。2024年，全省外贸进出口总值8201.7亿元，同比增长1.2%，自2024年下半年以来，全省进出口规模持续回暖，连续6个月单月同比增长，到11月累计增速由负转正。12月，全省外贸进出口同比增长7.7%，高于全国0.9个百分点。外贸结构进一步优化。2024年，全省以一般贸易方式进出口3314.4亿元，同比增长3.9%，占全省外贸进出口总额的40.4%。经贸合作空间有效拓展。2024年，全省对非洲、欧盟进出口分别

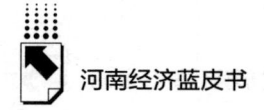

同比增长20.1%、13.3%，与"一带一路"共建国家进出口同比增长3.6%。外贸企业规模持续壮大。2024年，全省有进出口实绩的外贸企业数量达1.31万家，同比增长10.7%。外贸新动能较快增长。2024年，全省电动汽车、光伏产品、锂电池外贸"新三样"产品出口120.8亿元，同比增长21.6%。其中，出口电动汽车88.5亿元，同比增长91.4%，占"新三样"出口值的73.3%。

二 "三个之变"为高质量发展蓄势赋能

全省经济运行呈现稳中向好、稳中向新、稳中向优的良好发展态势，这样的成绩来之不易，弥足珍贵，全省经济发展的动能之变、结构之变、质量之变成效日益显现，是全省经济持续稳定向好发展的信心和底气所在。

（一）动能之变增强了经济发展活力

全省深入实施创新驱动、科教兴省、人才强省"第一战略"，持续推进科技创新和产业创新深度融合，加快形成新质生产力，打造硬核竞争力。新产业保持较快增长。2024年，全省高技术制造业、工业战略性新兴产业增加值分别同比增长12.0%、9.2%，分别高于全省规上工业增加值增速3.9个、1.1个百分点；新能源汽车产业、新一代信息技术产业、新材料产业增加值分别同比增长30.3%、11.8%、11.6%。新产品供给快速提升。2024年，全省集成电路、锂离子电池、服务器、光电子器件、电子计算机整机、工业机器人等新产品产量分别同比增长2.5倍、84.3%、32.2%、32.0%、31.6%和15.6%。新动能投资增势强劲。在中原科技城、超聚变研发中心及总部基地、国家超算中心等项目带动下，2024年，全省高技术制造业投资同比增长20.9%，其中航空航天器及设备制造业、计算机及办公设备制造业投资同比分别增长2.6倍、1.7倍。新兴服务业活力彰显。2024年，全省规上科技推广和应用服务业、商务服务业营业收入分别同比增长21.4%、14.3%，分别高于全省规上服务业营业收入增速19.3个、12.2个百分点。

新型消费业态蓬勃发展。2024年，全省限额以上单位通过公共网络实现的商品零售额同比增长17.9%，高于全省限额以上单位消费品零售额增速9.9个百分点。后劲支撑稳固增强。不断提升"万人助万企"专业化水平，做实做好助企纾困，助力企业加快成长，各类经营主体创新创业活力持续激发，新入库企业动能不断积蓄，成为经济增长的重要支撑。2024年，全省实有经营主体1127.77万户，同比增长3.1%，其中企业318.21万户，同比增长6.1%。创新引领持续强化。以中原科技城、中原医学科学城、中原农谷为核心的科技创新大格局持续拓展，超短超强激光平台主体工程、智能医学研究设施等创新平台建设加快推进，智慧岛科创服务体系持续完善，促进创新型企业加速成长，省级战略性新兴产业集群加快发展，新兴产业能级不断提升，全省研究与试验发展（R&D）经费投入预计连续4年超千亿元。

（二）结构之变优化了经济发展质效

全省以深化改革为动力，加快推动经济结构优化升级，发展质效稳步提升。产业结构更优。2024年，全省工业增加值占全省GDP的比重为29.2%，比2023年提高0.2个百分点，对全省经济增长的贡献率为43.3%，比2023年提高10.7个百分点，工业增长对经济发展的压舱石作用充分显现；工业战略性新兴产业、高技术制造业增加值占规上工业增加值的比重分别为24.8%、14.0%。投资结构更稳。2024年，全省工业投资占固定资产投资的比重为36.9%，比2023年提高4.4个百分点；高技术制造业投资占固定资产投资的比重为5.7%，比2023年提高0.7个百分点。消费结构更新。京东等网络购物平台把政府优惠补贴和平台自身优惠活动叠加，通过"补上加补"方式全方位为消费者提供更大优惠，带动相关商品销售迅速增长。2024年，全省通过公共网络实现的商品零售额占限额以上单位消费品零售额的比重为8.4%，比2023年提高1.0个百分点；新能源汽车、能效等级为1级和2级的家用电器和音像器材、智能家用电器和音像器材类商品零售额占限额以上单位商品零售额的比重分别为11.0%、3.3%、2.3%，比2023年分别提高2.0个、3.3个、2.3个百分点。能源结构更绿。规模化开

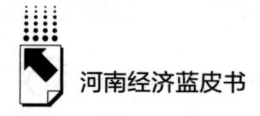

发可再生能源，2024年，全省可再生能源期末装机容量占全部装机比重突破50%，达51.4%，比2023年提高3.0个百分点；可再生能源发电量占规上工业发电量的比重为21.3%，比2023年提高1.1个百分点。财政兜底更强。2024年，全省地方一般公共预算支出中农林水支出、普通教育支出、财政对基本养老保险基金的补助占比分别为10.5%、14.5%和6.4%，同比分别提高0.9个、0.3个和0.4个百分点。

（三）质量之变提升了经济发展水平

全省更加注重经济发展的质量效益，加快绿色低碳转型，倡导绿色消费，坚持在发展中保障和改善民生，不断增进人民福祉，社会大局和谐稳定。就业形势总体稳定。高质量推进"人人持证、技能河南"建设，2024年全省城镇新增就业120.19万人，失业人员再就业29.06万人，就业困难人员再就业10.10万人。居民收入稳步增长。2024年，全省居民人均可支配收入31552元，同比名义增长5.4%，高于全国0.1个百分点；城乡居民可支配收入比为1.97，比2023年缩小0.04。脱贫县农村居民收入不断提升。扎实推进乡村振兴，2024年，全省脱贫县农村居民人均可支配收入19455元，同比增长6.8%，增速比同期全省农村居民人均可支配收入高0.4个百分点，相当于同期全省农村居民人均可支配收入的91.2%，同比提高0.3个百分点，相对差距进一步缩小。民生保障扎实有力。2024年，全省一般公共预算支出中，水利、农村综合改革等民生领域支出同比分别增长84.7%、24.5%。绿色低碳扎实推进。推动制造业绿色低碳高质量发展，2024年，全省规模以上工业单位增加值能耗下降4.8%，工业低碳节能工作扎实推进。

总的来看，随着近年来省委省政府持续致力于谋长远、打基础、抓重点、增后劲，河南经济发展出现了动能之变、结构之变、质量之变，持续为高质量发展"蓄势赋能"，各项存量政策和增量政策的效应不断显现，新质生产力加速成长，经济增长的"量"持续扩大，经济发展的"质"有效提升，转型发展的"效"显著增强。这样的成绩，是在世界经济复苏动能偏弱、国际环境愈发复杂严峻的情况下取得的，是在全国经济下行压力加大、周期性结构性问题叠加的背景下实现的，殊为不易，充分展现了河南经济韧性强、潜力足、回旋余地大，长期向好的基本面坚实。

三 2025年面临的形势及需要关注的问题

2025年是"十四五"规划实施收官之年、"十五五"发展谋篇布局之年，做好经济工作至关重要。要准确把握当前发展面临的环境形势，抓住机遇、迎接挑战，为坚定扛稳经济大省挑大梁重任赢得战略主动。

从国际看，全球经济整体继续呈复苏态势，全球货物贸易扭转2023年负增长态势，高质量共建"一带一路"扎实推进，我国与共建国家的互联互通和合作共赢不断深化，为全球经济发展注入了强劲新动能，新兴经济体发展势头良好，成为世界经济增长的重要引擎；新一轮科技革命和产业变革深入发展，不断催生新产业、新模式、新动能，给河南加快发展新质生产力、建设现代化产业体系带来了新的机遇。从国内看，我国经济基础好、韧性强、潜力大，随着一揽子增量政策落地实施和党的二十届三中全会部署的一系列改革措施深入推进，一些领域风险隐患得到防范化解，有效需求不断改善，市场信心明显提振，河南要牢牢把握政策机遇期，细化完善配套政策，聚焦重点行业领域，持续巩固增强经济回升向好态势。河南拥有完备的产业体系、基础设施网络，拥有近1亿人口，市场潜力巨大，且2024年河南经济持续回升向好，尤其是4月以来，工业、投资、消费等主要指标增速均持续高于全国平均水平，要进一步用好有利条件，乘势而上。

同时也要看到，当今世界百年未有之大变局全方位、深层次加速演进，外部环境复杂性、严峻性、不确定性明显上升，当前全省仍处于新旧动能转化的冲刺期，需求总体疲软尚未扭转，服务业下行压力依然较大，部分企业生产经营面临困难，推动全省经济持续向好仍面临不少挑战。

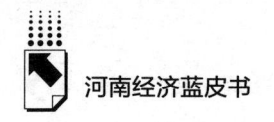

（一）需求总体疲软尚未扭转

投资增长后劲乏力。2024年，全省新开工项目计划总投资规模下降，同比下降20.5%；基础设施投资增速下降1.8%，创近18个月新低，增速比2023年回落6.4个百分点；在建项目剩余投资同比下降5.8%，2024年以来持续下降；"三个一批"在库项目投资同比下降1.4%，下拉全省固定资产投资增速0.4个百分点，比2023年少拉动13.0个百分点。汽车等重点商品消费放缓。2024年以来，汽车市场竞争加剧，消费者持币观望情绪较重，汽车类消费持续低迷。2024年，全省限额以上单位汽车类商品零售额同比增长1.4%，增速比2023年回落12.0个百分点，少拉动全省限额以上单位零售额增长4.2个百分点。

（二）服务业下行压力较大

服务业增加值增速偏低。2024年，全省服务业增加值同比增长4.1%，低于全国0.9个百分点，比2023年回落0.6个百分点，少拉动GDP增长0.3个百分点，制约全省经济增长。金融机构收入持续下降。2024年，全省金融业增加值仅增长0.6%，比2023年回落2.3个百分点，全省金融机构利息净收入和手续费及佣金净收入增速同比下降7.0%，其中利息净收入同比下降6.9%，手续费及佣金净收入同比下降9.3%。房地产仍处调整转型过程中。尽管一系列促进房地产市场平稳健康发展的政策措施效应逐步显现，但房地产市场总体仍处在调整转型过程中，市场信心修复仍需时间，2024年，全省房地产业增加值同比下降0.6%，比2023年回落3.6个百分点；郑州市新建商品住宅销售价格、二手住宅销售价格分别同比下降5.9%、8.2%。

（三）部分企业生产经营面临困难

营业收入增长偏缓。2024年，全省规上工业企业营业收入同比增长2.0%，仍低于全国0.1个百分点。企业亏损面增加。2024年，全省有5685

家规上工业企业出现亏损，亏损面21.3%，比2023年扩大0.7个百分点；2796家规上服务业企业亏损，亏损面27.0%，比2023年扩大1.9个百分点。企业盈利能力较弱。2024年，全省规上工业企业每百元营业收入中的成本为88.47元，高于全国3.33元，营业收入利润率为4.12%，低于全国1.27个百分点，人均营业收入169.1万元，低于全国平均水平17.0万元。

四 关于做好全省2025年经济工作的建议

做好2025年全省经济工作，必须坚持以习近平新时代中国特色社会主义思想为指导，深入贯彻中央经济工作会议精神，牢牢把握"五个统筹"的重大要求，全面落实省委经济工作会议和政府工作报告安排部署，牢牢把握高质量发展首要任务，坚持稳中求进、以进促稳、先立后破，完整、准确、全面贯彻新发展理念，聚焦强化经济监测、抢抓政策机遇，聚焦助企纾困、强链壮群，聚焦抓实项目、激活消费、扩大开放，聚焦创新突破、蓄势增能，聚焦改善民生、增进福祉，聚焦做好"升规纳统"、确保颗粒归仓，切实增强经济活力，防范化解风险，改善社会预期，持续巩固和增强经济回升向好态势，坚定扛稳经济大省挑大梁重任。

着力发挥国家政策效应。加快落实已经出台的存量政策，充分利用和放大"一揽子增量政策"的"乘数效应"，积极结合河南本地实际，着力在研究政策、宣传政策、争取政策、落实政策、配套政策上下功夫，多代入"政策需求方"的思维来设计和推出政策，推动各项政策措施在河南早落地早见效，将"政策红利"化为磅礴的发展势能。在政策实施过程中更加注重政策和市场的有效沟通，时刻收集市场的反馈，及时评估和优化政策，充分调动各方面积极性，放大政策组合效应，切实将政策红利转化为实实在在的发展动力，进一步提升宏观调控成效，更好激发增长动能。

着力稳住工业向好态势。聚焦深化"万人助万企"活动，切实帮助企业解决急难愁盼问题，在强化金融支持、降低企业成本、解决拖欠账款等方面，采取有力措施为企业纾困减负。聚焦培育壮大"7+28+N"重点产业链

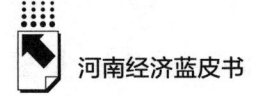

群，强化重点行业龙头企业运行监测和服务保障，加大对中小企业的政策支持力度，推动产业链上下游适配性对接、左右岸协同式发展，打造大中小企业共生共赢的产业链共同体。聚焦培育新质生产力，紧抓新一轮科技革命和产业变革重大机遇，推进产业向高端化攀升、向智能化挺进、向绿色化转型，加快推动新旧动能转换实现质的突破。

着力扩大社会有效需求。坚持扩大有效益的投资，强化"项目为王"导向，扎实推进重大项目建设，全力做好项目调度、要素保障、协调服务，尽快形成更多实物工作量；统筹用好超长期特别国债和地方政府专项债，更好地发挥政府投资带动作用，推动重点领域、重大项目建设。坚持激发有潜能的消费，扩大消费券或者促销活动范围，稳定汽车等大宗消费增长，促进文旅体育、批发零售、住宿餐饮等重点领域消费扩容升级，推广"胖东来"等企业典型经验，强化消费服务品牌建设，在消费提档上实现突破。坚持高水平对外开放，实施外贸主体培育行动，支持龙头企业稳定进出口，充分发挥利用外资专班作用，提升招商引资实效，持续做大做强航空经济、口岸经济、临港经济、枢纽经济，高质量参与"一带一路"建设。

着力强化科技创新推动。加大科技型企业培育力度，健全梯次培育机制，充分发挥科技领军企业龙头作用，鼓励中小企业和民营企业科技创新，构建大中小微企业协同创新、产业链上中下游有效衔接的融通创新格局。强化财政支持，积极争取中央财政加大对河南省科技创新的支持力度，发挥财政科技投入对全社会科技创新的放大、示范、增效作用。强化科技创新人才引育，扩大省杰青、优青覆盖面和加大支持力度，加大院士、国家杰青、长江学者等高端紧缺人才和实用领军人才引进力度，积极营造引进、留住、用好人才的良好环境。

着力加强保障改善民生。聚焦"一老一小一青壮"，加强普惠性、基础性、兜底性民生建设，让人民群众有更多实实在在的获得感。加大养老服务设施建设力度，深化公办养老机构改革，积极发展社区嵌入式养老和互助性养老，大力发展医养结合机构，培育康养联合体等新业态。加快优质医疗资源扩容下沉和均衡布局，提高医保基金使用效能，减轻群众就医费用负担，推动中医药传承创新发展。巩固完善义务教育经费保障机制，推动学前教育普惠扩容，加快推进义务教育优质均衡发展，深入推进普通高中教育教学改革和高考综合改革，加大"双一流"建设和第二梯队创建支持力度。实施就业优先战略，支持各类经营主体稳岗扩岗，拓展高校毕业生等重点群体就业渠道，促进高质量充分就业。

分析预测篇

B.2
2024~2025年河南省农业农村经济形势分析与展望

李伟 吴娜*

摘　要： 2024年，河南以习近平新时代中国特色社会主义思想为指导，深入学习贯彻党的二十大和二十届二中、三中全会精神，落实党中央、国务院关于"三农"工作的决策部署，始终坚持"三农"重中之重的战略地位不动摇，坚持农业农村优先发展，坚持高位推动谋全局，深入学习运用"千万工程"经验，有力有效推进乡村全面振兴，因地制宜发展农业新质生产力，农业农村经济平稳增长。展望2025年，河南将继续深入学习贯彻党的二十大和二十届二中、三中全会精神，坚持农业农村优先发展，继续扛稳扛牢粮食安全重任，持续抓好菜篮子产品供应，大力发展优势特色农业，全省农业农村经济将继续保持稳中向好态势。

关键词： 农业农村　经济形势　乡村振兴　河南省

---

* 李伟，河南省统计局农业农村统计处处长；吴娜，河南省统计局农业农村统计处副处长。

2024年，河南省上下以习近平新时代中国特色社会主义思想为指导，深入学习贯彻党的二十大和二十届二中、三中全会精神，党中央、国务院关于"三农"工作的决策部署，始终坚持农业农村优先发展，全力克服多重自然灾害带来的不利影响，坚决守牢了粮食安全底线，全省农业农村经济平稳增长，农业农村现代化基础不断夯实。农业农村"稳定器""压舱石"作用更加凸显，为稳定经济社会发展提供了有力支撑。

一 2024年全省农业发展情况

2024年，全省农林牧渔业总产值平稳增长，粮食产量稳中有增，经济作物平稳增长，主要畜禽出栏稳中有降，渔业生产保持稳定，农资价格总体下降。

（一）农业经济总量稳定增长

2024年，全省实现农林牧渔业总产值10632.62亿元，增长3.7%，增速比上年加快1.5个百分点。其中，种植业和畜牧业产值占比达到87.4%，主导地位稳固。分行业看，种植业产值6680.45亿元，增长3.6%；林业产值176.11亿元，增长6.6%；牧业产值2609.89亿元，增长1.8%；渔业产值144.65亿元，增长6.0%；农林牧渔专业及辅助性活动产值1021.52亿元，增长9.4%。

（二）种植业生产稳定发展

1. 粮食总产量稳中有增

2024年，全省始终牢记习近平总书记殷殷嘱托，坚决扛稳粮食安全重任。夏粮生产期间，全省光热条件充足，降水丰沛，总体有利于小麦生长发育和产量形成，小麦单产实现恢复性增长，夏粮产量757.1亿斤，稳居全国第1位，同比增加47.1亿斤，增长6.6%。秋粮生产期间，全省遭遇多重自然灾害，全省上下全力抗灾救灾保生产，开展适度补种，一定程度上降低了灾害对秋粮生产的影响，秋粮因灾减产总体有限，秋粮产量586.7亿斤，同比减少28.1亿斤，下降4.6%。其中，玉米比上年减产25.4亿斤，下降5.4%。总体来看，夏增补秋减，全省实现粮食总产量1343.9亿斤，同比增加19.0亿斤，增长1.4%。2024年全省粮食总产量稳居全国第2位，已连续8年稳定在1300亿斤以上，为巩固和增强经济回升向好态势、推动高质量发展提供了有力支撑。

2. 经济作物稳定增长

2024年，全省持续落实"菜篮子"市长负责制，大力发展蔬菜生产，积极抓好田间管理，蔬菜及食用菌、水果等经济作物生产形势良好。蔬菜及食用菌产量稳定增长。2024年，全省蔬菜及食用菌播种面积2744.62万亩，增长1.7%；产量8265.29万吨，增长2.7%。其中，蔬菜产量8068.58万吨，增长2.7%；食用菌产量196.71万吨，增长3.7%。水果生产平稳增长。2024年，全省瓜果播种面积437.64万亩，增长2.1%；产量1544.22万吨，增长2.8%。园林水果产量1075.60万吨，增长1.6%，水果产业保持稳步发展态势。中草药材等明显增长。全省中草药材面积273.11万亩，增长5.2%；产量190.91万吨，增长5.2%。盆栽观赏植物7528.49万盆，增长27.5%。

3. 主要畜禽生产稳中有降

受生猪产能去化、饲料成本下降等因素影响，生猪及猪肉价格持续上涨，生猪养殖效益明显增加，牛、羊养殖压力较大。2024年全省猪、牛、羊出栏均呈下降态势，家禽出栏有所上升。生猪出栏有所下降。全省生猪出栏由2023年的6102.31万头降至2024年的6029.08万头，增速由3.1%转为下降1.2%。牛出栏略有下降，羊出栏明显下降。全省牛出栏由2023年的245.92万头降至2024年的243.46万头，增速由1.0%转为下降1.0%；羊出栏由2023年的2207.57万只降至2024年的2000.06万只，降幅由6.9%加深至9.4%。家禽出栏有所上升，禽蛋产量明显下降。全省家禽出栏由2023年的10.08亿只升至2024年的10.46亿只，增速由下降13.0%转为增长3.8%；全省禽蛋产量由2023年的441.19万吨降至2024年的418.25万吨，降幅由3.3%加深至5.2%。

4. 渔业生产平稳发展

2024年，全省渔业生产平稳发展，主要养殖品种均价上涨，投苗生产积极性较高。2024年，全省水产品产量100.76万吨，同比增长2.9%。其中，捕捞产量11.10万吨，增长0.8%；养殖产量89.65万吨，增长3.1%。

（三）农资价格总体下降

2024年，全省化肥、棚膜等主要农资价格不同程度下降。其中，12月尿素全省平均价格为2150.65元/吨，下降16.1%；复合肥价格为3100.50元/吨，下降5.3%；棚膜价格为11942.93元/吨，下降0.5%；农用柴油（0号）价格为6.56元/升，下降6.7%。

二　2024年全省乡村全面振兴推进情况

2024年，全省上下深入学习运用"千万工程"经验，有力有效推进乡村全面振兴，农林水支出稳步增长，农林牧渔业固定资产投资止跌回升，乡村人才队伍不断壮大，农民收入和生活水平持续提升，全面乡村振兴取得阶段性成效。

（一）农林水支出明显增长

2024年，全省持续加大农林水支出力度，有力有效推进乡村全面振兴。全省农林水支出1206.23亿元，增长13.8%。其中，农业农村支出401.85亿元，增长7.1%；水利支出326.35亿元，增长84.7%；农村综合改革支出138.98亿元，增长24.5%。

（二）农林牧渔业固定资产投资止跌回升

2024年9月起，全省农林牧渔业固定资产投资结束持续三年多的下降态势，实现止跌回升。2024年，全省农林牧渔业固定资产投资增长9.0%，

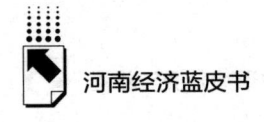

高于全国平均水平 2.6 个百分点。作为农业大省，扩大农林牧渔业有效投资，既可稳定提高农林牧渔业在全省经济发展中的重要地位，也将为加快建设农业强省奠定基础。

（三）乡村人才队伍不断壮大

2024 年，全省返乡入乡创业人员持续增加，新增返乡入乡创业人数 21.80 万人，完成年度目标任务的 145.3%，带动就业 112.98 万人；开展返乡农民工创业培训 7.26 万人次，完成年度目标任务的 121.0%；开展返乡农民工创业辅导 18.56 万人次，完成年度目标任务的 185.6%。农业领域"人人持证、技能河南"建设持续深化。全年完成农村劳动力职业技能培训 152.89 万人，新增技能人才 272.81 万人。

（四）农民收入和生活水平持续提升

2024 年，全省持续强化农民技能增收、经营增收、财产增收、转移增收以及实施"田园增收"等十大行动，全省农村居民收入和消费支出稳定增长，生活质量不断提高。全省农村居民人均可支配收入 21330 元，增长 6.4%，高出城镇居民 1.9 个百分点，城乡居民收入比由上年同期的 2.01 缩小至 1.97，缩小 0.04。全省农村居民人均生活消费支出 17515 元，增长 5.3%。农村居民在外就餐、购物等消费意愿不断提升，相关消费支出较快增长。其中，食品烟酒支出增长 8.0%，教育文化娱乐支出增长 7.3%。

三 2025年全省农业稳定发展面临的风险与挑战

2025 年是"十四五"规划的收官之年，也是全面贯彻落实党的二十届三中全会精神的关键之年。全省全面推进乡村振兴面临新的形势、机遇和任务，但农业农村发展仍将面临各种风险和挑战。

（一）畜牧业生产仍面临诸多风险

从生猪情况看，生猪出栏量恐将继续下降。2024 年全省生猪生产者价格同比上涨14.4%，玉米购进价格同比下降17.4%，猪粮比已由2024年1月的5.72∶1升至年底的7.12∶1，每出栏一头生猪已由略亏转为盈利200元左右，一定程度上将出现压栏惜售现象。从牛、羊和禽情况看，养殖场户补栏积极性不高。2024年全省牛、羊和活家禽生产者价格同比分别下降21.8%、15.9%和12.0%，价格持续低位运行，恐将导致相关畜种存栏量继续保持负增长态势。从全省农林牧渔业总产值结构来看，畜牧业产值约占农林牧渔业总产值的1/4，畜牧业面临的诸多风险，不仅影响畜牧业产能稳定，也将对全省农林牧渔业总产值产生一定的影响。

（二）粮食和重要农产品稳产保供仍面临挑战

受麦播以来前期降雨偏少、气温偏高等因素影响，部分抢墒早播、播量偏大麦田出现旺长。农业农村部门2024年12月底监测数据显示，全省有400多万亩小麦旺长。加上全省冬季高温少雨、冷暖起伏大，2025年2月气温将在回升中出现较大波动，可能进一步增加麦田继续旺长和冻害、病虫害的风险，小麦丰产丰收面临更多考验。此外，2024年全省主要粮油生产者价格大幅下降。其中，小麦生产者价格下降12.1%，稻谷下降4.6%，玉米下降17.8%；豆类、薯类、油料生产者价格分别下降23.2%、20.6%和10.7%。主要粮油生产者价格大幅下降，不仅影响农户的种植积极性，也将对粮食和重要农产品稳产保供产生一定的影响。

（三）农民增产增收存在隐忧

与2021年1月相比，2024年12月全省复合肥、氯化钾、尿素、农用柴油（0号）价格等农资均价涨幅在8.9%~40.2%区间，上升明显；加上耕、种、收等服务价格不断提高，对种植业生产成本影响较大，进而影响全省农林牧渔业生产。与此同时，除蔬菜、生猪外，其他主要农产品生产者价格出现不同程度下降，对农民经营性收入影响较大。受此影响，农民增收将受到一定的限制。

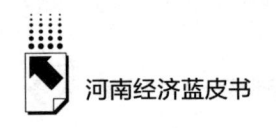

四 推进全省农业农村稳定发展的对策建议

农业稳则天下安,推进全省农业农村稳定发展,仍需多方努力。

(一)继续抓好主要畜种价格监测调控和生产稳定工作

继续强化畜禽价格监测调控,及时向养殖主体发布预警信息,引导养殖主体及时调整生产计划,努力确保主要畜禽价格维持在合理区间。继续抓好畜牧业高质量发展政策落实,从养殖用地、金融贷款等方面加大支持力度,确保主要畜禽产能稳定。继续加强动物疫病防控,不断扩大养殖保险覆盖面,不断提升养殖场户抗风险能力,为畜牧业产能稳定和养殖场户稳定收益提供支撑。

(二)多措并举确保粮食和重要农产品安全稳定供给

继续做好小麦苗情、墒情和病虫草监测,扎实做好农田管理,同时,持续完善气象灾害预警机制,密切关注天气变化,强化灾情预警,细化实化防灾减灾夺丰收的预案。此外,继续加大相关农作物保险覆盖面,加大财政补贴力度,提高种植户抵抗自然灾害的能力,保护种植户利益,提升种植户信心。

(三)努力促进农民增产增收

继续加大对农药、化肥等农资市场的监管调控力度,稳定农资价格,尽力降低农业生产成本。继续加强粮油等农产品价格监测调控,不断提高种粮农民补贴,确保农户收益稳定。持续加大农业产业化发展力度,加强乡村特色优势产业培育,推进农村产业延链补链强链,促进农民持续稳定增收。此外,根据市场需求,进一步加强农村劳动力就业创业培训,尤其是针对新职业新业态新模式发展实际,加大网络直播、无人机操作、网络送餐、快递物流、电子商务等领域技能培训力度,以此促进农村居民就业和收入提升。

展望2025年，面对新形势、新任务、新要求，河南将坚持以习近平新时代中国特色社会主义思想为指导，深入贯彻落实党的二十大和二十届二中、三中全会精神，落实好党中央、国务院关于"三农"工作的决策部署，坚持"三农"重中之重的战略地位不动摇，坚持农业农村优先发展，锚定农业强省建设目标，积极应对各种风险挑战，扎实做好粮食和重要农产品稳产保供，积极推进农民增产增收致富，扎实推进乡村全面振兴，为推进中国式现代化建设河南实践，谱写新时代新征程中原更加出彩新篇章作出农业贡献，河南农业农村经济将继续保持稳中向好态势。

B.3
2024~2025年河南省工业形势分析与展望

赵清贤 张高峰 张 静*

摘　要： 2024年,河南省规模以上工业增加值同比增长8.1%,总体保持稳步回升、稳中向好态势,新质生产力加速形成,"7+28+N"产业链群不断发展壮大,规模以上工业企业质量效益稳步提升。展望2025年,在宏观经济政策红利持续释放下,全省上下要抢抓新型工业化战略机遇,着力做好工业稳增长、"7+28+N"产业链群能级跃升、新质生产力培育、科技创新与产业深度融合等工作,全力推动工业经济平稳运行、稳中提质,为"十四五"圆满收官打下坚实基础。

关键词： 工业经济　新质生产力　新型工业化　河南省

2024年是实现"十四五"规划目标任务的关键一年,全省上下以习近平新时代中国特色社会主义思想为指导,深入贯彻落实党的二十大和二十届二中、三中全会精神,贯彻落实中央经济工作会议精神和省委十一届八次全会精神,坚持稳中求进、以进促稳、先立后破,锚定"两个确保",实施"十大战略",推进"十大建设",在有效落实存量政策的同时,加力推动一揽子增量政策全面落实,全省工业经济稳中向好,规模以上工业增加值同比增长8.1%。

---

* 赵清贤,河南省统计局工业统计处处长,一级调研员；张高峰,河南省统计局工业统计副处长；张静,河南省统计局工业统计副处长。

一 2024年全省工业经济稳中向好

2024年,工业领域持续深入实施换道领跑战略、优势再造战略等,省委省政府逐季度制定实施稳增长、提内需、促转型的政策措施,扎实推进大规模设备更新和消费品以旧换新,"7+28+N"产业链群不断发展壮大,全省工业经济整体稳中向好。

(一)全省规模以上工业增加值实现较快增长

自2023年第四季度至今,全省工业经济复苏势头良好,规模以上工业增加值增速稳步回升,特别是2024年第一季度以来,全省规模以上工业增加值累计增速持续高于全国。2024年,全省规模以上工业增加值同比增长8.1%,高于全国2.3个百分点(见图1),居全国第8位、中部地区第3位。

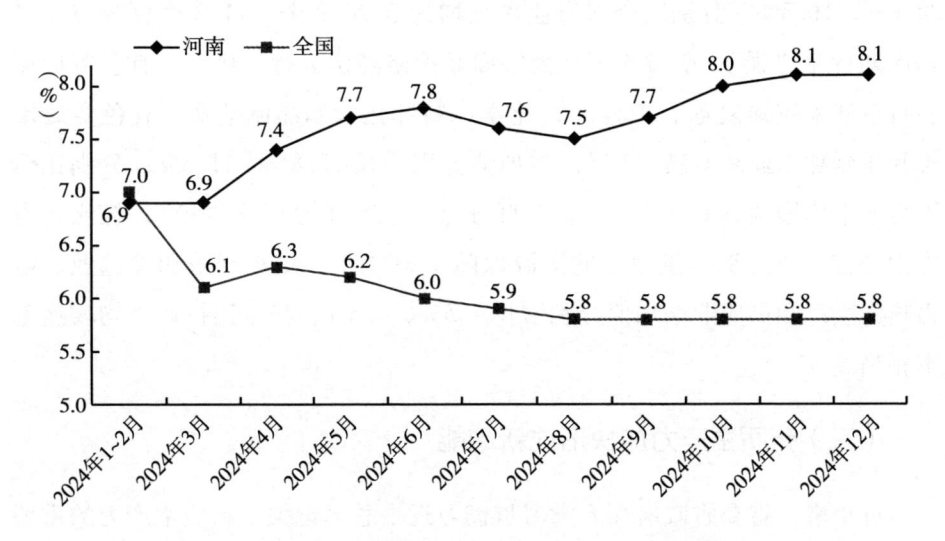

图1 2024年河南规模以上工业增加值累计增速

从工业三大门类来看,2024年,采矿业、制造业、电力热力燃气及水生产和供应业增加值分别同比增长4.7%、9.1%、4.0%,其中,制造业主

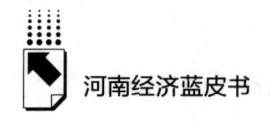

动力作用凸显，制造业增速高于规模以上工业1.0个百分点，增长贡献率近九成，达89.0%，是规模以上工业增加值增速实现较快增长的主要支撑。

（二）超八成行业正增长，重点行业支撑有力

从工业行业大类来看，2024年，40个大类行业中有33个行业增加值保持正增长，增长面达82.5%，增速超10%的行业有17个，占比达42.5%，汽车制造业增速最高，达34.0%。

全省前十大行业对规模以上工业支撑力不断提升，前十大行业[①]增加值合计占比稳定在60%~70%，对规模以上工业增长的贡献保持较高水平，2024年月平均增长贡献率为72.2%。

重点行业呈现新特点。一是新兴行业"快"，全省紧抓新能源汽车发展机遇，引进的郑州比亚迪、洛阳中州时代等重大项目带动相关产业大幅增长。2024年，汽车制造业、电气机械和器材制造业增加值分别同比增长34.0%、16.3%，分别比全国行业平均增速高24.9个、11.2个百分点。二是周期行业"强"，受益于国际大宗商品价格高位运行，化工、有色等周期性行业迎来较强复苏。2024年，化学原料和化学制品制造业、有色金属冶炼和压延加工业双双破"10"，增加值分别增长15.8%、11.5%，分别比全国行业平均增速高6.9个、1.8个百分点。三是能源行业"稳"，煤炭、电力为全省工业经济提供稳定的能源保障。2024年，煤炭开采和洗选业、电力热力生产和供应业增加值分别增长4.5%、4.6%，与全国行业平均增速基本相当。

（三）新质生产力加快形成新动能

近年来，省委省政府深入学习贯彻习近平总书记关于新质生产力的重要论述，坚持以科技创新引领产业创新，积极培育和发展新质生产力，在构建

[①] 煤炭开采和洗选业、农副食品加工业、烟草制品业、化学原料和化学制品制造业、非金属矿物制品业、有色金属冶炼和压延加工业、汽车制造业、电气机械和器材制造业、计算机通信和其他电子设备制造业、电力热力生产和供应业。

完善"三足鼎立"科技创新大格局的基础上，统筹推进传统产业焕新、新兴产业壮大、未来产业谋划，为产业发展不断注入新动能。2024年，全省工业战略性新兴产业、高技术制造业增加值分别同比增长9.2%、12.0%，分别高于规模以上工业增加值增速1.1个、3.9个百分点，新质生产力推动全省工业经济新旧动能加速转换。

（四）"7+28+N"重点产业链群不断发展壮大

自2023年省委省政府高位谋划"7+28+N"产业链群工作以来，新材料、新能源汽车、电子信息、先进装备、现代医药、现代食品、现代轻纺7大先进制造业集群先后成立产业联盟，加强产业集群融合，加快产业优势再造，对全省工业经济的支撑和拉动作用日益突出。根据河南省统计局《"7+28+N"重点产业链群统计监测工作方案（试行）》，对全省"7+28+N"重点产业链群数据进行了测算。2024年，全省重点产业链群规模以上工业增加值同比增长9.5%，高于全省规模以上工业增速1.4个百分点，重点产业链群增加值达到全省规模以上工业的63.2%，对全省规模以上工业增长的贡献率达72.4%，重点产业链群在全省规模以上工业中呈现"六成占比、七成贡献"的基本格局，成为推动全省工业经济较快增长的重要力量。

（五）规模以上工业企业盈利能力稳步提高

2024年，随着全省工业经济高质量发展稳步推进，工业企业效益不断改善，工业企业利润保持增长态势。全省规模以上工业企业利润总额同比增长11.7%，高于全国平均水平15.0个百分点，营业收入利润率为4.12%，较上年提高0.36个百分点，企业盈利能力稳步提高。在"两新""两重"政策的推动下，装备制造业利润同比增长17.6%，高于规模以上工业平均水平5.9个百分点，实现较快增长。其中，汽车制造业、电气机械和器材制造业同比分别增长47.6%和26.4%，呈现快速增长态势。在有色金属类大宗商品价格持续高位的影响下，有色金属冶炼和压延加工业利润同比增长64.6%，对全省工业利润增长形成了有力支撑。

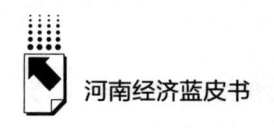

（六）规模以上工业企业出口交货值持续回暖

2024年，全省规模以上工业企业出口交货值增速总体上低开高走，从1~2月的-30.8%，逐步回升至1~12月的-1.5%，全年回升幅度达29.3个百分点。其中，2024年，汽车制造业、有色金属冶炼和压延加工业、化学原料和化学制品制造业出口交货值分别同比增长24.2%、28.0%、10.7%，合计占规模以上工业企业出口交货值的比重达17.2%，较2023年提高4.4个百分点，成为工业出口交货值的新增长点。

二　全省工业经济存在的问题

（一）制造业产能利用率低于全国平均水平

季度景气问卷调查结果显示，2024年第四季度，全省规模以上工业企业产能利用率为63.4%，虽然高于上年同期，但与全国相比，产能利用率差距较大，比全国76.2%的产能利用率低13.2个百分点。分三大门类看，2024年第四季度，采矿业、制造业、电力热力燃气及水生产和供应业产能利用率分别为64.2%、62.4%、74.3%，分别比全国平均水平低1.4个、14.0个、0.5个百分点。特别是制造业产能利用率大幅低于全国，反映了全省工业生产仍处于"不饱和"状态，产能闲置较多，这既与市场需求偏弱的大环境有关，也与全省部分制造业企业处于产业链中低端环节，产业竞争力弱有关，必须引起足够重视。

（二）部分行业生产经营面临较大压力

2024年，工业生产者出厂价格比上年下降2.2%，煤炭、钢铁、建材等行业价格多处低位，农产品加工业部分行业产能过剩，市场竞争加剧，企业盈利空间压缩。受此影响，2024年，全省40个工业行业大类中14个行业利润同比下降，石油煤炭及其他燃料加工业亏损额增加，化学纤维制造业、黑色金属冶炼和压延加工业2个行业由盈转亏，烟草制品业利润同比下降5.1%，食品制造业利润仅增长0.8%。5685家规模以上工业企业亏损，亏损面达到21.3%，较2023年扩大0.7个百分点。规模以上工业企业营业收入利润率为4.12%，比全国平均水平低1.27个百分点。一直以来，全省规模以上工业营业收入利润率长期低于全国，规模以上工业企业盈利能力依然偏低，意味着企业抵御市场风险的能力较弱，一定程度上对企业技术改造、转型升级都会形成掣肘。

（三）产业集群效应发挥不够充分

"7+28+N"产业链群培育壮大是省委省政府构建现代化产业体系，推动制造强省的重要战略举措，经过2023~2024年的发展，已经全面起势见效，但在一些方面还有待提升。一是产业集群内部联动协作不强，存在"集而不聚""聚而不合"的现象，部分产业链只是地理上相对集中，但相互间并无紧密的合作联系。二是空间布局需要进一步优化。部分产业链在多个地区均有分布，造成产业链布局相对分散，产业集中度较低，影响产业链整体竞争力。三是龙头企业带动力不够强。部分产业链缺乏有绝对主导地位的龙头企业，"链主"企业对产业链上下游不具备较强影响力，导致产业链"延链补链"缺乏明确方向。

三 2025年工业经济面临的形势

回顾2024年，在面对外部压力加大、内部困难增多的复杂严峻形势下，以习近平同志为核心的党中央团结带领全党全国各族人民，沉着应变、综合施策，宏观经济运行总体平稳、稳中有进，特别是9月26日中央政治局会议果断部署一揽子增量政策，2024年第四季度以来，宏观经济明显回升。在宏观经济持续回升的背景下，全省工业经济稳中向好、稳中有进，规模以上工业增加值增速创近年来的新高，在经济社会高质量发展过程中展现了工业大省的担当。展望2025年，机遇与挑战并存，随着更加积极有为的宏观

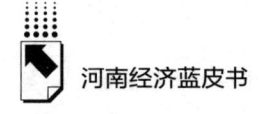

政策显效发力,以及中国巨大市场潜力的优势,全国工业经济将继续发挥"压舱石"作用,全省工业经济也将稳步前行。

(一)有利因素

从发展动力看,党的二十届三中全会部署的300多项重大改革举措将在2025年更多更快落地,全省创新驱动发展战略深入实施,新质生产力的培育将形成新的增长点,将推动全省制造业新旧动能转换实现新的突破。从市场空间看,河南作为近1亿常住人口的大省,市场规模大、潜在需求多,"三个一批"项目将有效拉动工业生产需求。从政策支撑看,2024年9月底一揽子增量政策将在2025年全面落地见效,同时,"更加积极的财政政策"和"适度宽松的货币政策"意味着2025年还有充足的政策空间和丰富的政策储备,随着宏观政策系统集成、精准发力,将对工业经济平稳运行提供有力支撑。

(二)风险挑战

2024年12月,中央经济工作会议在北京举行。会议指出,当前外部环境变化带来的不利影响加深,我国经济运行仍面临不少困难和挑战,主要是国内需求不足,部分企业生产经营困难,群众就业增收面临压力,风险隐患仍然较多。2025年1月,美国新一届政府上台后,计划对中国输美商品大幅加征关税,将对中国进出口带来较明显的冲击。俄乌冲突、巴以战争等加剧全球安全危机和地缘政治紧张,国际政治经济的外部环境更加复杂严峻。同时,国际货币基金组织(IMF)、经合组织(OECD)均预测2025年全球经济面临重大挑战,对2025年全球经济增长的预测值分别为3.2%、3.3%,与2024年基本持平,全球经济预计将进入低增长、高通胀的新阶段。

(三)行业趋势

2025年,结合国内外相关行业发展趋势,河南主要行业预计能够发挥优势、迎接挑战，保持向新向优良好态势。随着河南新能源汽车产业链日趋完善，产能稳步扩张，将带动新能源汽车制造及锂离子电池等相关产业，手机、平板、智能手表手环等数码产品被纳入2025年国家消费品以旧换新补贴范围，电子行业稳定增长可期。但化工、有色等受国际大宗商品价格波动影响明显的行业，在2025年存在一定的不确定性。综合来看，在全国宏观经济持续向好预期下，河南主要行业不会出现大的波动，工业经济有望保持整体平稳运行。

四 政策建议

2025年是"十四五"收官之年，全省工业经济领域要以习近平新时代中国特色社会主义思想为指导，深入贯彻党的二十大和二十届二中、三中全会精神，全面落实中央经济工作会议、省委第十一届八次全会暨省委经济工作会议精神，坚持稳中求进工作总基调，完整准确全面贯彻新发展理念，更好统筹发展和安全，抓好一揽子增量政策落地见效，加快传统产业优化升级，推动"7+28+N"产业链群能级跃升，做好未来产业前瞻布局，不断巩固工业回升向好态势，为全省经济社会高质量发展提供坚实的产业基础。

（一）突出制造业压舱石作用，推动工业经济稳进提质

一是加大力度抓好党中央、国务院和省委省政府稳增长一揽子政策和接续政策措施落地见效，稳步推进制造强省战略，加快工业"两重""两新"项目达产投产，引导更多的资源要素向先进制造业集聚，加强制造业设备更新和技术改造，加强产销对接，激发工业领域消费活力。

二是做好工业运行监测，强化部门联动，对工业运行中的新问题新变化，及时做好分析预警。

三是持续开展"万人助万企"活动，优化对重点企业的帮扶服务，加强政策宣讲，推动党委政府各项涉企政策落到实处，提升企业积极性、知晓

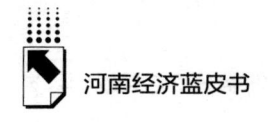

度与获得感。

四是加强规模以上工业企业入库纳统工作，坚持动态更新"准规上""预退库"清单，做好相关业务指导，加强规模以上工业企业发展引导和扶持培育。

（二）坚持"数智+绿色"赋能，推动传统产业优化升级

一是要加强5G、人工智能、工业互联网等新一代信息技术在传统产业的示范推广应用，加快传统产业的制造单元、加工中心、产线等全业务流程数字化改造步伐。

二是适度在大规模设备更新和技术改造再贷款政策上向传统产业有所倾斜，破解资金瓶颈、资产瓶颈，推动重点行业设备更新、工艺升级。

三是强化单位工业增加值能耗指标约束，加大高耗能行业节能降碳攻坚力度，加强清洁低碳改造，推进高耗能行业绿色低碳转型。

（三）发挥工作机制优势，推动产业链群能级跃升

一是持续完善"7+28+N"产业链群顶层设计和推进机制，充分发挥"专班+产业联盟""政府+市场"高效机制，推动产业链群能级跃升，促进"7+28+N"产业链群增加值占规模以上工业的比重稳步提高。

二是加强统筹先进制造业集群建设与"7+28+N"产业链群培育壮大，大力支持郑南商许超硬材料集群、洛阳现代农机装备集群向世界级先进制造业集群进军。

三是持续实施产业链延链补链强链工作，优化产业链区域布局，培育和引进龙头企业，不断提升产业链群核心竞争力。

（四）强化科技创新引领，加快新质生产力培育

一是深入实施创新引领战略，在河南"三足鼎立"科技创新大格局的基础上，推动大型企业、科研院所协同发力，争创更多国家级创新平台，稳步推进规模以上企业研发活动全覆盖。

二是壮大新兴产业，结合河南在战略性新兴产业九大领域发展实际，强优势、补短板。

三是做好未来产业前瞻布局，加强对省内高校和科研院所基础研究的支持，聚焦少数优势细分赛道，争取突破关键技术，利用河南大规模市场优势，加强国内前沿科技在河南的应用试点工作。

B.4
2024~2025年河南省服务业形势分析与展望

朱丽玲　张　旭　景永静　宋谊晴＊

摘　要： 2024年，河南省服务业总体发展态势持续向好，结构持续优化，动能持续增强，向好、向优、向新趋势显著。展望2025年，外部环境更加复杂严峻，经济不稳定性增强，但随着更加积极有为的宏观政策相继实施，经济发展的活力和动力得到进一步激发释放，全省服务业发展面临的有利条件强于不利因素，回升向好的态势有望延续。

关键词： 服务业　现代服务业　新动能　河南省

2024年，河南省上下坚持以习近平新时代中国特色社会主义思想为指导，深入落实党中央、国务院决策部署和省委省政府工作要求，坚持稳中求进、以进促稳、先立后破，聚焦高质量发展首要任务，加快推动经济新旧动能转换。随着存量政策和增量政策协同发力显效，全省服务业经济持续稳定向好、向优、向新。展望2025年，外部环境更加复杂严峻，经济不稳定性增强，但随着更加积极有为的宏观政策相继实施，经济发展的活力和动力将进一步激发释放，全省服务业发展面临的有利条件强于不利因素，回升向好的态势持续巩固。

＊ 朱丽玲，河南省统计局服务业统计处处长；张旭，河南省统计局服务业统计处副处长；景永静，河南省统计局服务业统计处一级主任科员；宋谊晴，河南省统计局服务业统计处二级主任科员。

一 2024年全省服务业经济运行总体情况

2024年，随着全省经济运行保持稳中向好、持续向好的良好态势，服务需求加快释放，服务业经济实现平稳增长，新动能新优势加快培育。初步核算，全年全省服务业增加值33752.42亿元，同比增长4.1%，增速比第一季度、上半年和前三季度分别提高0.5个、0.9个和0.7个百分点；服务业增加值占地区生产总值的比重为53.1%，比重值自2022年以来一直保持过半，服务业经济社会发展的主引擎地位和作用更加坚实稳固。

（一）规模以上服务业稳中向好

主要指标平稳增长。全年全省规上服务业企业实现营业收入7887.29亿元，同比增长2.1%。其中，营利性服务业营收增长较快，增长7.2%，高于全部规上服务业营收增速5.1个百分点。从分行业看，10个行业门类中有8个行业门类营业收入实现增长，其中6个行业增速高于全国。分地区看，有13个省辖市营业收入实现增长，其中10个省辖市增速超过全省水平。全年全省规上服务业企业实现营业利润509.04亿元，下降4.1%。

现代服务业增长较快。全省信息传输、软件和信息技术服务业、科学研究和技术服务业、租赁和商务服务业等现代服务业保持良好发展态势，为引领产业向价值链高端延伸和加快形成新质生产力提供了有力支撑。全年全省租赁和商务服务业、科学研究和技术服务业、信息传输、软件和信息技术服务业规上营业收入分别为1545.83亿元、784.07亿元、1586.90亿元，合计占全省规上服务业营业收入的49.7%；营业收入分别同比增长15.0%、3.6%、2.2%，分别高于全部规上服务业营收增速12.9个、1.5个、0.1个百分点，合计拉动全省规上服务业营收增长3.4个百分点。

新供给激发新潜力。全省深入实施文旅文创融合战略，个性化、多样化、品质化文旅文创项目增多，进一步激发消费新潜力。全年全省规模以上文化、体育和娱乐业企业营业收入同比增长9.4%，高于全部规模以上服务

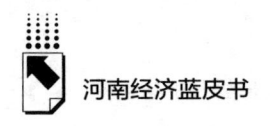

业企业7.3个百分点。其中，影视节目制作、文化活动服务、游乐园、艺术表演场馆、博物馆、文艺创作与表演企业营业收入分别增长119.4%、35.6%、40.6%、28.2%、35.7%和12.4%。

新动能不断增强。全省锚定"两个确保"，持续实施"十大战略"，创新驱动力日益强劲，传统产业加快"焕新"，新兴产业持续"上新"，服务业经济新动能不断增强。全年全省规上科技服务业、战略性新兴服务业、高技术服务业营业收入分别同比增长5.1%、2.8%和2.5%，分别高于全部规上服务业营收增速3.0个、0.7个和0.4个百分点，成为全省服务业经济发展新亮点。

（二）批零住餐业保持增长

2024年，全省批发和零售业增加值同比增长5.4%，比上半年、前三季度分别提高0.8个、0.5个百分点，高于全省第三产业增加值增速1.3个百分点；住宿和餐饮业增加值增长1.6%，比上半年、前三季度分别提高0.5个、0.8个百分点，低于全省第三产业增加值增速2.5个百分点，但均延续了2023年以来增长的态势。分行业看，全省限额以上批发业、零售业、住宿业、餐饮业销售额（营业额）增速存在分化，发展态势相差较大，其中零售业、餐饮业发展态势较好，全年销售额（营业额）分别增长8.0%、13.1%；批发业、住宿业销售额（营业额）同比下降，分别下降2.8%、0.2%。

（三）交通运输业总体较好

客运市场增速较高。全省居民商务、旅行等出行需求持续释放，客运市场保持高位运行，客流量继续攀升。2024年，全省旅客运输量、周转量同比分别增长19.6%、21.4%，延续了2023年以来较快增长的态势。其中，公路客运量、旅客周转量分别增长21.8%、24.8%，分别高于全国14.8个、16.8个百分点，增速均居全国第1位。

货运市场保持增长。受货运市场需求低迷以及运输成本较高等影响，全省货物运输情况总体有所回落，但仍保持增长态势。2024年，全省货物运输量、周转量分别同比增长3.6%、5.3%。其中，铁路货物运输量增速高于全国3.6个百分点，货物周转量增速下降且低于全国1.4个百分点；公路货物运输量增速低于全国0.8个百分点，货物周转量增速高于全国2.0个百分点；水路货物运输量、周转量分别增长11.1%、16.0%，分别高于全国6.4个、7.2个百分点；航空货物运输量、周转量增速不断刷新年内新高，分别增长35.7%、31.3%。

（四）邮政电信业保持较快增长

邮政业增长较快。2024年以来，全省邮政行业发展势头强劲，邮政行业主要指标实现较高增速。全年全省邮政行业业务总量947.35亿元，同比增长32.6%，比2023年全年加快7.5个百分点。伴随着业务量的不断增加，邮政行业业务收入也快速增长，共完成727.26亿元，增长16.1%。快递业务量、业务收入均保持较快增长，全年全省快递业务量突破90亿件，远超过2023年全年60.46亿件水平，再创新高，同比增长38.0%；快递业务收入533.98亿元，增长22.2%，高于全部邮政行业业务收入增速6.1个百分点。

电信行业增势较好。2024年以来，全省电信业务需求量较快增长，电信业务总量增速高于全国，但业务收入增速略低于全国。全年全省完成电信业务总量1044.85亿元，同比增长11.8%，增速高于全国1.8个百分点。其中，完成互联网宽带接入业务总量196.5亿元，占电信业务总量的比重为18.8%，增长21.8%；完成移动互联网业务总量486.7亿元，占电信业务总量的比重为46.6%，增长16.8%。全年全省完成电信业务收入829.71亿元，同比增长2.5%，增速略低于全国0.7个百分点，增速居全国第16位。

（五）房地产业止跌趋稳

2024年以来，房地产支持政策相继落地，特别是9月下旬以来推动房地产止跌回稳的措施接连出台，房地产市场逐渐呈现趋稳态势。全年全省房

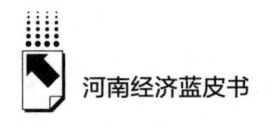

地产业增加值同比下降0.6%，比第一季度、上半年和前三季度分别收窄2.7个、3.7个和1.5个百分点，降幅逐步收窄。房地产投资、商品房销售面积、商品房销售额降幅总体不断收窄，全年全省房地产开发投资同比下降7.5%，自2月以来总体呈现降幅收窄趋势；商品房销售面积下降11.0%，比第一季度、上半年、前三季度分别收窄9.2个、8.4个、5.9个百分点；商品房销售额下降13.8%，比第一季度、上半年、前三季度分别收窄9.6个、8.8个、6.8个百分点，商品房销售额下降幅度高于销售面积。

总体来看，2024年全省服务业尽管行业间发展存在一定程度的分化，但总体发展态势持续向好，结构持续优化，动能持续增强，新质生产力持续壮大，服务业经济增长的"含新量"持续攀升。

二 全省服务业2024年存在的问题及2025年面临的形势

回顾2024年，全省服务业经济运行总体平稳、稳中有进，但仍面临不少问题困难有待解决，展望2025年形势更加错综复杂，推动服务业经济持续向好的基础仍需巩固。

（一）2024年全省服务业存在的问题

现代服务业发展不足，低于全国平均水平。全省服务业以交通运输、批发零售、住宿餐饮等传统行业为主，信息传输、软件和信息技术服务业，科学研究和技术服务业，金融业等现代服务业则发展不足，规模小、增速低。全年全省规上服务业中信息传输、软件和信息技术服务业营业收入1586.90亿元，占全部规上服务业营收的比重为20.1%，比重值低于全国11.5个百分点；营收同比增长2.2%，低于全国6.3个百分点。科学研究和技术服务业营业收入784.07亿元，占全部规上服务业营收的比重为9.9%，比重值低于全国0.4个百分点。金融业增加值占全省地区生产总值的4.9%，比重值低于全国2.4个百分点；同比增长0.6%，增速低于全国5.0个百分点。

用工人数减少，不同类型企业营收增速存在分化。受企业营收低迷等影响存在减员现象，总体用工人数有所减少，不同所有制或规模的规上服务业企业营收差异明显。全年全省规上服务业企业营收同比增长2.1%，而期末用工人数减少3.61万人，下降2.4%。分所有制类型看，国有企业营收增速低于私人企业，但私人企业用工人数减少幅度高于国有企业。合计占全省规上服务业营收比重94.1%的国有、私人企业营收分别增长0.6%、3.8%，而期末用工人数分别下降1.43万人、2.27万人，其中作为用工主体的私人企业共减少用工人数占全省规上服务业减少用工人数的62.8%。分规模类型看，大型、微型企业营收增速相对较低，用工人数减少。全省规上服务业中大型、中型、小型、微型企业营收分别增长0.0%、0.9%、5.3%、1.4%；期末用工人数除小型企业增长5.0%外，大型、中型、微型企业均下降，分别下降4.8%、4.2%、9.7%。

行业"内卷"加剧，企业经营信心不足。市场竞争激烈、市场需求不足等因素影响企业经营预期，市场信心有待进一步提振。第三季度服务业景气状况调查显示，全省规上服务业企业中有47.0%的认为市场竞争激烈是企业生产经营面临的最突出问题，其次是市场需求不足、市场萎缩，上述三个问题是2024年以来全省规上服务业企业认为影响企业生产经营情况排名较为靠前的问题，而选择招工难、融资难、原材料成本高、税费负担上升等问题的企业相对较少。全省规上服务业企业宏观经济信心指数和行业经营信心指数分别为59.0%、58.0%，均较上季度回落4.2个百分点，服务业企业发展信心相对不足。

（二）2025年全省服务业面临的形势

一方面，当前外部环境变化带来的不利影响增多，一些长期积累的矛盾问题有新的表现，推动经济持续向好面临较大挑战。从国际看，外部环境变乱交织，不确定不稳定因素明显增多，全球贸易保护主义措施明显增加，直接针对中国的打压遏制将加剧，脱钩断链风险进一步提高；世界经济复苏乏力，2024年12月4日经济合作与发展组织（OECD）给出了最新的全球经

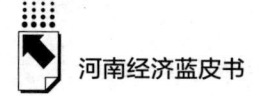

济展望，预测2025年全球经济增速将达到3.3%，小幅高于2024年，以及世界银行预测2025年全球经济增长率为2.7%，低于新冠疫情前10年3.1%的平均水平。从国内看，有效需求不足的问题仍然突出，房地产等领域矛盾风险依然较大，以及受价格持续低迷和市场竞争剧烈等影响，部分行业企业经营困难较多，企业经营效益下降，用工人数减少等。国际国内这些情况都会通过贸易、投资、金融等渠道对河南经济产生不利影响，进而影响全省服务业需求和服务业经济运行。

另一方面，全省服务业经济发展的有利条件和支撑因素依然较多。从政策支撑看，2025年是"十四五"规划收官之年，国家一系列重大战略任务、重大改革举措、重大工程项目正在全面落地见效，特别是随着更加积极有为的宏观政策相继实施，超常规逆周期调节的加强，各种政策措施取向一致性不断提高，将有力支撑全省经济平稳健康发展。

从发展动力看，党的二十届三中全会部署的300多项重大改革举措正在加快落地，中央经济工作会议确定的2025年九大重点任务即将实施，将持续激发经济社会内生动力和创新活力。同时，河南省"十大战略"正持续实施，"十大建设"正统筹推进，新质生产力正加快培育，将形成更多新的经济增长点，并带动实体经济与数字经济、先进制造业与现代服务业加快融合发展。

从市场空间看，河南超大规模市场优势明显，还有巨大的市场需求有待释放。河南人口众多，城镇化率在全国偏低，2023年城镇化率仅为58.08%，低于全国8.08个百分点，城镇化潜力大有可挖。随着全省工业化和新型城镇化的持续推进，以及交通区位优势加速向枢纽经济优势转变，河南将逐渐成为国内大循环的战略支点和国内国际双循环的重要节点，也将有力形成国内具有重大潜力的超大规模市场。此外，河南老龄人口、婴幼儿人口规模相对庞大，养老、托育等"一老一小"服务消费需求仍然旺盛，产业链堵点卡点正在逐步打通，这将不断催生服务业新供给、创造新需求。

（三）趋势展望

2024年9月中央政治局会议召开以来，宏观经济政策定调逐渐明朗，经济刺激力度不断加大，尤其在财政、货币和房地产政策方面已有较为积极的部署，市场信心正在逐渐提振；12月，中央政治局会议、中央经济工作会议对2025年经济工作进行部署，国内经济将得到进一步提振并稳步回升，全省经济也将同步保持向上向好态势。随着宏观经济趋稳向好，就业压力不断缓解，居民收入稳步提高，全省服务业需求进一步释放，服务业企业经营发展信心也会持续增强。另外，从先行指标看，2024年全省人民币贷款增加5769.3亿元，其中企（事）业单位贷款增加3997.4亿元，占比69.3%，新增贷款中企（事）业单位贷款份额较大，部分贷款将逐渐转化为投资项目并在2025年显现项目成效，进而促进2025年全省经济增长，带动服务业经济发展。总的来看，2025年全省服务业经济将延续回升向好、长期向好的态势。

三 2025年全省服务业经济回升向好的建议

2025年是"十四五"收官之年，也是"十五五"规划谋篇布局之年，做好全年服务业发展工作对于稳定预期、促进增长和稳定就业具有独特的作用。要深入贯彻落实党的二十大和二十届三中全会精神、中央经济工作会议精神，坚持稳中求进工作总基调，打好政策措施"组合拳"，坚持问题导向、目标导向，不断巩固服务业发展基础，加力加效推动全省服务业经济持续回升向好。

（一）积极育引企业，推动产业多样化和结构优化

企业是经济发展的主体，河南服务业企业较多，但规下（限下）企业多、规上（限上）企业少，传统型企业多、现代型企业少，生活性企业多、生产性企业少。要加大企业培育力度，特别要对接"7+28+N"重点产业链

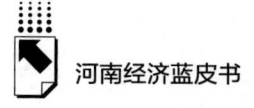

群积极引进相关生产性服务业企业，不断壮大全省服务业企业规模，提升种类多样性，提高支撑服务业发展的抗风险能力；要积极培育服务业重点企业发展壮大，提高对服务业发展的主导支撑能力；要持续优化服务业内部结构，抢抓先进制造业和现代服务业深度融合的契机，加快发展软件信息技术、互联网经济、总部经济等科技含量高、关联带动性强的行业，壮大现代服务业发展规模，形成服务业经济新的增长点。

（二）加强政策扶持，做好企业纾困服务保障

服务业是扩大内需、扩大就业、改善民生的重要支撑，但受当前市场竞争激烈、市场有效需求不足等影响，部分企业面临营收增速相对低迷、带动就业人数减少等问题。因此，要积极贯彻落实国家及全省出台的各项政策措施，及时给予政策上的扶持和财税金融上的倾斜，不断促进各种类型或规模的服务业企业发展壮大，真正让服务业成为全省经济增长的重要拉动力和带动就业的主力军；要建立健全困难企业联系机制，不断助企纾困，及时跟踪摸排企业生产经营情况，主动跟踪企业需求，及时协调帮助解决企业面临的困难，做好企业纾困服务保障工作；要充分发挥服务业就业容量大的优势，强化政府促进就业责任，做好就业服务工作，解决招工和就业信息不对称的问题，持续增强民营企业等的吸纳就业能力。

（三）扩大服务业市场需求，提振市场信心

及时制定适合河南实际的提振消费专项行动，加力扩围实施"两新"政策，创新多元化消费场景，扩大养老托育、文旅体育、家政服务等重点领域服务消费，拓展以数字、绿色、健康等为特征的新型消费，不断提高居民消费能力及消费意愿，促进全省服务业市场加速回暖，提振服务业企业发展信心。此外，要规范市场秩序，强化行业自律，防止"内卷式"恶性竞争，维护服务业企业合法权益，推动服务业各行业形成良性互动、有序竞争的局面，不断促进全省服务业经济高质量发展。

B.5
2024~2025年河南省固定资产投资形势分析与展望

陈琛 呼晓飞 张佳瑞*

摘 要： 2024年，河南省深入贯彻落实党的二十大和二十届三中全会以及中央经济工作会议精神，坚定扛起经济大省挑大梁重任，坚持把项目建设作为经济工作的主抓手，锲而不舍抓项目，持之以恒兴产业，一批大项目、好项目接续建设，为投资增长提供了有力支撑。与此同时，宏观需求总体不足、微观主体预期不振等制约因素仍然存在，稳投资仍然面临较大压力。2025年是"十四五"规划实施收官之年，也是"十五五"规划谋篇布局之年，要坚定不移抓创新、抓产业、抓项目，持续推进"万人助万企""三个一批"项目建设活动，推动全省固定资产投资稳定增长。

关键词： 固定资产投资 项目建设 河南省

2024年，河南省建立健全重大项目协调推进机制，常态化开展"三个一批""万人助万企"等活动，打出了一套抓项目促投资的"组合拳"。全省投资增速稳中有升，工业投资快速增长，民间投资表现亮眼，重点项目拉动作用明显。展望2025年，全省固定资产投资发展挑战与机遇并存，要紧跟国家政策动向，强化项目谋划储备，突出抓好"两重""两新"，滚动开展"三个一批"项目建设活动，以项目建设提质提速推动经济发展增势增能。

---

* 陈琛，河南省统计局固定资产投资统计处副处长；呼晓飞，河南省统计局固定资产投资统计处二级主任科员；张佳瑞，苏州科技大学。

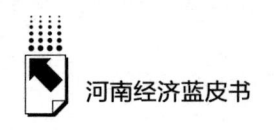

一　2024年全省固定资产投资运行基本情况

2024年以来，全省坚持稳中求进工作总基调，把项目建设作为经济工作的主抓手，"三个一批"项目建设活动持续深入开展，固定资产投资增速稳中有升，主要指标居全国前列，扛稳了经济大省勇挑大梁的政治责任。

（一）投资增速稳中有升

2024年以来，全省上下齐心协力、主动作为，千方百计推动重大项目建设，一批大项目、好项目先后开工，项目建设提质提速。虽然受上年同期基数等因素影响，第一季度投资增速明显回落，但随着各项政策落地见效，进入第二季度后全省投资实现平稳增长，投资增速在6.4%~7.0%区间窄幅波动，特别是在8月之后全省投资增速呈现稳中有升、逐月向好的态势。2024年，全省固定资产投资同比增长7.0%（见图1），比2023年加快4.9个百分点，全省投资增速高于全国平均水平3.8个百分点，居全国第5位，居经济大省和中部六省第1位；其中，工业投资同比增长21.6%，高于全国9.5个百分点；制造业投资同比增长24.7%，高于全国15.5个百分点，对确保全年经济高质量运行起到了强有力的支撑作用。

（二）第一产业投资增速由负转正

河南省作为农业大省，扩大第一产业的有效投资，既可稳定提高第一产业在全省经济发展中的重要地位，也为加快建设农业强省发挥重要作用。2024年，全省第一产业投资同比增长3.2%，比2023年加快22.9个百分点，自2024年7月以来连续4个月实现正增长。占第一产业投资近六成的农业投资同比增长8.8%，比2023年加快24.4个百分点，对第一产业投资增长的贡献率为158.5%，自2024年8月以来连续5个月正增长，是第一产业投资增速由负转正的重要支撑。

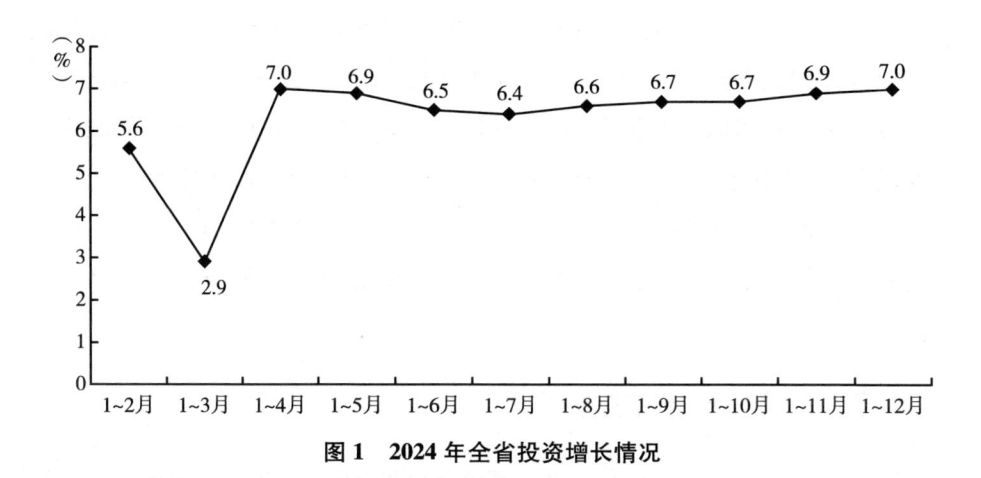

图 1　2024 年全省投资增长情况

（三）工业投资保持两位数增长

全省坚持把做强重点产业链群、推进新型工业化作为建设现代化河南的关键任务，先后出台一系列政策措施推动重点产业链规模持续壮大。2024年，全省工业投资同比增长21.6%，比2023年加快12.7个百分点，高于全省投资增速14.6个百分点，拉动全省投资增长7.0个百分点。近七成行业投资实现两位数增长，超七成行业投资增速比2023年加快。全省40个工业行业大类中，有26个行业投资同比实现两位数增长，占比65.0%；有29个行业投资增速比2023年加快或降幅收窄，占比72.5%。制造业投资快速增长，"7+28+N"重点产业链群投资拉动作用明显。全省制造业投资同比增长24.7%，比2023年加快17.3个百分点。其中，7大先进制造业集群投资同比增长25.7%，高于全省工业投资增速4.1个百分点，拉动全省工业投资增长18.1个百分点，航空航天及卫星应用、先进计算、机器人和数控机床、超硬材料等24个重点产业链投资实现两位数增长。

（四）新质生产力投资增势良好

随着科技创新投入持续增加，新质生产力发展扎实推进，全省新质生产力领域投资保持良好态势。在超聚变研发中心、省科学院国家超算互联网核

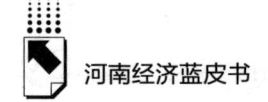

心节点等项目带动下，全省高技术产业投资快速增长。2024年，全省高技术产业投资同比增长23.6%，比2023年加快10.2个百分点，其中高技术服务业投资和高技术制造业投资同比分别增长30.3%、20.9%。绿色能源投资快速增长。太阳能发电、风力发电、水力发电等绿色能源投资同比增长27.9%，比2023年加快9.4个百分点，高于全省投资增速20.9个百分点。制造业技改投资较快增长。全省制造业技改投资同比增长10.1%，高于全省投资增速3.1个百分点。

（五）民间投资持续恢复

民间投资是我国促进经济发展、调整产业结构、繁荣城乡市场、扩大社会就业的重要力量。2024年以来，省委省政府认真贯彻落实国家决策部署，完善政策体系，放宽市场准入，创新融资方式，加强财政支持，规范政府与社会资本合作，努力营造公平竞争的投资环境，有力促进了民间投资健康发展。2024年，全省民间投资同比增长10.5%，比2023年加快14.4个百分点，年内持续恢复增长；自2024年4月以来连续9个月高于全省投资，全年高于全省投资增速3.5个百分点。扣除房地产开发民间投资影响后，全省民间项目投资同比增长20.7%，高于全省投资增速13.7个百分点。制造业民间投资拉动作用显著。占民间投资超四成的制造业民间投资同比增长27.6%，高于民间投资增速17.1个百分点，拉动民间投资增长10.0个百分点。

（六）设备购置投资逐季向好

全省深入贯彻落实党中央、国务院关于加力支持大规模设备更新和消费品以旧换新的决策部署，印发《河南省加力支持大规模设备更新和消费品以旧换新实施方案》，争取国家支持设备更新项目222个，全省用于加力支持"两新"的资金总额超过100亿元，资金数量位居全国前列。随着政策效应逐步显现，全省设备购置投资自第二季度开始逐季向好。2024年，全省设备购置投资同比增长15.0%，比2023年加快13.5个百分点，比2024

年上半年和前三季度分别加快15.3个、8.6个百分点，拉动全省投资增长1.2个百分点。工业设备购置投资占比高、贡献大。随着洛阳中州时代、郑州比亚迪等项目设备逐步到位，占设备购置投资近八成的工业设备购置投资同比增长11.0%，对全省设备购置投资增长的贡献率为60.1%。

（七）重大项目拉动作用明显

全省坚持谋划实施"双百工程"，出台重大项目研究谋划储备机制和前期工作指引，常态化开展项目建设督导服务，重大项目实现较快增长，对全省投资的拉动作用明显。2024年，全省亿元及以上项目完成投资同比增长7.6%，高于全省投资增速0.6个百分点，拉动全省投资增长4.9个百分点；亿元及以上在建项目11318个，同比增加1025个，其中50亿元及以上项目132个，同比增加4个。郑州地铁8号线一期工程、郑州比亚迪项目等3453个项目2024年完成投资均过亿元，直接拉动全省投资增长19.6个百分点。

二 2025年固定资产投资形势展望

近年来，省委省政府持续致力于谋长远、打基础、抓重点、增后劲，全省固定资产投资结构向优、动能向新、质量向好，2025年及今后一段时间全省固定资产投资稳定向好的支撑条件和底部逻辑不断强化，全省投资将保持平稳增长。

（一）2025年支撑投资增长的有利因素

1. 投资结构不断优化

第一产业投资中农业投资所占比重明显提升。作为全国粮食生产的重要基地，全省持续推动高标准农田项目建设，2024年，全省农业投资占第一产业投资的比重达60.1%，比2023年提升3.2个百分点。制造业投资主导地位凸显。近年来，全省持续滚动开展"三个一批"项目建设活动，推动"7+28+N"产业链群规模壮大，2024年，全省制造业投资占工业投资的比

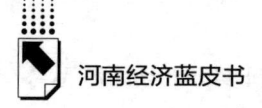

重达81.3%，比2023年提升2.0个百分点。社会领域投资占第三产业投资比重提升。2024年，与教育、卫生、文化相关的社会领域投资占第三产业投资的比重达11.5%，比2023年提升0.4个百分点。

2. 新动能投资增势强劲

当前，全省投资增长主要依靠新兴产业和重点产业拉动，随着各项政策持续发力，这些支撑因素也将带动2025年全省投资增长。新兴产业日益成为拉动投资增长的主导力量。2024年，以装备制造、新能源汽车、新材料、电子信息、现代食品为主的五大主导产业投资同比增长21.0%，拉动全省投资增长2.9个百分点，比传统支柱产业投资多拉动0.6个百分点。高技术制造业投资同比增长20.9%，拉动全省投资增长1.1个百分点。重点产业链群投资拉动作用显著。2024年，全省重点产业链群投资同比增长25.7%，拉动全省投资增长5.8个百分点，其中新型材料集群、现代食品集群、现代轻纺集群、先进装备集群投资拉动作用突出，分别拉动全省投资增长1.6个、1.2个、1.1个、1.0个百分点。

3. 投资项目质量不断提升

科学研究和技术服务业投资快速增长。全省持续推进科技创新和产业创新深度融合，推动研发活动全覆盖，科学研究领域投资持续快速增长。2024年，全省科学研究和技术服务业投资同比增长26.2%，高于全国平均水平14.4个百分点。产业链大项目个数明显增加且带动作用显著。全省聚焦培育壮大重点产业链，先后引入和培育郑州比亚迪、洛阳中州时代、漯河金大地等产业链主导项目，吸引相关上下游企业集聚。2024年，全省在建工业项目中，计划总投资50亿元及以上项目47个，比2023年增加7个；其中，100亿元及以上项目6个，比2023年增加2个。以洛阳石化百万吨乙烯项目为核心，洛阳市引入中国化学、抚顺东科等龙头企业，累计招引乙烯下游产业链项目20余个，计划总投资超200亿元；毗邻中州时代项目的洛阳新能源产业园于2024年初开工建设，同期签约的新能源产业链第一批15个项目计划总投资达168.86亿元。

（二）制约投资增长的主要因素

1. 部分先行指标持续下降

在建项目剩余投资降幅扩大。2024年，全省在建项目剩余投资（计划总投资扣除累计完成投资）同比下降5.8%，2024年以来持续下降。新开工大项目规模下降。2024年，全省新开工亿元及以上、10亿元及以上、30亿元及以上、50亿元及以上项目计划总投资同比分别下降24.2%、39.3%、48.6%、37.2%，降幅比2023年分别扩大2.6个、17.1个、35.2个、17.4个百分点。上述先行指标下降，反映了全省投资增长潜力不足，投资稳增长面临压力。

2. 基础设施投资增长后劲不足

2024年以来，全省基础设施投资在年初实现两位数增长后，随着上年同期基数扩大，年内增速持续回落并由正转负。2024年，全省基础设施投资同比下降1.8%，比2023年回落6.4个百分点，为近18个月以来新低。交通运输业和邮政业投资大幅下降，下拉基础设施投资增速。占全省基础设施投资近四成的交通运输业和邮政业投资同比下降18.6%，下拉全省基础设施投资增速8.8个百分点。随着"米"字形高铁成型，高速公路"13445"工程在建项目数量、工程规模高位回落，郑州城市轨道三期项目接近尾声，重大标志性项目接续性不足的问题凸显，未来基础设施投资下行压力将持续增大。

3. 设备购置投资贡献弱

与传统的建筑工程投资相比，实施大规模设备更新，既能促进消费，拉动投资，也能增加先进产能，提高生产效率，对于加快建设现代化产业体系、推动高质量发展具有重要意义。全省设备购置投资虽实现快速增长，但对投资增长的贡献仍然较弱。2024年，全省设备购置投资增速居全国第14位，低于全国平均水平0.7个百分点；对全省投资增长的贡献率仅为16.8%，低于全国平均水平50.8个百分点。与全国和福建、广东、湖北等经济大省主要依靠设备购置投资带动固定资产投资增长相比，河南

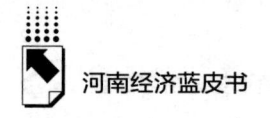

投资增长主要依靠建筑工程投资拉动，设备购置投资对全省投资增长的支撑不足。

三 做好2025年河南固定资产投资工作的政策建议

2025年是"十四五"规划实施收官之年，也是"十五五"规划谋篇布局之年，要全面落实党中央、国务院决策部署，坚持"项目为王"，进一步扩大有效投资，更好发挥投资拉动和综合带动效应。

（一）更大力度抓好项目谋划储备

依托各类项目储备库，抢抓政策机遇，指导各地聚焦超长期特别国债、大规模设备更新、中央预算内投资等重点支持领域，申报一批投资规模大、带动作用强的项目。进一步健全分级分类储备项目的机制，组织各地各有关部门对照国家政策导向，围绕全省发展战略、结合本地实际，持续精准谋划储备项目。充分发挥投资审批改革创新举措集成叠加效应，强化立项审批与用地、规划等建设条件落实的协同，提升科学决策水平。用足用好2亿元前期工作专项经费，支持项目单位新谋划一批高质量项目，深入开展可行性论证，提速规划、土地、环评等手续办理，推动尽快落地。

（二）加快推动基础设施项目建设

认真落实省委省政府决策部署，切实增强工作的主动性和创造性，全力以赴推进存量重点交通项目建设，加快构建现代化综合立体交通体系。对重点项目优先给予用地保障，使用好超长期特别国债和地方政府专项债，积极拓展资金筹措渠道，推动重大基础设施项目加快建设进度。抓住"十五五"规划编制机遇，积极争取更多重大项目纳入国家规划范围。加强重大基础设施建设协调，统筹强化用地、用能等资源要素保障。适应基础设施建设融资需求，在加大财政投入的同时，支持政府融资平台加快市场化转型，更好发挥资本市场作用，拓宽长期资金筹措渠道。

（三）统筹项目建设要素保障

抓住用好国家接续出台一系列稳投资政策工具的机遇，加强对多层次、多渠道要素的统筹利用，错位安排、集中力量保障重大项目顺利实施。持续跟踪国家政策出台节奏，及时将全省的诉求建议向上反馈，争取国家政策及资金向全省倾斜。指导各地提前储备好项目，扎实做好前期工作，积极争取更多项目纳入国家盘子。加强投贷联动，完善线上、线下银企常态化对接跟踪服务，引导银行等金融机构围绕重大项目融资需求增加贷款投放，创新融资模式，优化融资服务，加大融资支持力度。加强与开发性、政策性金融机构合作，发挥中长期贷款优势，与财政出资、专项债券、商业贷款等加强联动，形成资金组合效应，支持重点领域项目建设。

B.6
2024~2025年河南省消费品市场形势分析与展望

张　静　施　薇*

摘　要： 2024年，河南省各地各部门坚决贯彻党中央、国务院和省委省政府各项决策部署，密集出台支持大规模设备更新和消费品以旧换新等系列促消费举措，推动消费扩容提质。随着政策逐步落地显效，居民消费需求稳步释放，市场活力持续复苏，品质类商品需求在以旧换新等促消费政策带动下快速增长，线上消费发展势头良好，全省消费品市场发展总体呈现稳中向好态势。展望2025年，一方面，随着宏观经济大环境的调整，耐用品消费的存量增长和结构升级仍具有一定潜力，新消费模式尚有较大发展空间；另一方面，在各项促消费政策作用下，消费需求也将进一步释放，全省消费品市场仍有望延续稳中向好发展态势。

关键词： 消费品市场　促消费政策　以旧换新　河南省

2024年，在以习近平同志为核心的党中央坚强领导下，河南省各地各部门坚决贯彻党中央、国务院和省委省政府各项决策部署，密集出台支持大规模设备更新和消费品以旧换新等系列促消费举措，推动消费扩容提质。随着政策逐步落地显效，居民消费需求稳步释放，市场活力持续复苏，品质类商品需求在以旧换新等促消费政策带动下快速增长，线上消费发展势头良好，全省消费品市场发展总体呈现稳中向好态势。

---

* 张静，河南省统计局副局长，贸易外经统计处处长；施薇，河南省统计局贸易外经统计处四级调研员。

一 2024年全省消费品市场运行情况

2024年，随着系列促消费措施的深入推进，河南消费品市场总体呈现加快增长的态势。新年伊始，全省各地各部门积极落实《推动2024年第一季度经济"开门红"若干政策措施》，1~2月，全省社会消费品零售总额实现同比增长5.8%的良好开局。随后，受春节后消费需求季节性回落等因素影响，3~4月增速略有回调。5月，在以旧换新政策、"五一"小长假等因素拉动作用下，增速明显回升。6月起，由于汽车市场竞争激烈，汽车价格波动导致部分消费者持币观望，汽车类消费的支撑作用持续减弱，给全省消费品市场发展带来了一定影响。但是，伴随着以旧换新政策的持续深入推进，全省消费品市场释放出更强的发展动力，社会消费品零售总额增速在短暂回调波动后呈现明显的上扬势头。2024年，全省实现社会消费品零售总额27596.69亿元，比上年同期增长6.1%（见图1）。其中，限额以上零售额7233.87亿元，比上年同期增长8.0%。

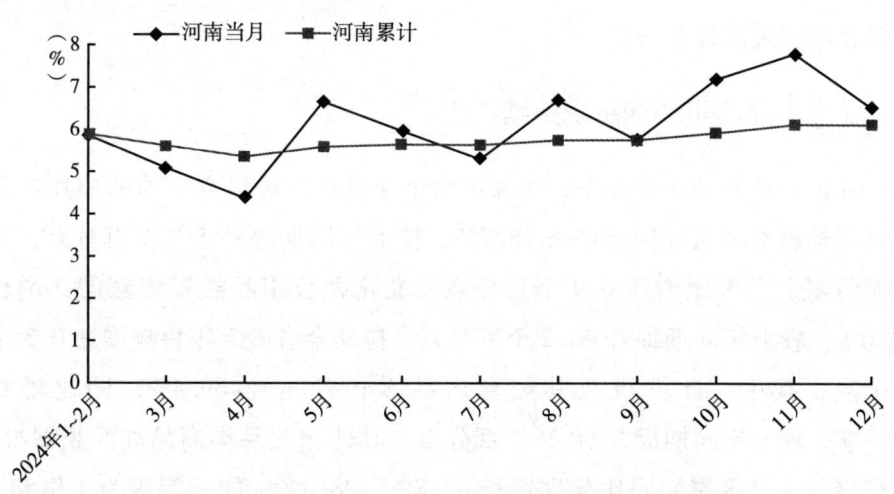

图1　2024年1~12月河南社会消费品零售额增速走势

分经营地看，乡村市场销售快于城镇。2024年，全省城镇市场限额以上单位零售额同比增长7.7%，乡村市场零售额同比增长11.4%，增速快于城镇市场3.7个百分点。分消费形态看，餐饮收入与商品零售同步增长。2024年，全省限额以上单位商品零售与餐饮收入同比均增长8.0%。分地区看，各地区均呈增长态势。2024年，全省17个省辖市和济源示范区限额以上单位零售额均保持增长，其中许昌、驻马店、周口、开封、信阳等9个地区实现两位数增长。分商品类别看，超八成商品零售额保持增长。2024年，在限额以上单位的23类商品中，有19类商品零售额实现同比增长，增长面达82.6%。其中煤炭及制品类、通信器材类、文化办公用品、金银珠宝类限额以上单位零售额分别增长205.5%、28.4%、22.6%和19.0%。

（一）基本生活消费保持快速增长

2024年以来，在各类促消费政策的作用下，河南吃穿用类消费持续快速增长。2024年，限上单位中吃穿用基本生活类零售额同比增长13.4%，高于全省限额以上单位零售额增速5.4个百分点，拉动全省限额以上单位零售额增速3.0个百分点。粮油食品、饮料、烟酒、服装鞋帽针纺织品、日用品类商品零售额全面增长，其中，粮油食品、饮料、烟酒、日用品类商品零售额持续实现两位数增长。

（二）品质类消费需求持续释放

在以旧换新政策带动下，相关消费迅速增长。2024年，全省家用电器和音像器材类零售额同比增长15.7%，较上年同期提升5.2个百分点，拉动全省限上零售额增速0.9个百分点。文化办公用品类零售额同比增长22.6%，较上年同期提升46.2个百分点，拉动全省限上零售额增速0.3个百分点；其中，计算机及其配套产品零售额占比69.5%，同比增长38.4%，较上年同期提升68.9个百分点。其他相关品类商品如照相器材、通信器材商品零售额同比分别增长42.8%、28.4%；能效等级为1级和2级的家用电器和音像器材、智能家用电器和音像器材类零售额分别同比增长27.6%、19.8%。在汽车以旧换新政策带动下，新能源汽车类零售额增长30.8%。

（三）新消费模式蓬勃发展

近年来，以网络购物为代表的消费新业态新模式广泛普及，推动消费快速增长。在各项促消费政策和购物节等因素叠加带动下，线上购物保持热度，2024年，全省实现网上零售额4788.90亿元，增长14.8%；其中实物商品网上零售额3915.00亿元，增长12.5%，增速高于全国平均水平6.0个百分点，快于全省社会消费品零售总额增速6.8个百分点。

（四）新增力量带动增长

为进一步促进民营经济发展壮大，河南省出台措施鼓励、支持、引导个体工商户和小微企业高质量发展，河南消费品市场活力得到有效激发，市场经营主体迅速增加。2024年，全省新入库限额以上批零住餐企业3397家，对全省限额以上消费品零售额增长的贡献率达到39.6%，拉动全省限额以上消费品零售增速3.9个百分点。

（五）系列促消费政策推动消费品市场加快发展

为推进实施好《国务院关于印发〈推动大规模设备更新和消费品以旧换新行动方案〉的通知》，2024年4月7日，河南省人民政府印发《河南省推动大规模设备更新和消费品以旧换新实施方案》，"真金白银"地支持以旧换新，实施推动消费品以旧换新方案，推动工业领域设备更新和技术改造。4月30日，河南省商务厅等19部门联合印发《河南省推动消费品以旧换新实施方案》，将重点实施汽车以旧换新、家电以旧换新和家装厨卫"焕新"三大工程，将持续开展汽车报废更新、汽车置换更新、汽车流通消费创新、家电回收体系提升、绿色智能家电换新、智能家居换新"六大行动"，促进重要消费品领域潜力释放。9月10日，河南省政府常务会研究通过了《河南省加力支持大规模设备更新和消费品以旧换新实施方案》，在消费品以旧换新方面，重点支持汽车报废更新和置换更新、家电和电动自行车以旧换新、家装厨卫"焕新"。全省各地结合自身情况细化完善地方实施细

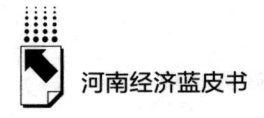

则，有力撬动了消费需求，让消费者切实享受政策红利。以旧换新政策实施以来，河南省各地消费潜力得到有效释放，有力拉动了零售额增长。

二 当前消费品市场存在的问题

（一）汽车类消费需求总体放缓

2024年以来，汽车市场竞争加剧，消费者持币观望情绪较重。虽然在汽车以旧换新政策带动下，新能源汽车消费快速增长，但总体来看，汽车类消费增速仍处于低位。2024年，全省限上单位中汽车类商品零售额同比增长1.4%，低于全部限额以上单位零售额增速6.6个百分点，低于上年同期12.0个百分点。其中，新能源汽车在以旧换新政策带动下实现增长30.8%，但与上年以前的高增速相比，已进入平缓期。分月看，2024年7、8、9、10、11五个月，全省限额以上汽车零售额增幅分别为-3.9%、-1.8%、0.9%、6.2%、13.5%，出现回升态势，但与上年同期相比，分别回落7.3个、9.7个、5.0个、60.7个、57.8个百分点。12月，受以旧换新政策阶段性收尾、部分消费者购车需求外流影响，汽车零售额增速出现回落，同比下降1.7%。从全国情况来看，2024年全国汽车类限上零售额同比下降0.5%，比上年同期放缓6.4个百分点。

（二）居民消费信心仍需提振

根据2024年第四季度河南省消费者信心问卷调查结果，全省消费者信心指数、消费者满意指数、消费者预期指数仍低于临界值（100）。从历史趋势看，自2023年第四季度以来各项指数呈逐季回落趋势，2024年第四季度消费者信心指数、消费者满意指数环比略有回升，但仍处于两年中的低位。指数的短暂回升得益于政策和传统节日为消费市场带来的短期提振效应，调查结果同时也显示，消费者出于对收入预期不确定性的担忧，削减未来消费支出的现象值得警惕，需密切关注其对消费增长势头的长期影响。

（三）住房相关消费有所恢复，但增长依然乏力

随着多项楼市调控政策的出台，房地产市场相关消费逐步趋于好转，但目前恢复速度较为缓慢。从消费数据看，2024年，与房地产市场相关联的五金电料、建筑装潢材料类零售额分别下降0.6%和0.9%，降幅较上年同期分别收窄17.5个、16.3个百分点；家具类零售额实现同比增长1.5%，增速较上年同期提升10.9个百分点；相关大宗商品消费中，煤炭及制品类商品零售额同比增长205.5%，增速较上年同期提升244.3个百分点；机电产品及设备类零售额与上年持平，与上年同期相比逐月回升，结束了负增长。

三 2025年消费品市场展望

（一）消费品市场增长的有利因素

1. 消费对经济增长的压舱石作用日益凸显

消费对我国经济增长有着重要的支撑作用，是保持经济平稳性、拉动国内经济增长的有力动力。国家统计局数据显示，2013~2021年，我国最终消费支出对经济增长的年均贡献率超过50%，消费成为经济增长的主要驱动力。2022年短暂下滑后，2023年贡献率达到82.5%，成为三大需求中拉动经济增长的领跑者。随着我国经济社会不断发展变化，消费作为畅通国内大循环的关键环节和重要引擎，作用日益凸显。当前和今后相当长的一个时期，消费需求仍将是拉动我国经济发展的重要因素。

2. 河南消费市场后劲足、潜力大

经过多年的积累和发展，河南经济总量持续位居全国前列，已成为一个体量庞大的综合经济体。河南拥有超大规模市场优势、劳动力成本优势和交通区位优势，是户籍人口第一大省，省域人口近1亿人。得天独厚的交通区位优势，意味着广阔的经济发展空间；庞大的人口总量，意味着巨大的消费市场和充足的劳动力供给，都将转化为河南经济发展优势，进一步稳定河南

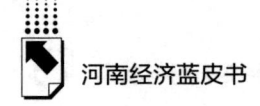

经济基本盘。同时，河南省消费者具有较强的消费能力，京东"双十一"期间，河南省客单价全国排名第4，成交额增速全国排名第1，运动相机、车载充电器、洗碗机等"智能化"商品备受河南省消费者青睐，品质类、升级类商品消费在河南省仍有广阔空间。

3. 政策支持继续加力

2024年中央经济工作会议将"大力提振消费、提高投资效益，全方位扩大国内需求"摆在2025年9项重点任务之首。河南省委经济工作会议也特别强调，要协同推进扩大需求和优化供给，更大力度提振消费、扩大内需。从中央经济工作会议部署，到省委经济工作会议的安排看，均把提振消费、扩大内需放在了十分重要的战略地位，这将为河南消费品市场的高质量发展注入强大动力。

（二）消费品市场增长的制约因素

1. 内需潜力仍待激发

近年来，全球经济不确定性加剧，产业结构不断发生调整，加之疫情冲击带来的影响尚未完全消退，导致消费者对未来就业形势和收入增长信心不足，消费意愿有所减弱。

一是收入增速放缓对居民消费倾向造成一定影响。2024年，河南居民人均可支配收入为31552元，同比增长5.4%，低于上年0.7个百分点。

二是居民消费意愿不高。河南省消费者信心问卷调查结果显示，2023年以来，全省消费者信心指数持续低于乐观区间临界点（100），且总体呈现回落态势，2024年第四季度环比略有回升，但距临界点仍有一定距离，尚未恢复至乐观区间。

2. 市场销售部分领域分化明显

从23类限额以上批发和零售业商品消费总体情况来看，河南省消费实现较快增长，主要受吃穿用等基本生活类以及以旧换新政策相关品类快速增长的带动，其他商品消费情况与之相比出现明显分化。2024年，化妆品、书报杂志类分别增长5.1%、6.2%，保持较为平稳增长；电子出版物及音像制品类同比下降 9.5%。住房相关消费如家具类增长 1.5%，建筑及装潢材料类同比下降 0.9%，相关大宗商品如机电产品及设备类同比持平。一方面，以旧换新促消费政策为河南省消费市场发展注入了强心针，实施成效显著；另一方面，其他领域消费有缩减趋势，说明消费市场基础仍有待稳固，需要各项政策不断发力，持续推进河南省消费市场全面发展。

（三）2025年全省消费品市场展望

虽然全省消费品市场发展仍存在不确定性，受到全国经济形势、工业生产、项目建设等多种因素影响。但是展望 2025 年，随着宏观经济大环境的调整，耐用品消费的存量增长和结构升级仍具有一定潜力，新消费模式尚有较大发展空间。伴随着后续促消费政策逐步推进，将为全省商贸经济带来新的发展机遇，消费需求将得到进一步释放。2025 年全省消费品市场仍有望延续稳中向好发展态势。

四 政策建议

（一）政策持续助力

要深入贯彻中央经济工作会议和河南省委经济工作会议精神，稳中求进、乘势而上，用好用足存量政策，及时跟进增量政策，充分发挥政策叠加效应、综合效应，加力推动商贸经济高质量发展。坚持"政策+活动"双轮驱动，以覆盖面广、使用频次高的新品类为切入点，通过政策激励与活动挖潜相结合，激活市场主体与改善民生相结合，打好"组合拳"。发挥好重点商品消费"压舱石"作用，聚焦汽车、家电、成品油等大宗商品消费，进一步巩固以旧换新政策成效，研究优化汽车、住房领域促消费政策并及时做好政策效果评估，巩固提升重点商品消费，最大限度释放政策叠加红利。

（二）优化消费环境

一是优化供给，加力巩固传统消费。增加优质商品供给，稳住居民基本生活消费大盘。继续鼓励支持消费者以旧家电换购节能家电，大力支持推进居家适老化改造，挖掘存量释放增量。积极培育新支柱性消费品，提高节能家电、智能家居、新能源汽车和绿色建材等绿色消费品的市场供应能力，充分发挥新型商品对消费品市场的带动作用，拓宽消费领域，释放消费潜能。

二是提升品质，培育新的消费热点。创新消费业态和模式，拓展新型消费，进一步释放消费潜力。顺应实物消费智能化、个性化发展趋势，大力发展智能产品，提高定制家具、个性化商品的市场供应能力和产品质量。把握季节红利和假日红利期，鼓励地摊经济、夜经济发展，拓展各阶层居民消费空间。精准把握消费者需求，打造夜经济特色商业街区、特色商业圈，加强商业、文化与旅游的结合，推动游、购、娱融合发展，提高居民消费体验。

三是优化环境，打造消费新场景。以胖东来模式为导向，积极引导商贸企业转变思想，认清自身优势和弱势，提升服务质量和商品品质，以优惠的价格和高质量服务留住消费者。引导传统实体零售企业向品牌化、综合化、网络化模式转变，推动线上线下消费融合，促进消费扩容提质。加大对基础设施的投入，提高城乡基础设施的互联互通水平，为居民消费创造更加便捷、舒适的环境。持续深挖文旅消费潜力，适时布局宣传推广工作，吸引省外游客"走进来"；全力打造热点旅游场景，多维度提升旅游体验，吸引游客"留下来"，在吃住行等旅游消费基础上，撬动旅游二次消费。

（三）提升居民消费能力和预期

多措并举帮助中小微企业恢复和扩大生产经营，鼓励创新创业。通过推动产业升级，创造更多高质量的就业岗位，提高劳动者的工资收入，进一步提高居民收入水平。加大对消费领域的财政补贴力度，降低消费者的购买成本。不断完善社会保障制度和救助体系，加大对低收入家庭的补贴和救助力度，降低医疗、卫生、教育等社会服务成本，消除居民生活后顾之忧，缩小收入差距，提高社会整体的消费能力。

B.7
2024~2025年河南省财政形势分析与展望

郭宏震　吴梦然　司银哲*

摘　要： 2024年河南省财政系统在省委省政府坚强领导下，坚持"紧日子保基本、调结构保战略"，狠抓预算收支管理，严格落实积极的财政政策，切实加强风险防控，持续深化管理改革，有效支撑全省经济回升向好、民生不断改善、社会大局稳定。展望2025年，财政经济形势有利因素和不利因素并存，财政收支矛盾更加突出，要实施更加积极的财政政策，落实深化财税体制改革部署，为高质量完成"十四五"规划目标任务、实现"十五五"良好开局、开创中国式现代化建设河南实践新局面提供坚实保障。

关键词： 河南财政　财政收支　财政政策

2024年以来，面对复杂多变的外部环境和艰巨繁重的改革发展稳定任务，河南省各级财政部门坚持以习近平新时代中国特色社会主义思想为指导，按照党中央、国务院决策部署，在省委省政府坚强领导下，攻坚克难，顶压前行，全面落实适度加力、提质增效的积极财政政策，多措并举推动经济回升向好，全省财政运行总体保持平稳态势。但也要看到，河南省财政收支平衡压力仍然较大，收入恢复不及预期。要深入学习贯彻党的二十届三中全会精神，全面落实省委经济工作会议和省政府工作报告明确的重点任务，

---

* 郭宏震，河南省财政厅社会保险基金管理中心主任；吴梦然，河南省财政厅社会保险基金管理中心一级主任科员；司银哲，河南省财政厅社会保险基金管理中心三级主任科员。

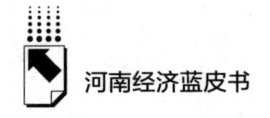

严格执行省人大批准的预算，突出重点、把握关键，加强政策支持和财力保障，推动河南省全年经济社会发展目标高质量完成。

一 2024年河南省财政运行情况分析

2024年，河南省财政运行异常困难。面对土地出让收入断崖式下跌，刚性支出有增无减的严峻形势，全省财政收入增速不及预期，部分重点支出平稳增长，在极其困难的情况下，实现了收支平衡。严格落实积极的财政政策，推动各项政策措施早落地早见效。积极防范化解重大风险，促进财政平稳运行。扎实推进财政改革发展各项工作，不断提高财政高质量发展水平。

（一）财政收入增速不及预期

受上年基数较高、减税政策翘尾减收，房地产市场持续低迷等因素影响，全省财政收入持续负增长，但降幅有所收窄。1~12月累计，河南财政总收入6862亿元，下降1.6%；一般公共预算收入4398.9亿元，为年初预算4786.7亿元的91.9%，下降2.6%，但降幅比前三季度收窄2.7个百分点。分类别看，地方税收收入2735.5亿元，下降4.2%，税收收入占一般公共预算收入的比重为62.2%。非税收入1663.4亿元，与上年同期持平。分级次看，省级收入184.5亿元，增长29.1%；市及市以下收入完成4214.4亿元，下降3.7%，其中102个县（市）收入1888.5亿元，下降5.1%。分区域看，17个省辖市及济源示范区中有7个为正增长，其中周口、安阳、漯河、三门峡分别增长4.8%、2.7%、2%、2%；11个省辖市为负增长，其中南阳、开封、许昌、焦作的降幅在10%以上，分别下降23.3%、13.3%、13.2%、10.5%。

（二）部分重点支出平稳增长

财政部分重点支出平稳增长，民生支出保障较好。1~12月累计，全省一般公共预算支出11461亿元，增长3.7%，得益于12月支出进度加快，一般公共预算支出增速由负转正。其中，教育、社会保障和就业、卫生健康、交通运输、住房保障等民生支出8338.5亿元，占一般公共预算支出的比重为72.8%，各项民生政策得到保障。分级次看，省级支出2155.1亿元，增长12.9%；市及市以下支出9305.9亿元，增长1.8%，其中102个县（市）支出4957.4亿元，增长0.1%。分科目看，科学技术、农林水支出等重点支出增长较快，分别增长16.9%、13.8%，教育支出2059.1亿元，继续保持财政第一大支出。

（三）财政政策效能逐步显现

抓好中央和全省稳经济一揽子政策落地见效，进一步夯实经济回稳向好基础。

一是保持政府投资强度。加快专项债券、增发国债、超长期特别国债、中央预算内投资等重点资金项目支出进度，支持"三个一批""两重"等重大项目建设，为扩大有效投资、稳定宏观经济提供有力支撑。

二是推动大规模设备更新和消费品以旧换新政策落地见效。紧密结合河南制造大省、消费大省的实际，会同相关部门在多领域多方面提出加力支持"两新"的"一揽子"政策，全力确保真金白银优惠直达市场主体和消费者。另外，政策效应已向供给端传导，推动设备制造、汽车、家电等行业生产较快增长。

三是用好增加地方政府债务限额置换存量隐性债务政策。研究制定加强置换债券资金使用管理的制度办法，切实提高资金使用效率，11月15日河南省发行再融资专项债券318亿元，用于置换存量隐性债务。

四是深入开展"万人助万企"活动，落实落细支持中小企业发展的10大类56条政策措施，跟踪落实政府投资基金7大先进制造业集群专题推介会成果，切实为市场主体输血赋能，增添活力。

（四）风险底线坚决兜牢兜实

采取切实措施，坚决守牢风险底线。始终把"三保"作为首要职责和重中之重，坚持县级为主、市级帮扶、省级兜底，全面实行"三保"支出

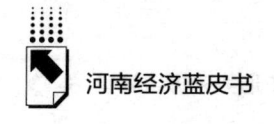

管控和提级管理，建立健全覆盖预算编制、预算执行、应急处置的"三保"全过程闭环制度体系，加大问责力度，优化资金调配，确保基层"三保"不破防。抓好全省地方债务风险防范化解"1+7"方案落实，防范法定债务兑付风险，妥善化解存量隐形债务，坚决遏制新增，持续压减融资平台数量。严控新增财政暂付款，督促市县加大存量暂付款清理力度，坚决守牢财政风险底线。

（五）财政改革持续深化

深入学习贯彻党的二十届三中全会精神，围绕深化财税体制改革最新要求、省委重点改革任务部署，积极推进重点改革任务落地见效。

一是全面实施水资源改革试点。贯彻落实党中央、国务院全面实施水资源税改革试点决策部署，对国家授权事项予以明确，促进水资源节约集约安全利用。

二是探索推动成本预算绩效管理改革。在省市两级选取试点项目，通过成本绩效分析，找到最佳投入产出和成本效益比，科学测定财政资金规模，为开展事前绩效评估和成本绩效管理提供经验。

三是扎实有效推进低效国有资产盘活处置。河南省财政会同省委宣传部、省政府国资委等有关部门制定了低效国有资产盘活处置的"1+4"政策体系，包括1个指导意见和省级行政事业单位、省属金融企业、工商类企业、文化企业4个实施方案，最大限度发挥资产效益。

四是完善科技金融体制机制。加强重大项目资金管理，试行科研经费"直通车"制度，为推动技术创新提供更加及时的资金支持。实施"基金入豫"专项行动，印发《河南省天使投资引导基金实施方案》，打造全省科技金融发展生态。

二 2025年财政形势展望

2025年财政经济形势有利因素和不利因素并存，财政收支将继续保持紧平衡状态，需要采取积极有效措施加以应对。预计2025年财政政策将进一步加大逆周期调节力度，财政赤字率会有所上升，为高质量发展创造更加有利的条件和基础。

从全国情况来看，一揽子增量政策，推动社会信心有效提振，提升了市场活跃度，对第四季度经济回升和全年目标顺利实现起到了决定性作用。2024年国内生产总值1349084亿元，比上年增长5.0%。工业和服务业明显回升，规模以上工业增加值比上年增长5.8%，其中装备制造业和高技术制造业增长较快。服务业增加值比上年增长5.0%，其中现代服务业发展良好。消费投资加快，社会消费品零售总额487895亿元，比上年增长3.5%，其中网上零售较为活跃。在消费品以旧换新政策加力带动下，第四季度限额以上单位家用电器和音像器材类、家具类、汽车类、建筑及装潢材料类商品零售额合计拉动社会消费品零售总额增长约1个百分点。在"两重"建设和大规模设备更新带动下，2024年基础设施投资增长4.4%，比前三季度加快0.3个百分点。房地产政策效果不断显现，房地产市场的主要指标连续好转，第四季度，新建商品房销售面积和金额都实现正增长。展望2025年，我国经济长期向好的支撑条件和趋势并未改变，发展新动能新优势不断壮大，全面深化改革和更大力度的政策措施的实施，将为2025年经济稳定运行、向好发展提供更强的需求动力。

从河南省情况来看，全省地区生产总值（GDP）增速逐季加快，2024年实现GDP 63589.99亿元，同比增长5.1%，整体运行呈现稳中向好、稳中向新、稳中向优的发展态势。工业经济稳健运行，全省规上工业增加值同比增长8.1%，其中"7+28+N"重点产业链群规上工业增加值同比增长9.5%，对全省规上工业增长的贡献率达72.4%。服务业平稳恢复，其中现代服务业增势良好。有效需求稳步释放，全省固定资产投资同比增长7.0%，其中重大项目支撑作用凸显；房地产市场活跃度有所回升，全省房地产开发投资已连续5个月收窄，新建商品房销售面积、新建商品房销售额分别连续6个月、7个月降幅收窄；全省社会消费品零售总额27596.69亿元，同比增长6.1%，其中消费品以旧换新带动相关需求加快释放。新质生

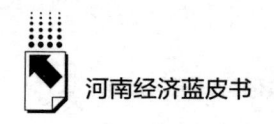

产力稳步发展，新产业保持较快增长，全省高技术制造业、工业战略性新兴产业增加值分别同比增长12.0%、9.2%；新产品供给快速提升，全省集成电路、锂离子电池分别同比增长2.5倍、84.3%；新动能投资增势强劲，全省高技术制造业投资同比增长20.9%。展望2025年，河南经济韧性强、潜力足、回旋余地大，长期向好的基本面坚实，但仍面临有效需求不足，服务业下行压力依然较大，部分企业生产经营面临困难，市场信心仍显不足等问题，需持续做好动能之变、结构之变、质量之变，为高质量发展蓄势赋能。

从财政自身看，积极的财政政策实施效果明显，有力保障了国家重大战略任务的落实，促进了经济运行总体平稳、稳中有进。通过采取综合性措施，全国财政可以实现收支平衡，完成全年预算目标。另外，分析河南省财政收支形势，收入方面，从增收因素看，河南省积极培育发展新动能、新优势，孕育了大量新的经济增长点。随着逆周期存量政策持续显现，增量政策加快落地，政策组合效益持续释放，积极因素和有利条件不断增多。从减收因素看，市场主体困难依然较多，房地产、金融等重点税源行业尚未止跌回稳，外贸面临较大不确定性，非税收入挖潜空间收窄，拖累财政收入增长。支出方面，科技创新、产业发展、绿色低碳转型、乡村振兴、基本民生支出需求仍然较大，债券还本付息支出刚性增长，财政支出腾挪空间有限。综合研判，2025年在一揽子增量政策带动下，全省财政收入将趋稳回升，但"三保"、债务还本付息等刚性支出压力依然较大，预计全省财政收支矛盾更加突出，一般公共预算收入增长目标或在4%左右。

三 2025年财政政策建议

2025年，河南财政将继续坚持以习近平新时代中国特色社会主义思想为指导，全面贯彻党的二十大和二十届二中、三中全会精神，坚定不移落实省委省政府工作部署，抢抓机遇、用好政策，确保收支平衡，强化财力保障，守住风险底线，为河南省扛稳经济大省挑大梁政治责任贡献更大财政力量。

（一）集中精力抓好收支管理

一是加强预算执行管理。强化预算执行常态化监督，严禁超预算、无预算列支，硬化预算执行刚性约束，防止财政资金"跑冒滴漏"。依法依规组织财政收入，规范非税收入管理，提升收入质量，坚决纠治乱收费、乱罚款、乱摊派问题。强化财税政策落实和预算管理监督，严肃查处违法违规举借债务、违规新建楼堂馆所、财政收入虚收空转和违规返还等行为，加大追责问责力度，提高资金使用的规范性和有效性。

二是从严从紧强化支出管理。要落实落细"过紧日子"要求，严把支出关口，严控论坛展会等活动支出，政府采购、资产管理、项目建设都要体现厉行节俭的要求，真正把财政资金用在刀刃上。要加大各类资金资源资产统筹力度，加快推进低效资产盘活利用，保证必要的财政支出，集中财力保障各项民生政策落实和重大战略实施。

（二）加力提效落实积极的财政政策

一是促进消费市场提振。用好中央"两新"补助资金，加力扩围推进大规模设备更新和消费品以旧换新，支持开展提振消费专项行动，加快补贴发放，释放消费潜能。研究鼓励和引导消费财税政策，积极培育新的消费增长点。

二是带动扩大有效投资。强化"项目为王"导向，统筹各类资金，支持推进"两重"等项目建设，重点支持科技创新、新型基础设施、基本民生等薄弱领域补短板，推动"十四五"重大工程加快建成、"十五五"重大项目谋划储备。

三是培育壮大市场主体。深化"万人助万企"活动，在财政补助、税费优惠、政府采购等方面对各类经营主体一视同仁、平等对待，推动政策应享尽享、免审尽享，持续激发市场活力。

四是加力巩固外资外贸。优化外经贸发展资金使用，支持企业多元化开拓国际市场，高水平建设自贸区2.0版、跨境电子商务综合试验区、中欧班列（郑州）集结中心等，打造更具竞争力的内陆开放高地。

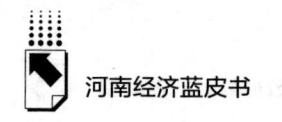

（三）标本兼治强化地方政府债务管理

一是切实管好用好债券资金，强化专项债券"借、用、管、还"全生命周期管理，提高资金支出进度，确保按时偿还、不出风险。推动专项债券回收闲置存量土地和收购存量商品房用作保障性住房，合理扩大专项债券支持范围，鼓励谋划实施专项债券"债贷组合"和用作资本金项目，更好发挥债券资金撬动作用。

二是落实落细隐性债务置换政策，实行专户管理、专账核算、封闭运行，严禁占用资金。各地务必要坚决彻底、不折不扣地贯彻执行，千万不得、绝对不能将置换债券挪作他用。

三是严防融资平台债务风险，做好融资平台到期债务兑付工作，提前制定兑付方案，压紧压实工作责任，确保平台债务不"爆雷"。继续推动融资平台改革转型，加快压降融资平台数量和债务规模，推动融资平台市场化转型发展，助力融资平台做大做强主营业务。

（四）兜牢筑实基层"三保"底线

一是将基层"三保"作为财政工作首要任务和应尽之责，认真贯彻落实党中央、国务院关于"三保"工作最新要求，出台河南省实施办法，压实各级"三保"责任。

二是坚持"三保"支出优先，足额安排"三保"支出预算，强化预算执行管控和资金调度，保障"三保"支出需求。

三是加强地方财政运行监测，动态掌握"三保"支出需求，严格落实县级月度"三保"支出调度管理。

四是完善应急处置机制，健全"三保"风险处置预案，必要时实施提级管理，确保基层"三保"不出问题。

五是严格落实"三保"考核奖惩和追责问责机制，强化警示震慑作用。严格暂付性款项管理，严格控制增量，逐步消化存量。

（五）全面深化财税体制改革

一是抓紧推动改革举措落地实施。财政部拟在 2024 年和 2025 年集中推出一批条件成熟、可感可及的改革举措，如健全预算制度、完善财政转移支付体系、建立与高质量发展相适应的中国特色政府债务管理制度等，河南要紧跟中央顶层设计，抓紧出台改革实施方案，逐项细化制定任务清单，明确时间表、优先序，全力以赴抓好各项改革任务落实落地。

二是不断提高财政管理水平。多措并举加强预算管理，大幅提升预算管理的系统化、精细化、标准化、法治化、信息化水平。全面加强预算绩效管理，提高预算管理水平和政策实施效果。持续强化财会监督和内控建设，增强内部控制建设有效性，提高财会监督震慑力。

B.8
2024~2025年河南省金融业形势分析与展望

任远星　王利娟　张　悦　李惠心*

摘　要： 2024年，河南省金融系统在省委省政府的正确领导下，认真贯彻中央经济工作会议、中央金融工作会议精神，锚定"两个确保"，深入实施"十大战略"，贯彻实施支持性的货币政策，扎实落实一揽子增量政策，推动金融总量稳定增长、结构持续优化，重大战略、重点领域和薄弱环节的优质金融服务有效加强，金融"五篇大文章"成效显著，融资成本稳中有降，金融发展总体稳健，为全省经济回升向好提供了有力支持。

关键词： 金融业　金融服务　金融运行　河南省

一　金融运行持续向好

（一）金融总量稳定增长

1. 各项存款同比多增

2024年末，河南省本外币各项存款余额109446.9亿元，同比增长8.8%；较年初增加8862亿元，同比多增1450.2亿元。其中，在一揽子增量政策带动下，全省各项存款余额保持在全国第9位，同比增速居全国第3

---

* 任远星，中国人民银行河南省分行调查统计处处长；王利娟，中国人民银行河南省分行调查统计处副处长；张悦，中国人民银行河南省分行调查统计处三级主任科员；李惠心，中国人民银行河南省分行调查统计处四级主任科员。

位。其中，非金融企业存款降幅收窄，较年初减少93.5亿元，同比少减434.8亿元。

2. 各项贷款增长平稳

受有效信贷需求不足等因素影响，贷款增量呈现同比少增。2024年末，全省本外币各项贷款余额89257.3亿元，同比增长6.8%；较年初增加5660.6亿元，同比少增1575.8亿元。全省各项贷款余额保持在全国第9位，同比增速居全国第17位。其中，住户贷款、企事业单位贷款分别较年初增加1681亿元、3922.7亿元。

3. 社会融资规模增长平稳

尽管全省各项贷款同比少增，但社会融资规模同比大幅多增。2024年，全省社会融资规模增量为11609.4亿元，同比多568.6亿元；增量居中部六省第2位，占全国社会融资规模增量的3.6%，同比提高0.5个百分点。其中，投向境内实体经济的贷款增加5602.5亿元，同比少增1673.6亿元；表外融资增加352.7亿元，同比多增2007.1亿元；非金融企业直接融资1071.8亿元，同比少817.6亿元；政府债券净融资3403.4亿元，同比多925.9亿元。

（二）信贷结构持续优化

金融支持向重大战略、重点领域、薄弱环节倾斜，制定《关于贯彻执行稳健货币政策 做好五篇大文章服务河南经济高质量发展的意见》等，金融"五篇大文章"成效显著，"有进有退"成效明显。

一是科技金融增量扩面降价提质。人民银行积极推动河南省委省政府出台科技金融"1+N"方案，以《河南省发展科技金融实施方案》为总方案，《推动科技金融增量扩面降价提质工作方案》等相关配套文件为支撑，明确了河南省科技金融工作方向；联合省委金融办、省科学技术厅、省工业和信息化厅制定《河南省科技信贷政策实施效果评估方案》，对全省金融机构服务科技创新工作进行考核评估。科技金融规模持续扩大，融资成本显著下降。2024年末，全省科技型企业全口径融资总规模7641亿元。其中，科技

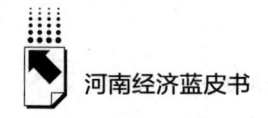

型企业贷款余额5184.2亿元，同比增长10.5%，高于各项贷款增速3.7个百分点；加权平均利率为3.34%，低于全部企业贷款利率0.85个百分点。科技型企业股票融资、债券融资余额分别为1644.4亿元、532.5亿元。

二是绿色金融增长较快。全省金融系统主动适应绿色转型需要，充分发挥碳减排支持工具等结构性货币政策工具撬动作用，持续加强对绿色发展和低碳转型等重点领域的信贷资源配置。绿色贷款持续快速增长。2024年末，全省绿色贷款余额8896.4亿元，同比增长20.9%，高于各项贷款增速14.1个百分点。绿色债券显著增长。加大绿色债务融资工具宣介力度，指导企业发行碳中和债、绿色中期票据等，2024年末，全省绿色债券余额666.3亿元，同比增长7.5%。

三是普惠金融增量扩面提质。全省金融系统用足用好支农支小再贷款、再贴现、普惠小微支持工具等，落实好中小微企业金融服务能力提升工程以及促进民营经济高质量发展各项措施，推动普惠小微贷款规模快速增长。2024年末，全省普惠小微贷款余额11741.1亿元，同比增长14.3%，高于各项贷款增速7.5个百分点。聚焦全省超千万市场主体，持续扩大信贷覆盖面，普惠小微授信户数达到238.8万户，同比增长9.1%。发挥好动产融资统一登记公示系统、应收账款融资服务平台以及中小微企业资金流信息共享平台作用，加快落实支持小微企业融资协调机制，扩大小微企业信用贷款投放。全省普惠小微信用贷款余额4227.1亿元，占普惠小微贷款余额的比重达到36.0%。

四是消费金融保持较快增长。金融系统紧抓消费品"以旧换新"等一系列促消费政策机遇，积极扩展消费金融业务，为居民消费提供便捷的金融服务。2024年末，全省住户一般消费贷款余额6875.2亿元，同比增长16.4%，高于各项贷款增速9.6个百分点。

（三）融资成本稳中有降

2024年，人民银行累计下调公开市场操作7天期逆回购操作利率0.3个百分点，引导1年期、5年期以上LPR分别累计下降0.35个、0.6个百分点。全省金融机构挖掘内部潜力，积极将LPR下调效应传导至实体经济，推动融资成本稳中有降。12月，全省新发放企业贷款加权平均利率为3.33%，低于全国0.1个百分点；同比下降0.78个百分点，降幅大于全国0.42个百分点。债券融资成本进一步降低。2024年全省非金融企业、地方政府发行债券加权平均利率分别为2.88%、2.30%，同比分别下降1.54个、0.55个百分点。

（四）金融发展总体稳健

一是金融业总资产稳步扩张。2024年末，全省银行业总资产达到13.4万亿元，同比增长6.4%。9月末，全省保险业总资产7662.43亿元，同比增长7.9%；3家法人证券期货公司总资产565.6亿元，同比增加2.37亿元。

二是改革化险有序推进。金融机构综合运用清收、核销、剥离等方式加大不良资产处置力度，盘活存量贷款效果显现，全省不良贷款率较年初有所下降。积极配合地方债务化险工作，推动地方政府融资平台压降债务余额、降低融资成本，促进融资平台向市场化企业转型。金融支持保交楼、保交房成效显著，全省配套融资投放量居全国首位，推动2024年保交楼任务总体完成，保交房项目交付率达94.6%。

二　河南省金融运行中存在的主要问题

（一）直接融资仍存短板

股票融资发展滞后。截至2024年末，全省A股上市公司数量为111家，居全国第12位，远落后于经济总量排名；在中部六省中仅居第4位，低于安徽（181家）、湖北（151家）、湖南（145家）。2024年，全省非金融企业境内股票融资占社会融资规模增量的比重仅为0.4%，低于全国0.5个百分点。同时，发债企业信用等级相对较低，市场认可度整体还有提升空间。

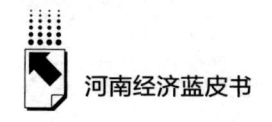

全年全省27家AAA级非金融企业发行债券1665.3亿元，占全省非金融企业发债额的43.2%，低于全国21个百分点。

（二）企业有效信贷需求不足

2024年，全省金融机构维持较为宽松的贷款审批条件。第四季度人民银行银行家问卷调查显示，36.9%的受访银行家认为本季度货币政策"偏松"，环比上升7.4个百分点，同比上升2.7个百分点；贷款审批条件总体指数为56.7%，环比上升5个百分点，同比上升1个百分点。尽管银行信贷政策环境较为宽松，但全年全省贷款增量仍不及上年。据金融机构反映，主要原因在于经济承压下部分企业生产经营面临较大困难，有效信贷需求持续疲弱。2024年，全省企（事）业单位短期贷款、中长期贷款合计增加4326.2亿元，同比少增1054.8亿元，占各项贷款少增额的66.9%，是贷款增速回落的主要拖累因素。

（三）个人住房贷款呈负增长

个人住房贷款是贷款的主要构成部分，在房地产市场快速发展时期，一度是拉动贷款增长的主力。随着房地产市场逐步进入深度调整期，住房需求中枢水平下移，个人住房贷款增长逐渐放缓。2024年，全省金融机构认真落实存量个人住房贷款利率下调政策，房贷提前还款情况有所缓解，但由于新发放个人住房贷款大量减少、部分个人住房贷款转至公积金贷款，个人住房贷款呈负增长。年末，全省个人住房贷款余额18930.2亿元，同比下降1.3%，对贷款增长形成了一定的制约。

（四）金融机构经营压力加大

当前，全省存量存贷款利率均处于历史低位，但存贷款利率降幅不同步的情况较为突出。贷款利率降得快、存款利率降幅相对有限，导致存贷款利差持续收窄，随着存贷利差收窄，叠加贷款增长放缓等因素，金融机构经营压力加大。2024年，全省银行业金融机构实现净利润551.3亿元，同比下降25.5%。其中，受不良资产包袱较重等因素影响，中小法人银行压力更加突出，全年净利率同比降幅达35.8%，对其资本扩充、不良资产处置和信贷投放形成较大制约。

三 2025年河南省金融发展形势展望

（一）河南省金融业发展的有利因素

一是经济持续向好。当前全省经济保持稳中向好、持续向好的良好态势，经济增长的积极因素不断累积。2024年全省GDP增速逐季提升，三次产业生产形势稳中向好，"7+28+N"产业链群建设持续壮大，"两重""两新"政策支持领域成效明显，投资、消费稳步改善，新质生产力稳步发展，经济结构优化升级，将成为拉动信贷增长的新动力。

二是宏观政策环境更加适宜。中央经济工作会议指出，要实施更加积极的财政政策和适度宽松的货币政策。人民银行将坚持稳中求进工作总基调，实施好适度宽松的货币政策，更好支持高质量发展重点领域和薄弱环节，稳妥有效防范化解重点领域金融风险，稳步推进金融改革和高水平开放，着力扩大内需、稳定预期、激发活力，为推动经济持续回升向好营造良好的货币金融环境。

三是金融"五篇大文章"发展空间广阔。科技金融：随着科技金融政策设计、机制建设、考核评估等健全完善，河南省科技金融"四梁八柱"的政策框架已基本构建完成。金融机构对于科技型企业的信贷支持进一步加大，针对科技型企业轻资产、担保抵押不足等特点的授信评价体系正在逐步优化完善，预计仍有较大增长空间。绿色金融：随着2030年碳达峰时间节点的临近，绿色低碳转型日渐迫切。河南作为传统工业大省，能源消耗和碳排放总量大，整体产业结构偏重，高耗能行业增加值占比低、能耗占比高，产业结构绿色低碳转型仍有较大空间，相关领域的潜在金融需求较大。普惠金融：当前河南省市场主体总量超过1100万，随着经济回升向好，小微企业主、个体工商户等市场主体表现活跃，普惠金融增量扩面潜力巨大。养老金融：河南是人口大省，2023年末，全省60岁及以上老年人口达1966万人，占常住人口的20%，其中65岁及以上老年人口达1462万人，占常住人口的14.9%。随着社会人口老龄化程度逐步加深，以及养老保险制度不断完善条件下老年人整体收入水平的提高，养老金融在河南大有可为。数字金融：金融机构数字化转型上，与大型银行相比，河南省部分中小金融机构相对滞后，在提升数字化经营管理能力、风险防控能力等方面仍有较大空间；金融支持数字经济发展方面，随着河南省数字经济快速发展，金融助力数字经济核心产业发展和产业数字化转型仍有进一步的发展空间。

（二）河南省金融业发展的制约因素

一是外部环境的不利影响加深对金融业发展带来了一定的压力和挑战。国际贸易保护主义抬头和部分国家对外贸易壁垒的提高，尤其是中美贸易摩擦加剧，增加了外贸企业经营压力，也使得金融机构为企业提供国际结算和风险对冲等服务时面临更大的不确定性。同时，俄乌冲突持续，地缘政治冲突不断，全球供应链受到严重干扰，能源价格高企，全球市场的不确定性加大，导致资本外流和汇率波动。

二是经济结构转型升级对培育信贷增长新动能提出了更高要求。随着中国经济结构加速转型升级，金融资源的配置面临传统行业与新兴行业之间的错配问题。传统上依赖信贷资金的领域，如房地产、地方融资平台等正在逐步调整，而新兴产业如科技创新、先进制造业、绿色发展等，虽具备较大的发展潜力，但短期内贷款需求尚未充分释放，导致信贷增长呈现波动性变化。

下一步，人民银行河南省分行将在人民银行总行和省委省政府的领导下，认真学习贯彻中央经济工作会议、全国金融系统工作会议和省委经济工作会议精神，坚持稳中求进工作总基调，更加注重国家金融政策与河南经济发展战略的有机结合，进一步落实好适度宽松的货币政策，引导金融机构充分满足和挖掘信贷需求，加大货币政策工具使用力度，更好支持科技创新、绿色发展等重点领域和薄弱环节，持续推动防范化解房地产、地方政府融资平台等重点领域金融风险，为全省高质量发展和现代化建设提供有力的金融支撑。

B.9 2024~2025年河南省能源形势分析与展望

刘金娜 刘芦苇 孙 昊*

摘　要： 本文回顾总结了2024年河南规模以上工业能源生产、消费运行情况，对2025年河南能源生产、消费形势发展进行预判，分析制约能源高质量发展存在的不利因素，提出推动河南能源生产、消费向好发展的政策建议：狠抓煤矿安全生产管理，夯实煤炭兜底保障基础；坚持统筹兼顾，扎实推进新型电力系统建设；深入推进煤炭消费总量控制和清洁高效利用，推进能源绿色低碳转型。

关键词： 能源生产　能源消费　绿色低碳　河南省

2024年，河南深入贯彻中央经济工作会议精神，认真落实省委十一届六次全会暨省委经济工作会议各项决策部署，全力做好能源保供、节能降耗各项工作，河南规模以上工业能源生产稳定增长，保供能力持续提升；能源消费继续增长，能源利用水平不断提升，节能降耗成效明显。2025年，预计全省能源保供能力继续提升，工业节能形势持续向好。

一　2024年河南省能源生产、消费基本情况

2024年，在河南国民经济运行稳中向好、工业生产不断提速的良好态

---

* 刘金娜，河南省统计局能源和生态统计处副处长；刘芦苇，河南省统计局能源和生态统计处四级主任科员；孙昊，河南省统计局能源和生态统计处一级科员。

势下，全省能源生产总体平稳，煤炭、天然气保持增长，油品稳产上产，清洁能源占比持续提升，能源保供能力不断增强；工业能源消费小幅增长，单位工业增加值能耗继续下降。

（一）能源生产稳定增长，为经济社会向好发展提供有力保障

1. 原煤生产快速恢复，主要煤炭制品保持增长

2024年，面对年初省内煤矿生产安全事故造成的不利影响，全省煤炭生产企业坚决扛牢能源保供政治责任，加快恢复生产，全省规模以上工业原煤产量10428.99万吨，同比增长1.4%，增速比第一季度和上半年分别提高5.4个、0.3个百分点，比全国平均水平高0.1个百分点，为全省经济社会向好发展提供了有力保障。2024年，洗精煤（用于炼焦）、其他洗煤、焦炭等主要煤制品产量均有不同程度增长，产量分别为3362.73万吨、2687.38万吨、2314.58万吨，分别同比增长9.5%、9.3%、3.3%。

2. 原油生产保持平稳，原油加工快速增长

2024年，全省两家原油生产企业在省内可开采石油资源已濒临枯竭的局面下加强技术创新与管理优化，聚焦资源调配与降本增效，持续提升原油稳产上产能力，全省规模以上工业原油产量238.01万吨，同比增长1.1%，增速比上半年提高0.2个百分点。

原油加工方面，省内主要原油加工企业在2023年中完成设备大检修后，产能迅速回升，2024年，全省规模以上工业加工原油997.31万吨，同比增长25.3%，增速比2023年提高33.6个百分点。汽油、柴油等主要石油制品较快增长，全省规模以上工业汽油、柴油产量分别为273.30万吨、224.20万吨，分别同比增长8.7%、7.3%。

3. 电力生产有所增长，清洁能源占比持续提升

2024年，河南继续加快推进新能源产业发展，清洁能源占比进一步提升，电力供应结构持续优化。从发电情况看，2024年，全省规模以上工业发电量3388.23亿千瓦时，同比增长5.3%，其中"水风光"等清洁可再生能源发电量588.56亿千瓦时，同比增长7.2%，占全部规模以上工业发电量

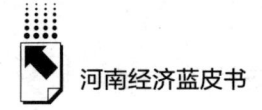

比重的17.4%，较2023年和2022年分别提高1.0个、2.3个百分点，延续了"十四五"以来占比逐年提高的态势。

从装机情况看，截至2024年底，全省期末装机容量14666.45万千瓦，同比增长5.9%，其中"水风光"等清洁可再生能源发电装机7245.89万千瓦，同比增长12.4%，增速比总装机高6.5个百分点；清洁可再生能源发电装机占总装机的比重为49.4%，比2023年末提高3.1个百分点。2024年，全省新增装机容量912.52万千瓦，其中新增"水风光"等清洁可再生能源发电装机820.32万千瓦，占全部新增装机容量的97.7%。

4. 天然气生产保持增长，氢气生产明显加快

2024年，在河南加快建设清洁低碳、安全高效的新型能源体系的背景下，全省规模以上工业天然气生产保持增长，全年天然气产量4.27亿立方米，液化天然气产量42.72万吨（折算天然气5.90亿立方米），合计同比增长4.1%。全省规模以上工业氢气生产明显加快，氢气产量12.03亿立方米，同比增长27.8%，增速比2023年提高55.5个百分点。

（二）能源消费继续增长，工业节能形势整体良好

1. 工业综合能源消费小幅增长，支撑工业经济较快发展

2024年，河南工业大力发展低碳高效产业，加快传统产业升级改造，工业节能增效行动取得成效，规模以上工业能耗增速高开低走，2024年以2.9%的增速支撑了工业增加值8.1%的较快增长，增速比2023年提高2.6个百分点（见图1）。全省六大高耗能行业用能增速加快，综合能源消费量同比增长3.2%，增速比全省高0.3个百分点，比2023年提高3.0个百分点。

2. 工业节能形势良好，高耗能行业出力明显

2024年，河南工业生产不断提速，同时工业领域持续开展能效对标工作，助力工业领域节能形势向好。2024年，全省规模以上工业单位增加值能耗同比下降4.8%，降幅比2023年扩大0.3个百分点（见图2）。40个行

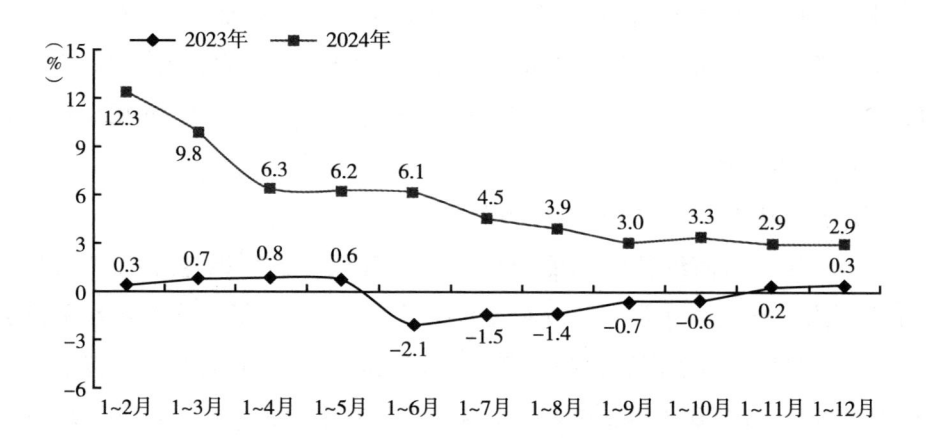

图 1　2023~2024 年河南省规模以上工业综合能源消费量累计增速

资料来源：河南省统计局。

业大类中，29 个行业单位工业增加值能耗同比下降，下降面达 72.5%，比 2023 年提高 7.5 个百分点。

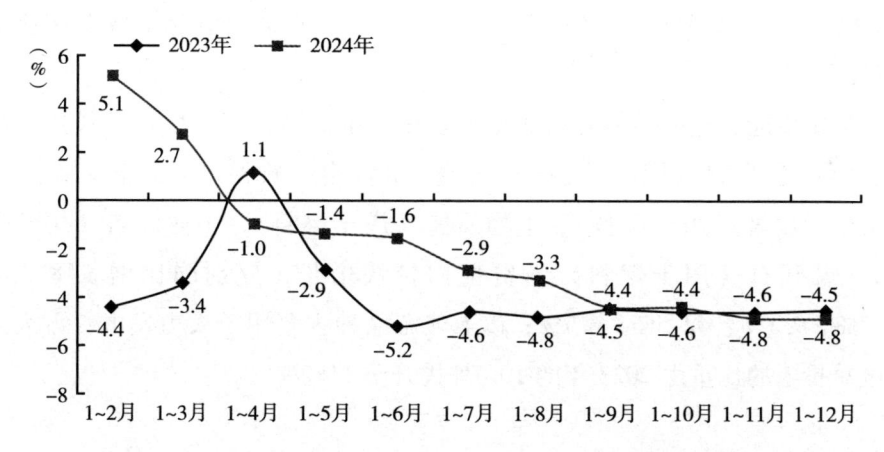

图 2　2023~2024 年河南省规模以上工业单位增加值能耗降低率

资料来源：河南省统计局。

高耗能行业是影响单位工业增加值能耗下降的主要因素。2024 年，全省六大高耗能行业单位工业增加值能耗下降 4.4%，其中石油、煤炭及其他

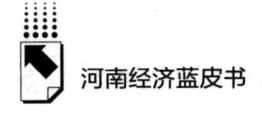

燃料加工业，非金属矿物制品业，黑色金属冶炼和压延加工业，有色金属冶炼和压延加工业单位工业增加值能耗下降较多，分别同比下降5.6%、8.1%、6.4%、8.1%。以上行业影响全省规模以上工业单位增加值能耗下降3.7%，贡献率达77.1%。

3. 工业能源综合利用水平稳步提升

2024年，河南继续狠抓能源产业转型升级，继续推进煤电"三改联动"、炼焦、炼油、水泥等产业能效标杆行动，能源资源综合利用水平稳步提升。从加工转换效率看，2024年，全省规模以上工业能源加工转换总效率为69.8%，比2023年提高0.5个百分点，其中火力发电、供热、炼焦效率分别为39.9%、81.6%、94.3%，分别比2023年提高0.2个、2.8个、0.4个百分点。从单耗水平看，2024年上半年，重点耗能工业企业吨原煤生产综合能耗、炼焦工序单位能耗、吨水泥、吨水泥熟料、机制纸及纸板、每重量箱平板玻璃综合能耗、原油加工单位综合能耗、单位油气产量、单位氧化铝、单位电解铝综合能耗分别同比下降17.3%、15.6%、12.2%、7.9%、7.4%、7.1%、6.1%、4.8%、4.7%、3.2%，工业企业节能增效工作成效明显。

生物质能、垃圾燃料等新能源和余热余压、煤矸石（用于燃料）等在工业领域的高值化利用水平进一步提高。2024年，规模以上工业余热余压、城市生活垃圾（用于燃料）、生物质能（用于燃料）、工业废料（用于燃料）、煤矸石（用于燃料）消费量均较快增长，分别同比增长8.7%、17.7%、9.1%、42.5%、6.7%；以上能源品种主要用于火力发电，占火力发电总投入的比重由2023年的10.7%提升至11.2%。

二 2025年河南能源高质量发展面临的形势与问题

2025年是"十四五"规划实施收官之年，也是"十五五"发展谋篇布局之年，河南将持续实施绿色低碳转型战略，加快建设新型能源体系，加快节能降碳增效，预计全省能源保供能力继续提升，工业节能形势持续向好，但传统能源保供、控煤减污降碳压力较大等制约河南能源高质量发展的因素仍需关注。

（一）河南能源发展的有利因素

一是全省能源保供能力将继续提升。电力供应方面，2024年12月，河南省人民政府办公厅印发《河南省加快推进源网荷储一体化实施方案》，2025年将继续深化电力体制改革，加快推进源网荷储一体化，加大新能源领域投资力度，支撑风光电、地热能等清洁低碳新能源开发利用再上台阶。煤炭生产方面，全省煤炭生产企业吸取2024年生产安全事故教训，深入推进治本攻坚三年行动，安全生产基层基础进一步强化，在煤炭产能持续稳定在1.4亿吨/年的基础上，2025年将努力实现稳产增产，持续夯实煤炭压舱石作用。油气储备能力建设方面，河南将继续加快推进省内油气干线、盐穴储气库等项目建设，不断完善储气调峰体系。

二是工业节能形势向好态势明显。2025年，在中央和省委经济工作会议部署的各项经济政策加持下，全省工业经济将持续释放活力，新质生产力加快形成，朝着进中提质、持续向好的良好态势发展，预计能源需求仍将继续保持平稳增长，但在河南可再生能源体制发展的背景下，全省节能降耗、降碳的潜能将进一步扩大。截至2024年底，全省可再生能源电力期末装机容量占全部装机容量的比重为51.4%，已超过煤电装机容量；发电量1157.52亿千瓦时，首次突破千亿大关。在"双碳"战略引领下，全省上下将继续加大工业企业绿色低碳改造升级力度，稳固提升能效水平，工业增加值增速快于能耗增速的可能性较大，工业节能形势有望继续向好。

（二）河南能源发展的制约因素

一是传统能源安全保供压力持续存在。受制于资源禀赋，河南煤炭、石油等资源储量有限，许多地区面临开采条件复杂、成本提高、资源枯竭等问题，全省六成以上的煤炭、八成以上的石油需要从外省调入，对外依存度较高，加之近年来极端天气频发、大国博弈更加激烈等不利因素增多，全省传统能源保供形势更为严峻。同时，随着新能源产业快速发展，为保障电网安全稳定运行，省内煤电机组需承担起更多的顶峰、调峰等辅助服务任务，但煤电行业灵活性调节能力提升不足、节能降碳改造资金压力较大等问题突出。2024年12月，在对全省纳入全国碳排放权交易市场的煤电企业调研中了解到，近六成的企业目前尚未进行过灵活性改造，已进行"三改联动"的企业中有七成的企业反映改造资金来源紧张。面对全省经济社会不断增长的电力需求和"双碳"目标任务，煤电行业改革面临较大压力。

二是控煤减污降碳压力不容忽视。煤炭消费是影响河南大气环境质量和碳排放的关键因素，全省六成以上的二氧化碳排放由煤炭消费产生，因此节能降碳最重要的任务在于减煤。国务院《空气质量持续改善行动计划》明确，在保障能源安全供应的前提下，重点区域继续实施煤炭消费总量控制，到2025年，京津冀及周边地区煤炭消费量较2020年下降10%左右。2024年，京津冀周边地区河南区域（不含南阳、信阳、驻马店）规模以上工业煤炭消费量20195.40万吨，比2020年增长近20%。2025年，河南必将采取更多政策措施加快清洁能源替代，强化煤炭消费减量，但以煤炭为主的能源消费结构短期内不会改变，为支撑经济平稳向好发展，煤炭消费仍将保持一定增速。在能耗双控向碳排放双控过渡的关键阶段，重点区域煤炭消费持续快速增长，完成控煤任务压力巨大。

三　河南能源高质量发展的建议

2025年，河南能源系统要进一步筑牢安全生产底线，更好统筹能源高质量发展和高水平安全，进一步强化煤炭兜底保障作用，扎实推进新型电力系统建设，加快能源产业结构绿色低碳转型，推进经济社会绿色高质量发展。

（一）狠抓煤矿安全生产管理，夯实煤炭兜底保障基础

始终绷紧安全生产弦，坚决以"零容忍"的态度狠抓全省煤矿安全生产工作，牢牢守住安全发展底线。严格落实《煤矿安全生产条例》，进一步发挥煤矿安全生产监管监察体制机制优势，不断健全安全管理体系，严格执行设备设施安全管理制度，切实提升风险监测预警处置能力，全力防范化解重大安全风险；着眼未来，优化煤炭资源开发布局，有效缓解全省煤炭资源枯竭困境；聚焦"减人提效增安"，不断提高全省煤矿智能化产能比重，推动安全有保障的骨干煤矿稳产高产，保证煤炭生产能力维持较高水平。

（二）坚持统筹兼顾，扎实推进新型电力系统建设

立足河南资源禀赋和产业发展实际，坚持先立后破，科学设计全省新型电力系统建设路径。在保障能源电力安全可靠供应的基础上，以源网荷储协同为目标，统筹水风光乃至核能、地热能等清洁电力产业及储能产业发展，有计划分步骤逐步降低化石能源电力比重。深入推进煤电容量电价改革，持续健全完善电力中长期市场、现货市场、辅助服务市场机制，确保机组灵活性调节能力与煤电容量电价机制的合理衔接，进一步优化煤价和电价的联动和协调机制。加快推动《能源重点领域大规模设备更新实施方案》在河南落地生效，争取更多财政及金融优惠政策，有效减轻电力行业技改资金压力，提升电力行业技术装备水平。

（三）深入推进煤炭消费总量控制和清洁高效利用，推动能源绿色低碳转型

立足以煤为主的省情，抢抓实现"十四五"目标任务的最后一年"窗口期"，严格落实《河南省2024～2025年煤炭消费总量控制行动方案》，着力压减高耗能、高排放和过剩落后产能煤炭消费总量，做好重点地区、行业、企业煤炭消费情况监测预警，关注变动趋势，差异化开展控煤工作。

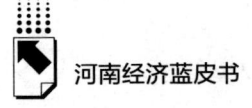

持续推进煤炭清洁高效利用工作，加快现役煤电机组节能降碳改造、灵活性改造、供热改造"三改联动"，继续推动煤电机组超低排放改造、热电联产改造，进一步提升电煤利用效率。有序推进清洁电力、天然气、生物质、工业余热、电厂余热等能源替代煤炭，淘汰供热管网覆盖范围内的燃煤锅炉和散煤。

B.10 2024~2025年河南省生态环境形势分析与展望

张清敏　孙一兵　袁彩凤*

摘　要： 2024年，河南省深入学习贯彻习近平生态文明思想，以美丽河南建设为引领，深入打好污染防治攻坚战，推进生态环境稳定向好，全省生态环境保护工作取得积极进展。目前，河南省生态环境改善的深层次压力尚未得到根本缓解，生态环境质量距人民群众期盼、美丽河南建设目标还有不少差距。必须扛稳生态文明建设政治责任，持之以恒推进生态环境保护各项工作，加快建设人与自然和谐共生的美丽河南。

关键词： 生态环境　生态保护　污染防治　河南省

2024年，在省委省政府坚强领导下，河南上下坚持以习近平新时代中国特色社会主义思想为指导，深入学习党的二十大和二十届三中全会精神，以美丽河南建设为引领，以改善生态环境质量为核心，坚定不移推动绿色低碳转型发展，深入打好污染防治攻坚战，全省生态环境保护工作取得积极进展。

---

* 张清敏，河南省生态环境技术中心环境规划室主任；孙一兵，河南省生态环境技术中心环境规划室工程师；袁彩凤，河南省生态环境技术中心副主任。

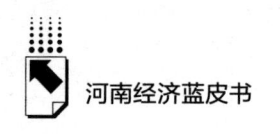

一 河南省生态环境保护取得的积极成效

（一）坚持标本兼治，深入打好蓝天保卫战

狠抓工业减排。持续推进落后低效产能淘汰、重污染企业搬迁、砖瓦窑生产线关停整合和传统产业集群升级等重点任务，积极推进工业企业深度治理项目，完成35家钢铁、水泥、焦化企业超低排放改造。强化移动源减排。支持信阳、南阳、郑州、安阳、济源等地更新城市新能源车辆和纯电动重型卡车，开展非道路移动机械监管抽测3.88万台次、柴油货车路检路查69.7万辆次。加强应急管控。严格重污染天气预警响应，动态更新重污染天气应急减排清单，实施绩效分级差异化管控，有效减少重污染过程影响。提升监管效能。强化协调联动，定期分析研判形势、研究对策；对信阳、商丘等10个省辖市开展监督帮扶，被帮扶城市在全国168个重点城市的排名较帮扶前有所提升；持续优化高值热点闭环管理机制，高值热点多发频发态势得到有效遏制。

（二）注重三水统筹，持续打好碧水保卫战

实施水环境综合治理。全面启动入河排污口排查整治，完成全省119条主要河流和重点水库排查任务；省辖市建成区黑臭水体实现"动态清零"；实施工业园区污水收集处理设施补短板行动。强化水环境风险防控。定期召开水环境质量分析研判会，完善上下游多部门联防联控、信息共享、闸坝调度机制，避免发生重特大水污染事件。推进美丽河湖建设。印发《河南省美丽河湖保护与建设清单》，分批次、分时段推进美丽河湖建设任务，安阳河、南湾水库入选生态环境部第三批美丽河湖优秀案例。

（三）加强源头管控，扎实推进净土保卫战

稳步推进土壤污染治理。实施国家土壤污染源头防控重大工程7个，开

展全省重点建设用地安全利用"起底清零"专项行动,年度"一住两公"变更地块全部完成土壤污染状况调查。扎实推进地下水污染治理。推动14个省辖市划定地下水污染防治重点区,推进郑州市地下水污染防治试验区建设。深入推进农业农村污染治理。实施农村黑臭水体治理攻坚行动、乡镇和农村生活污水处理设施提质增效行动,整治国家监管农村黑臭水体179条,全省乡镇政府驻地基本实现污水处理设施全覆盖,全省农村生活污水治理率达到43.9%。

(四)牢记国之大者,全力保障重大战略任务

全面加强黄河流域生态保护。编制河南省"净水入黄河"工程方案,实施金堤河"一河一策"综合治理;推进黄河流域入河排污口排查整治,排污口全部完成溯源;实施伊洛河、沁河、天然文岩渠、金堤河流域联合监督执法检查;开展黄河流域生态保护和高质量发展问题集中排查整治,黄河干流出省断面水质达到Ⅱ类。全力保障南水北调中线工程水质安全。开展丹江口库区入库(河)排污口排查整治,完成排污口整治499个;定期召开库区及上游水环境质量分析研判会,严防突发水污染事件发生;完善丹江口水库15条重要入库河流突发水污染事件"一河一策一图"应急方案;开展水质全天候监测,丹江口水库陶岔取水口及河南出境水质稳定保持Ⅱ类及以上标准。

(五)坚持先立后破,大力推动绿色低碳转型

推动产业转型升级。关停钢铁、铸造行业落后低效工艺装备33台套,退出烧结砖瓦生产线155条,完成129座工业炉窑清洁低碳能源替代。培育壮大环保产业。实施河南省培育壮大节能环保装备产业链行动,召开河南省节能环保装备产业链金融对接专场。推进清洁生产审核。出台《河南省清洁生产审核管理工作指南(试行)》,推广清洁生产先进适用技术60项,推动企业开展强制性清洁生产审核。推动无废城市建设。推广许昌"无废城市"建设投融资模式试点经验,开展"无废集团"试点,创建"无废工

厂""无废社区"等"无废细胞"1764个。大力发展循环经济。出台《河南省支持再生资源循环利用产业发展若干措施》《河南省废弃物循环利用体系建设行动方案》，培育省循环经济产业园区15个。有序推进"双碳"工作。印发实施《河南省碳排放双控先行探索工作方案》，推进减污降碳协同创新试点，推进碳排放交易机制落实，开展发电及非电企业碳排放核查。

（六）强化系统治理，坚决筑牢生态安全屏障

紧盯问题整改。持续抓好中央生态环境保护督察反馈问题整改，持续推动省级生态环境保护督察交办的整改任务及群众举报件加快整改到位。加强核与辐射管理。开展核与辐射安全检查专项行动，持续加强辐照、测井等领域环节辐射安全监管，确保放射源和射线装置安全受控，辐射环境质量持续保持良好，全省辐射零事故。加强自然生态保护。强力推进"绿盾"自然保护地强化监督行动，持续加强生态保护红线生态环境监督，完成疑似生态破坏问题核查整改。强化应急应对。组织开展"保卫黄河—2024"河南省突发环境事件应急演练，在丹江口库区率先开展突发环境事件快速监测、预警、报告国家试点，及时妥善处置突发环境事件。

（七）聚力强化支撑，不断提升环境治理能力

加强顶层设计。印发《关于全面推进美丽河南建设的实施意见》《全面推进美丽河南建设的实施意见任务责任清单》，全面压实工作责任。研究制定《河南省生态保护红线管理办法》《河南省生态环境分区管控实施意见》，生态空间格局得到持续优化。完善法规标准。修订《河南省固体废物污染环境防治条例》，制定《河南省实施〈中华人民共和国黄河保护法〉办法》；成立河南省生态环境标准化技术委员会，完成生态环境领域70项现行标准复审。推动绿色金融。制定《河南省进一步强化金融支持绿色低碳发展实施方案》，引导各类金融资源向绿色低碳发展领域集聚。优化执法监管。落实监督执法正面清单、生态环境违法行为不予处罚事项清单制度，开展非现场执法检查2255次，办理不予处罚案件231件。

二 当前河南省生态环境保护面临的形势

(一) 经济社会绿色转型任务艰巨

河南省工业结构偏重、能源结构偏煤、交通运输结构偏公路等结构性污染问题依然突出，与绿色生产力相适应的生产关系尚未全面建立，高端化、智能化、绿色化制造业及新兴产业集群、绿色低碳发展布局仍在完善。受经济下行压力影响，一些地方推动生态环境保护、污染防治攻坚的积极性、主动性有所弱化。

(二) 环境质量稳定向好压力较大

空气质量方面，受地理因素及气象条件等影响，河南省 $PM_{2.5}$、PM_{10} 平均浓度仍然较高，空气质量主要指标在全国排名靠后。水环境质量方面，部分河流断面还不能稳定达标，黄河流域尾矿库历史遗留问题等重点生态环境问题仍然存在，部分指标接近水质限值，稳定达标仍存在一定风险。

(三) 违法违规排污现象时有发生

一些企业治污设施落后，难以达标排放，甚至违法偷排偷放，部分企业存在不落实重污染天气减排措施、超标排放、数据造假等环境违法问题；部分城镇污水处理厂超负荷运行、不达标运行情况突出，城镇生活污水旱季"藏污纳垢"、雨季"零存整取"现象常见。

(四) 治理能力现代化水平有待提高

生态文明制度体系还不够完善，距离美丽河南建设实践要求还有差距。环境要素市场、生态产品价值实现、新污染物治理等不少新领域仍需推进制度创新、填补制度空白。部分环境执法人员政策水平不高、专业能力不强，存在违法排污问题发现不及时、监管不到位、排查不深入的情况，环境执法监管效能有待提高。

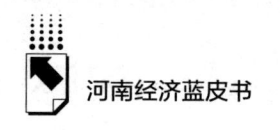

三 河南省生态环境保护的建议

（一）深入打好污染防治攻坚战

持续深入打好蓝天保卫战。持续开展重点行业企业超低排放改造，强化挥发性有机物深度治理。统筹抓好散煤、扬尘、秸秆、餐饮油烟等重点领域污染治理和非道路移动机械监管。加强应急减排清单标准化管理，提升重污染天气应急管控实效。持续深入打好碧水保卫战。持续推进入河排污口排查整治，不断巩固黑臭水体治理成效。抓好重点河流综合治理，加快推进"净水入黄河"工程。研究美丽幸福河湖保护与建设配套文件，谋划开展全省美丽幸福河湖建设。持续深入打好净土保卫战。持续开展农用地土壤镉等重金属污染溯源整治，紧盯土地用途变更、收储、供应等环节，加强重点建设用地联动监管。持续强化土壤污染重点监管单位监管，动态更新土壤污染重点监管单位名录。开展重点行业重金属污染综合治理，有效管控重金属污染。

（二）加快推进绿色低碳转型

优化调整结构。坚决遏制"两高"项目盲目发展，加快传统产业集群升级改造。有序推进落后燃煤小热电机组和燃煤锅炉关停整合，实施重点行业工业炉窑清洁能源替代，持续推进清洁取暖改造。大力推动铁路专用线进企入园，加快新能源汽车推广应用。培育壮大产业。瞄准国家战略和产业需求，多层次、多角度组织开展供需对接活动，持续拉动产业投资，加强技术供给、丰富金融产品。节约利用资源。推进"无废城市"建设，推动资源循环利用。开展"无废集团"试点，实施"无废商超""无废社区""无废机关"等"无废细胞"。强化区域再生水利用试点建设。强化服务保障。持续做好重大项目环评保障，不断深化环评助企服务。推进"万人助万企""企业服务日"帮扶活动，提升企业绿色发展水平。

（三）推进重点区域环境改善

加强黄河流域生态保护。实施一批"净水入黄河"工程项目，突出抓好重点支流治理。加强尾矿库污染风险防控，强化重点行业污染管控，严防黄河流域生态环境风险隐患，确保省内黄河干流水质稳定保持Ⅱ类。保障南水北调水质安全。持续开展南水北调总干渠保护区内环境问题排查整治，加快推进丹江口水库排污口分类整治，推进总干渠沿线村庄生活污水治理，实现生活污水有效管控。强化水质监测预警，确保"一泓清水永续北上"。

（四）坚决守牢生态安全底线

提升系统功能。持续推动山水林田湖草沙一体化保护和修复试点工程建设，开展自然保护区生态保护成效评估、生态保护红线五年成效评估及第五次生态状况变化调查评估。强化源头管控。加强放射源安全监管，完善危险废物规范化环境管理评估机制，严格落实15类重点管控化学物质环境管控措施。强化尾矿库分类分级管理，开展重点行业重金属污染综合治理。整治风险隐患。以黄河流域、丹江口库区及上游地区为重点，紧盯"一废一库一重"等重点行业、饮用水源地等环境敏感点以及汛期等敏感时段，开展突发环境事件风险隐患排查。加强应急应对。推动建立环境风险信息通报、责任共享、会商预警等部门联动工作机制。持续深化"南阳实践"成果应用，有序推进化工园区"一园一策一图"试点。及时妥善处置突发环境事件。

（五）完善生态环境体制机制

完善法律制度。推进《河南省实施〈中华人民共和国黄河保护法〉办法》宣贯和《河南省噪声污染防治条例》《河南省移动源污染防治条例》《河南省生物多样性条例》立法调研，研究编制《河南省城镇排水系统溢流污染控制技术标准》。加强规划谋划。开展"十四五"生态环境保护规划总结评估、"十五五"生态环境保护规划思路研究，扎实做好"十五五"生态

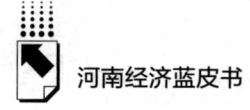

环境保护规划编制。完善经济政策。健全生态环境损害赔偿制度机制，加大生态环境损害赔偿工作力度。推广企业环保信用承诺制度，完善企业环保信用修复机制，加强评价结果应用。严格督察执法。持续深化省级环保督察，强力推进中央环保督察反馈问题整改，持续开展生态保护红线监督管理、"绿盾"自然保护地强化监督。强化科技支撑。依托省级实验室等科研单位，打造高能级创新平台载体，支持基于大数据和人工智能的智慧环保等关键技术研究应用。支持重点企业参与科技攻关、软科学项目申报。坚持试点示范。鼓励有条件的地方开展美丽城市、美丽乡村建设试点，加快建立新污染物环境风险管理制度，积极探索流域新污染物治理措施和综合管理制度机制。

战略措施篇

B.11
2024年度河南省文旅文创融合战略研究

范志军 赵伟光 张路平 杨奕 虎磊 杨朔*

摘　要： 文旅融合已成当今时代发展共识。河南作为中华民族和中华文明的重要发祥地，文旅资源厚重，文旅文创融合发展在动能转换、业态变换、技术迭代升级、消费降级情况下，既面临着机遇，又充满着挑战，既要坚持以文塑旅、以旅彰文，又要坚持创意驱动、科技赋能、项目支撑、跨界融合，统筹做好"五个"关系，加快将文化旅游业培育成为支柱性产业。

关键词： 文旅文创　文旅融合　文旅资源　河南省

---

* 范志军，河南省文化和旅游厅政策法规处一级调研员；赵伟光，河南牧业经济学院讲师；张路平，河南省文化和旅游厅政策法规处副处长；杨奕，河南省文化和旅游厅政策法规处主任科员；虎磊，河南省文化和旅游厅政策法规处主任科员；杨朔，河南省文化和旅游厅政策法规处主任科员。

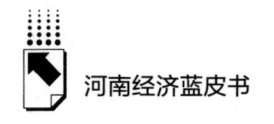

党的十八大以来，党中央、国务院坚持把文化旅游业打造为新兴的战略性支柱产业和具有显著时代特征的民生产业、幸福产业，持续实施独具特色的中国文旅融合发展之路，我国文化旅游业发展步入快车道。河南省第十一次党代会将文旅文创融合发展列为"十大战略"之一，决定发展富有特色的全链条文旅业态，壮大以创意为内核的文化产业，打造中华文化传承创新中心、世界文化旅游胜地。本文基于近年来全国文化旅游发展态势及2024年河南文旅文创发展现状，坚持问题导向，总结经验，查找问题，为2025年全省文旅文创融合发展提出有针对性、可操作的对策建议。

一 文旅深度融合发展已成时代共识

党中央高度重视文旅融合，并作为重要工作进行系统谋划和整体推进。2018年中央组建文化和旅游部，拉开了全国文旅融合的序幕；2019年党的十九届四中全会提出"完善文化和旅游融合发展体制机制"要求；2021年国家"十四五"规划要求推动文化和旅游融合发展，打造独具魅力的中华文化旅游体验；2022年党的二十大强调，要"坚持以文塑旅、以旅彰文，推进文化和旅游深度融合发展"；2024年党的二十届三中全会进一步提出，"健全文化和旅游深度融合发展体制机制"，并以旅游发展为主题召开了全国旅游发展大会，明确了建设旅游强国的目标任务。习近平总书记高度关注文旅工作，在许多重要会议、重要场合，对文旅发展作出一系列重要论述，并赋予旅游业"服务美好生活、促进经济发展、构筑精神家园、展示中国形象、增进文明互鉴"五大使命。可以说，文旅融合发展是以习近平同志为核心的党中央从我国经济社会发展大局出发作出的重要战略部署，既是中国式现代化的生动体现，也是中国式现代化的内在要求。

在党中央领导下，全国各地迅速行动，深入谋划文旅融合发展。如广东提出奋力建设更高水平的文化强省和旅游业高质量发展示范省，浙江要努力建成文旅深度融合的浙江样板，山东建设国家文旅融合发展新高地和世界级滨海休闲度假旅游目的地，等等。另外，安徽、江苏、四川、黑龙江、甘肃、陕西等诸多省份也都提出了融合发展新举措。在中央带动下，各省都密集召开省级旅游发展大会，并将会议规格提升到由党委、政府共同主办的高度，省委书记和省长亲自谋划、齐抓共推，在全国形成了"中央统领、省上总抓、市县主战、部门协同、梯次推进"的新格局，并在理念融合、职能融合、产品融合、市场融合、业态融合等方面都取得了重要突破。淄博"烧烤"、哈尔滨"冰雪奇缘"、贵州"村超"、开封"王婆说媒"等消费热点不断涌现，文旅融合发展效能明显提升。据文旅部统计，2023年末，全国56275家旅行社营业收入4442.7亿元，8253家星级饭店营业收入1609.0亿元，15721个A级景区接待游客57.5亿人次，实现旅游收入4068.7亿元。全年国内出游人次48.9亿，同比增长93.3%，国内游客出游总花费4.9万亿元，同比增长140.3%。

二 文旅深度融合发展趋势及河南发展优势

（一）文旅深度融合发展趋势

加快建设旅游强国，推动旅游业高质量发展行稳致远，已是我国文旅发展的战略任务。随着新旧动能转换加速、新业态不断涌现，当前的文旅业呈现多元融合的发展态势，主要趋势有以下五点。

一是以文塑旅、以旅彰文已成为推动区域可持续发展、提升文化软实力的重要引擎。中华优秀传统文化的创造性转化与创新性发展持续发力，博物馆热、非遗热、国潮热"热"度空前，文化遗产旅游、红色旅游、研学旅游等融合业态势头强劲。

二是科技赋能成为推动文旅融合发展的关键举措。在数智技术加持下，一些重要技术如大数据、云计算、人工智能、虚拟现实等，已广泛应用于文旅行业，数智技术赋能文旅成为各地争相发展的重点产业。

三是创新成为引领文旅业高质量发展的新动力。随着旅游消费需求从低层次向高品质和多样化、个性化转变，科技创新、场景创新、业态创新、要

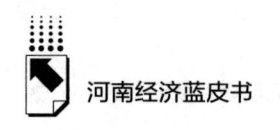

素配置创新等在文旅发展中愈加广泛，市场发展已从资源驱动向创新驱动转变。

四是文旅融合已向"文旅+百业""百业+文旅"深度转化。文体旅、文商旅、农文旅、文教旅等融合发展业态不断涌现，以文化主题、自然主题、科教主题等为代表的沉浸式体验需求不断增长。

五是文旅融合发展已成为拉动内需、促进就业、活跃市场的重要力量和对外展示友好形象的重要渠道，各地都把提升服务品质、丰富消费场景、优化营商环境作为重要抓手，推动文旅消费，拉动经济发展。

（二）河南发展优势

实施文旅文创融合发展战略，把河南厚重的文化资源优势转变为产业发展优势，河南面临难得的优势和机遇。

一是从社会主要矛盾变化来看，我国社会主要矛盾已经转化为人民日益增长的美好生活需要和不平衡不充分的发展之间的矛盾。以文化创意等赋能新质文旅融合发展，成为承载人民美好生活的重要载体。

二是从经济发展水平看，河南人均GDP接近9000美元，研究表明，一个国家或地区人均GDP超过5000美元，旅游就进入大众化日常性普遍消费阶段。当恩格尔系数下降到30%以下时，人们在旅游消费方面的支出就会迅速上升。2023年河南省居民恩格尔系数为29.9%，这为把文化旅游业培育成为支柱产业奠定了坚实的经济基础。

三是从发展条件看，经过改革开放40多年的发展，河南有1亿多人口，拥有全国唯一一个"米"字形高铁网络，高速公路通车里程接近9000公里，实现了县县通高速，构建了以文旅拉动消费的物质基础。

四是从科技发展变化看，随着5G、大数据、人工智能等技术的广泛应用，以科技创新塑造文旅融合发展，为河南文旅弯道超车提供了条件。

五是从资源禀赋上看，河南拥有厚重的文化旅游资源。一部中国史，半部在河南。文化遗产丰富，文旅家底丰厚，实施中华优秀传统文化创造性转化和创新性发展具有得天独厚的优势。

三　2024年河南文旅文创融合发展成就及不足

2024年，在省委省政府的坚强领导下，河南认真贯彻落实以习近平同志为核心的党中央重大决策部署，锚定"文旅文创成支柱"总体目标，推动文化旅游业高质量发展。

（一）持续推进文旅文创融合发展

2024年全省旅游发展大会进一步明确了建设旅游强省的"路线图""任务书"，对实施文旅文创融合战略进行再部署再加力。各地都把文旅文创摆上突出位置，铆足干劲推进文旅文创融合发展。洛阳发力城市旅游，打造高品质古都文化体验区，成为全国文旅城市"顶流"；信阳统筹推进"三个一百"工程，探索走出一条非传统旅游城市的旅游发展之路。省直相关部门同向发力、汇聚合力，如省交通运输厅加快建设"一号旅游公路"，全面提升4A级及以上旅游景区交通可进入性，"高位推动、部门协同、全省联动"的文旅文创发展大势已全面形成。

（二）不断完善文旅文创融合发展政策

优化金融扶持文旅发展，出台《河南省人民政府办公厅关于推动金融支持文旅产业发展的意见》，建立健全文化旅游、金融监管、人民银行等金融机构协调推进机制。助推144小时过境免签政策落地，出台了《河南省促进入境旅游发展激励暂行办法》；强化世界级旅游目的地建设，编制了《河南省黄河古都群世界级旅游目的地建设规划》；缓解文旅用地难问题，编印了《文化旅游产业用地操作指引及案例分析》；疏通文化创意产品开发政策堵点，出台《进一步推动文化文物单位创意产品开发实施细则》。一系列促进文旅文创融合发展政策的出台，激活了文旅文创融合发展活力。

（三）深入推进主题品牌活动

根据"鼎型中意"，发布了"行走河南·读懂中国"文旅品牌标识。举办了世界古都论坛、全球旅行商大会，开展了"四季河南""神州春色"旅游推广，举行了"天地之中——河南夏商周三代文明展""欢乐春节·感知中原"等系列品牌宣传。"与辉同行·河南行""豫见齐鲁·山河有约"等文旅宣传火爆网络，开封"王婆说媒"、许昌"胖东来"等多个文旅事件，登上全国热榜20余条次。各地紧扣"行走河南·读懂中国"主品牌，积极开展宣传推介，郑州持续擦亮"文化郑、年轻郑、国际郑、科技郑"城市形象，全面打响"天地之中、黄帝故里、功夫郑州"文旅品牌；安阳聚焦"打造殷墟甲骨文中华文化新地标"，国际旅游目的地建设步伐进一步加快。

（四）不断激发文旅经济活力

举办2024全省文化旅游投融资大会，郑州时尚产业园等10大文旅项目签约总金额201.5亿元，33个项目进入文化和旅游领域设备更新重点项目库。围绕"促进文旅消费 共享美好生活"主题，集中开展夜游、露营、演艺、美食等6大类文旅消费活动。郑州、濮阳、济源的三个街区创建成为国家级夜间文旅消费集聚区。郑州、洛阳等城市演唱会经济持续发力，先后举办80多场大型营业性演出活动。"144小时过境免签"落地郑州带来利好，中秋、国庆假期河南入境游订单同比增长110%。1~10月，全省接待游客9.45亿人次，旅游收入8995.73亿元，分别为2023年同期的107.1%、107.4%。

（五）全面加强文旅产品业态创新

太昊伏羲陵文化旅游区成功创建国家5A级旅游景区，郑州银基旅游度假区成功创建国家级旅游度假区，云堡妙境等3家民宿获评全国等级旅游民宿。"只有河南·戏剧幻城"入选全国文化和旅游装备技术提升优秀案例。新认定16家省级康养旅游示范基地、144家乡村旅游特色村。安排1.15亿元资金用于4A级及以上旅游景区贷款贴息补助。安排1850万元资金奖补全省22家研学旅行单位，"汉字源流绎古今"等研学课程（线路）入选全国文化遗产研学十佳名录，推出"三门峡横渡母亲河""河之南·游郑州"

等跟着赛事、微短剧去旅行系列活动。"一机游河南"智慧文旅平台正式投入运营，累计用户数达 1287 万人。文化旅游供给侧结构性调整不断得到优化、强化、深化、细化。

（六）扎实做好遗产保护传承

获批 14 个"考古中国"主动性考古发掘项目。永城王庄遗址等 2 个项目入选"2023 年度全国十大考古新发现"。隋唐洛阳城、舞阳贾湖等入选全国考古遗址展示十佳案例。方城八里桥遗址考古实现新突破，夏商文明考古研究中心建设取得重大进展，第四次全国文物普查和第三批全省革命文物名录认定顺利推进。积极探索近现代文物建筑活化利用。殷墟博物馆新馆建成开放，累计接待游客超 100 万人次。起草《黄河流域非物质文化遗产保护数字化建设规范》省级标准，组织"云游河南非遗·影像展"等主题活动，举办各类体验活动 2181 场。"二十四节气·行走茶会"荣获全国非遗传播活动创新奖。文化遗产在保护传承中保护和创新发展不断取得突破。

（七）精心打造文化事业亮点

设立艺术发展基金和豫剧发展基金，曲剧《鲁镇》、豫剧《大河安澜》入选中宣部第十七届"五个一工程"优秀作品奖，方言话剧《老家》获第八届全国话剧优秀剧目。组织"舞台艺术送基层"、"高雅艺术进校园"和"春满中原·老家河南"暨惠民文艺作品展演，豫剧名家李树建在上海、北京等地开创沉浸式驻场演出。与中国戏曲学院签署战略合作协议，开辟艺术人才培养新路径。创新基层群众文化活动形式，启动"咱村有戏""豫出彩·一起来"惠民文化活动，举办"我的乡村文化合作社"才艺大赛，全面推开"市民夜校"，参加培训 9816 人。升级改版"文化豫约"平台，完善"订活动、看演出、逛场馆、淘文创、赏非遗、读好书、学才艺、组社团、云配送"等功能。人民群众的文化需求得到更好满足，获得感和幸福感不断增强。

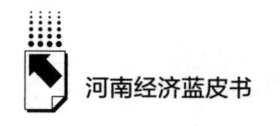

（八）不断规范文旅市场经营行为

围绕"一图览文旅、一键管行业"，加快建设"河南省文化和旅游智慧监管平台"。制定《河南省旅行社星级划分与评定实施办法》，规范旅行社经营行为，依法注销92家互联网文化经营单位。开展"大排查大起底大整治"行动，累计排查文化旅游市场主体2万多家次。集中开展娱乐场所执法检查、农村演出市场整治等重大专项行动，加强节假日期间文旅专项执法检查，确保了行业安全生产和文旅服务高质量供给。

2024年，全省文旅文创融合发展虽然取得了一些成绩，但从当前文旅发展态势来看，随着消费降级、增速放缓、购买力下降、供需不匹配等现象的发生，文旅文创融合发展呈现一些亟待解决的问题，主要包括以下五个方面。

一是文化和旅游深度融合不够，不少景区缺乏文化的植入与挖掘，导致旅游产品缺乏内涵与特色，全省历史文化资源"加分项"的优势没有凸显出来，文旅融合发展与文旅资源大省不契合。

二是文化旅游业科技投入水平相对较低，文旅产业数字化发展水平不高，新技术在文旅场景的应用不充分，科技赋能文化旅游效果不明显，数字文旅产品和服务仍停留在"有资源、无品牌"的处境。

三是创新实力整体不强。创新创意人才缺乏，创新创造活力不足，文创产品缺乏地域特色、缺乏文化内涵，同质化发展严重，商品质量差，文旅文创产品附加值偏低，文创收入占旅游业发展比重不高。

四是文旅发展转型升级缓慢，跟不上时代步伐，市场经营主体的动力和活力不足，呈现"增收不增利"的现象。

五是文旅供给侧结构性矛盾突出，从供给端来看，知名景区人满为患、供不应求，一般景区经营惨淡、资源闲置；从需求端来看，人们更加关注消费产品和服务的品质，多元化、个性化产品供给不足，无法满足人民群众多样化、品质化的文旅需求。

四　2025年河南文旅文创融合发展重点

党的二十届三中全会提出，要创新多元化消费场景、扩大服务消费、促进文化旅游业发展，为文旅业的未来发展指明了方向。2025年，河南要进一步扛稳文旅在促消费、稳增长、惠民生中的重大责任，坚持以文塑旅、以旅彰文，坚持创意驱动、科技赋能、项目支撑、跨界融合，统筹好政府与市场、供给与需求、保护与开发、国内与国际、发展与安全的关系，持续实施文旅文创融合战略，加快将文化旅游业培育成为支柱性产业。

（一）推进文旅深度融合，加快实现文旅成支柱

要充分发挥河南文化资源厚重优势，加大优秀传统文化的创造性转化与创新性发展，通过文化进景区、演绎进景区等，将文化融入旅游活动，丰富旅游产品内容。要进一步打破文旅与其他行业的传统界限，实施"文旅+百业""百业+文旅"行动，将文旅融合拓展到农业、工业、科技、教育、体育等更多领域，培育文体旅、文商旅、农文旅等融合发展新业态，打造多样化的文旅融合产品。要强化资源共享、优势互补，进一步打破地域壁垒，推动资源整合、线路联通和产品创新，打造具有河南特色的旅游线路和产品，形成具有鲜明特色的"行走河南·读懂中国"品牌。

（二）激活新型文旅消费，打造经济增长新引擎

要以创新激发服务消费内生动能，着力培育壮大新型文旅消费，进一步推动文旅与体育、音乐、商业等融合发展，构建"文化演艺+旅游休闲+体育赛事+购物消费"文旅商体发展新模式。要以国家级文旅消费示范城市、国家级夜间文旅消费集聚区等为抓手，实施文旅消费提振行动。要进一步促进数字经济与文旅产业深度融合，持续实施"行走河南·读懂中国"百大标识数字化展示提升工程，推出一批沉浸式文旅体验新场景。要大力开展"研学游""博物馆游"，推出文旅研学、非遗市集、国风国潮等"新玩

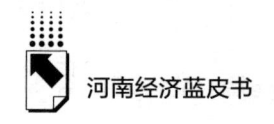

法"。要持续扩大服务业开放，优化文旅市场管理、服务及执法，提高文旅产品供给质量和服务水平，强化文旅消费保障。

（三）扩大新质文旅投资，优化产品业态供给侧

要根据文旅需求新变化，扩大新质文旅投资，深化科技赋能文旅融合。优先在文物活化利用、旅游行程规划、客流统筹优化等方面打造文旅管理、服务大模型，提高文旅管理服务水平。要立足重大产业项目，推进历史遗存、传统商圈、工业遗址、老旧小区实现数字化转型升级。要及时把握消费需求背后的核心诉求和基本规律，从丰富供给品类、保障供给质量、深化供给内涵等维度，推进旅游业供给侧结构性调整，构建需求牵引供给、供给创造需求的高水平动态平衡机制，为旅游业高质量发展提供坚实的保障。

（四）布局文旅产业链群，提升文旅产业竞争力

要着眼壮大产业集群、健全产业体系，突出最具基础、最有优势、最富活力的业态，全力创品牌、塑优势、优服务、提品质，抓调度、聚合力，重点培育好"强长板链群"，统筹兼顾好"补短板链群"，实现重点文旅产业链量质齐增。要推进中牟新区等创建国家文化产业和旅游产业融合发展示范区，创建一批文旅文创融合发展示范县，加快建设洛阳剧本娱乐产业总部经济园区、开封960文化创意园等。支持省文化旅游投资集团、建业文旅集团、银基文旅集团等做大做强。

（五）打造旅游精品线路，扩大文旅品牌影响力

要以国情意识和世界眼光，提升河南文旅品牌的影响力。要聚焦"行走河南·读懂中国"品牌，突出打造殷墟甲骨文中华文化新地标、河南文旅新名片。围绕孔子及其弟子在豫发生的讲学地、问礼处等历史故事、文化遗存等，推出"跟着历史名人去旅行"等更多细分化、定制化、品质化精品旅游线路。要加强与央视等主流媒体合作，深化与抖音等新媒体合作，提升老家河南新媒体矩阵传播力。要进一步策划组织好"四季河南"系列活

动，建强"河南入境旅游联合体"，用足 240 小时过境免签政策，办好"欢乐春节"、"茶和天下"、全球文旅推荐官大会等系列活动，推动"行走河南·读懂中国"品牌走出去、国际化。

（六）大力繁荣文化事业，不断满足群众文化需求

坚持人民满意、人民受益的工作理念和导向，繁荣发展文化事业和文化产业。要进一步做好考古挖掘、整理、研究、阐释，围绕"夏商文明研究"等课题深化中华文化探源工程，推动二里头遗址等申报世界文化遗产。要坚持让文物、文化遗产活起来，推进汉魏洛阳城遗址博物馆、国家级说唱文化（宝丰）生态保护区非遗馆等项目建设。要坚持以人民为中心的创作导向，创作一批新剧目，加工提高一批优秀剧目，推出更多增强人民精神力量的优秀作品。要健全现代公共文化服务体系，创新实施文化惠民工程，推动公共文化设施社会化运营管理、优质文化资源直达基层等试点，实施空间焕新、文艺点亮、能人扶持、数字赋能等行动，保障公民文化权益、满足公民文化需求。

B.12
河南省加快城乡融合发展促进城乡共同繁荣研究

李迎伟 赵杨 王一嫔 孟凡玲 杨争 靳伟莉
李玉 武明光 薛冰莹 张朋 李文鹏*

摘　要： 加快城乡融合发展，是中国式现代化的必然要求，对于河南推进乡村振兴、实现共同富裕具有重要意义。本文以县域为切入点，对河南城乡融合发展情况深入研究发现，河南城乡融合发展不断推进，但从基础条件及和部分百强县（市）对比看，仍存在一些短板和薄弱环节。在借鉴百强县（市）先进经验的基础上，提出加快河南城乡融合发展的相关建议：着力完善城乡融合发展体制机制，加快建立城乡产业协同发展体系，持续推动城乡基本公共服务均等化，破除城乡要素流动高效畅通障碍。

关键词： 城乡融合　县域经济　乡村振兴　河南省

党的二十届三中全会强调，城乡融合发展是中国式现代化的必然要求。河南作为全国经济大省和农业大省，全省上下正在锚定"两个确保"、全面实施"十大战略"，迫切需要加快城乡融合发展进程。从统计角度、以县域为切入点，对河南城乡融合发展情况研究表明，河南城乡融合发展不断推进，目前还存在县域发展不够强、资源配置不均衡等短板和薄弱环节。立足

---

* 李迎伟，河南省统计局原局长；赵杨，河南省地方经济社会调查队队长；王一嫔，河南省地方经济社会调查队副队长；孟凡玲，河南省地方经济社会调查队城市发展调查室主任；杨争、靳伟莉、李玉、武明光、薛冰莹、张朋、李文鹏，河南省地方经济社会调查队。

河南实际，要积极学习借鉴百强县（市）特色经验，加快推进全省城乡融合发展进程，为中国式现代化建设河南实践注入强劲动力。

一　河南城乡融合发展情况

城乡融合发展必须统筹新型工业化、新型城镇化和乡村全面振兴，促进城乡共同繁荣发展。从相关统计数据测度分析看，全省产业结构持续优化、城镇化率稳步提升、城乡居民收入支出差距逐步缩小，城乡融合发展不断推进。

（一）推进转型升级，产业结构持续优化

产业融合是城乡融合发展的核心，没有产业支撑，城乡融合就失去了根基。在经济发展的不同阶段，河南积极转变发展方式，实现了产业结构的深刻调整，为形成工农互促、城乡互补、全面融合、共同繁荣的新型城乡工农关系奠定了良好基础。产业结构由"一二三"格局调整为"二一三"格局。改革开放前，通过实行"重点发展重工业"方针和农产品统购统销等政策，全省工业得到大发展，1977年第二产业增加值占比达到43.4%，首次超过第一产业，成为国民经济第一大产业。产业结构由"二一三"格局优化为"二三一"格局。改革开放后，工业化进程加快，城镇化快速发展，全省工业主导地位更加突出，服务业稳步发展，1992年全省第三产业增加值占比达到30.8%，首次超过第一产业，多点支撑的格局初显。产业结构实现"三二一"历史性转变。近年来，全省锚定高质量发展主攻方向，深化供给侧结构性改革，农业基础地位更趋稳固，工业逐步迈向中高端，服务业成为拉动经济增长的第一动力。2023年，河南第一、第二、第三产业增加值占比分别为9.1%、37.5%和53.4%，经济增长由主要依靠第二产业拉动转向依靠第二、第三产业共同拉动，呈现三次产业协同发展新格局。

（二）坚持以人为本，城乡发展更加协调

城镇化是破除城乡二元结构的重要依托，是实现城乡融合发展的重要途

径。改革开放前，河南城乡处于二元分割状态，绝大部分人口居住在农村，城镇化进程缓慢。1949年末，全省城镇人口为265万人，城镇化率仅为6.35%；1978年末城镇化率为13.63%，近30年间城镇化率仅提高7.28个百分点。改革开放后，河南加快城镇化发展进程，推动城乡同步发展。1978~2018年，城镇人口从963万人增加到5153万人，城镇化率从13.63%提高到52.24%，40年间提高38.61个百分点，年均提高近1个百分点。近年来，河南着力推进以人为核心的新型城镇化，以改革发展为动力，以城乡贯通为途径，有力促进了农业转移人口的市民化，全省城镇化进程明显加快，城乡发展日趋协调。2023年，全省常住人口城镇化率达58.08%，居全国第26位，比2018年提高5.84个百分点，年均提升1.17个百分点，与全国的差距由9.26个百分点下降为8.08个百分点，呈逐年下降态势（见表1）。在新型城镇化的带动下，城乡一盘棋谋划、一体化建设，城乡发展一体化新格局逐步形成。

表1 2023年全国分地区相关指标

单位：%，元

地区	城镇化率	城镇居民家庭人均可支配收入	城镇居民家庭人均消费支出	农村居民家庭人均可支配收入	农村居民家庭人均消费支出	城乡居民收入比	城乡居民支出比
全 国	66.16	51821	32994	21691	18175	2.39	1.82
北 京	87.83	88650	50897	37358	26277	2.37	1.94
天 津	85.49	55355	37586	30851	21553	1.79	1.74
河 北	62.77	43631	27906	20688	17244	2.11	1.62
山 西	64.97	41327	24524	17677	13684	2.34	1.79
内蒙古	69.58	48676	32249	21221	18650	2.29	1.73
辽 宁	73.51	45896	29091	21483	16040	2.14	1.81
吉 林	64.73	37503	26677	19472	14354	1.93	1.86
黑龙江	67.11	36492	25882	19756	16453	1.85	1.57
上 海	89.46	89477	54919	42988	30782	2.08	1.78
江 苏	75.04	63211	40461	30488	25029	2.07	1.62
浙 江	74.23	74997	47762	40311	30468	1.86	1.57

续表

地区	城镇化率	城镇居民家庭人均 可支配收入	城镇居民家庭人均 消费支出	农村居民家庭人均 可支配收入	农村居民家庭人均 消费支出	城乡居民收入比	城乡居民支出比
安徽	61.51	47446	27900	21144	18905	2.24	1.48
福建	71.04	56153	37674	26722	21746	2.10	1.73
江西	63.13	45554	27733	21358	18421	2.13	1.51
山东	65.53	51571	30251	23776	16075	2.17	1.88
河南	58.08	40234	25570	20053	16638	2.01	1.54
湖北	65.47	44990	31500	21293	20922	2.11	1.51
湖南	61.16	49243	31035	20921	19210	2.35	1.62
广东	75.42	59307	39333	25142	22209	2.36	1.77
广西	56.78	41287	24427	18656	15435	2.21	1.58
海南	62.46	42661	28930	20708	16924	2.06	1.71
重庆	71.67	47435	31531	20820	17964	2.28	1.76
四川	59.49	45227	29280	19978	17901	2.26	1.64
贵州	55.94	42772	27693	14817	14260	2.89	1.94
云南	52.92	43563	28338	16361	15147	2.66	1.87
西藏	38.88	51900	28858	19924	12619	2.60	2.29
陕西	65.16	44713	27303	16992	15647	2.63	1.74
甘肃	55.49	39833	27044	13131	12575	3.03	2.15
青海	62.8	40408	25373	15614	14790	2.59	1.72
宁夏	67.31	42395	27076	17772	14649	2.39	1.85
新疆	59.24	40578	26134	17948	13645	2.26	1.92

资料来源:《中国统计年鉴2024》。

(三)共享发展成果,收入差距逐渐缩小

城乡融合发展要缩小城乡差别,关键在于缩小城乡收入差距,这对于重塑城乡关系、加快城乡融合发展进程至关重要。河南大力促进就业创业,完善社会保障制度,城乡居民收入不断增长,城乡收入差距逐年缩小。居民收入稳步增长,与经济发展同步。2023年河南居民人均可支配收入[①]29932.9

[①] 2014年以后是实施城乡一体化调查的数据,此前农村居民人均可支配收入为纯收入口径。

元，是2015年的1.7倍，年均增长7.4%。分城乡看，2015~2023年，河南城镇居民人均可支配收入从25576元增加到40234元，年均增长6.1%，高于GDP年均增速0.3个百分点；农村居民人均可支配收入从10853元增加到20053元，年均增长8.1%，高于GDP年均增速2.3个百分点。城乡居民人均可支配收入年均增速均略高于地区生产总值年均增速，实现了居民收入与经济发展同步。农村居民收入增速快于城镇，城乡居民收入比逐步缩小。2015~2023年，河南农村居民人均可支配收入年均增速高于城镇居民人均可支配收入年均增速2.0个百分点，城乡居民收入比由2015年的2.36下降到2023年的2.01。城乡收入差距小，绝对量提升空间大。从全国看，河南城乡居民收入比相对较低，2023年城乡居民收入比在全国居第5位，但城镇、农村居民人均可支配收入分别居全国第28位、第18位，分别低于全国平均水平11586元、1638元，绝对量差距大；从江苏、浙江等发达地区看，河南城乡居民收入比与之持平，但收入绝对量差距更大，还有较大的提升空间。

（四）加快扩容升级，城乡消费日益趋同

近年来，河南出台一系列促消费政策，优化消费环境，加快消费提质扩容，尤其是随着城市基础设施向农村延伸、公共服务向农村覆盖，农村消费潜力释放，城乡居民消费呈现趋同的升级态势。2023年，全省社会消费品零售总额为26004.45亿元，是2015年的1.7倍，年均增长7.3%。消费支出稳定增长，呈现升级趋势。河南城镇居民人均消费支出为25570元，是2015年的1.5倍，年均增长5.2%；农村居民人均消费支出为16638元，是2015年的2.1倍，年均增长9.6%。随着消费水平的提高，城乡居民生活日益丰富。全省城镇居民家庭每百户家用汽车、移动电话、空调、热水器拥有量分别为58.02辆、252.23部、220.36台、94.42台，分别比2015年增长140.8%、12.0%、62.4%、14.1%；农村居民家庭每百户家用汽车、移动电话、空调、热水器拥有量分别为52.08辆、295.80部、165.35台、80.26台，分别比2015年增长334.3%、33.8%、201.8%、66.1%。

新商业模式、新消费方式层出不穷，城乡消费差距不断缩小。直播带货、短视频销售等新模式快速发展，"云购物"已经成为越来越多人的消费选择，城乡居民消费差异进一步缩小。2017~2023年，全省网上零售额年均增长15.7%，其中，实物商品网上零售额年均增长21.3%。2023年城乡居民消费支出比为1.54，比2015年下降0.64，且降幅大于城乡居民收入比。城乡支出差距与收入差距表现相似，绝对量仍需提升。从全国看，2023年河南城乡居民支出比居全国第4位，但城镇、农村居民人均消费支出分别居全国第28位、第17位，比全国平均水平分别低7424元、1537元，绝对量还需进一步提升。

二 河南推进城乡融合发展存在的问题

县域是推动城乡融合发展的重要切入点。2024年9月，《2024年中国中小城市高质量发展指数报告》发布了全国综合实力百强县市，河南新郑、巩义、荥阳、禹州、永城、长葛、长垣7个县（市）上榜。从全省基础条件及与百强榜上其他县（市）对比结果看，河南城乡融合发展仍存在一些短板和薄弱环节，推动城乡共同繁荣还需持续发力。

（一）县域发展相对滞后，区域分化明显

县域经济是国民经济的基本单元，是推动城乡融合发展、实现乡村振兴的重要部分。2023年河南县（市）经济总量占全省总量的59.7%，是经济发展的强力支撑。目前，河南县（市）数量大、强县少，发展不平衡、发展水平低。从乡村全面振兴发展指数看，河南近八成县（市）发展指数低于全国平均水平；从GDP看，大部分县（市）经济总量偏小，全省300亿元以下的有56个县（市），占半数以上，千亿元以上的有1个县。百强县（市）数量少，排名靠后。河南102个县（市）中仅7个入围百强，占比6.9%，排名前三的江苏、浙江和山东入围数量分别为24个、

19个和15个，分别占其县（市）总数的60.0%、35.8%、19.2%；位次靠后，分别为新郑第36位、巩义第49位、荥阳第56位、禹州第67位、永城第75位、长葛第79位、长垣第84位。县域发展不平衡。受经济区位、资源禀赋等因素影响，县域发展差距明显。从人均GDP看，全省最低的鲁山为2.4万元，巩义较高，为12.8万元，是鲁山的5.3倍；从人均可支配收入看，2023年低于县域平均水平的有54个县（市），占比52.9%。

（二）对标对表先进，强县不强问题突出

强县经济实力雄厚，能够促进城乡之间的资源共享和优势互补，推动城乡融合发展。以河南上榜全国百强7县（市）和济源示范区①，对标对表江苏昆山、湖南长沙、浙江慈溪、福建晋江等百强标兵，河南强县与外省先进强县差距明显。经济总量相对较小，2023年河南7个百强县（市）和济源示范区中，巩义GDP突破千亿元，为1010.88亿元，而昆山、慈溪、长沙、晋江等县（市）GDP均超过2000亿元，其中昆山是巩义的5.1倍。发展还不够快，河南7个百强县（市）和济源示范区GDP增速平均为3.9%，比4个百强先进平均低1.6个百分点。分指标看，人均收入低，河南7个百强县（市）和济源示范区居民人均可支配收入均不足4万元，平均为34042元，4个百强先进平均为63386元，二者平均相差29344元。社会消费品零售总额差距大，河南7个百强县（市）和济源示范区社会消费品零售总额均不足400亿元，平均为257.1亿元，4个百强先进平均为1237.1亿元，二者平均相差3.8倍。城镇化率相对较低，河南7个百强县（市）和济源示范区城镇化率平均为61.51%，4个百强先进平均为76.54%，二者相差15.03个百分点（见表2）。

---

① 济源从撤县建市，到设立示范区，其发展历程是产城融合、城乡一体化发展的范例，因此在先进县（市）发展情况分析中加入济源。

表2 2023年河南百强县（市）、济源示范区与外省强县（市）主要指标

指标	新郑	巩义	荥阳	禹州	永城	长葛	长垣	济源	昆山	慈溪	长沙	晋江
常住人口数（万人）	120.8	80.1	73.8	110.9	126.0	70.9	89.6	73.2	125.65	187.2	143.5	208.0
GDP（亿元）	838.7	1010.9	561.2	761.2	774.4	618.7	586.6	788.6	5140.6	2639.5	2129.5	3363.5
GDP增速（%）	5.1	6.0	5.2	1.4	5.9	0.1	2.2	5.4	5.0	6.0	4.7	6.5
城镇化率（%）	69.47	67.29	59.90	53.65	54.16	58.60	59.97	69.07	79.71	81.10	75.14	70.20
一般公共预算收入（亿元）	73.2	56.2	50.3	33.6	54.0	40.0	53.3	60.0	456.6	221.7	145.9	250.7
一般公共预算支出（亿元）	90.7	90.2	66.6	59.6	72.2	51.3	77.89	75.5	—	254.4	196.5	184.8
社会消费品零售总额（亿元）	333.5	313.6	159.3	351.1	253.9	222.0	216.0	207.5	1717.7	772.2	704.6	1754.1
居民人均可支配收入（元）	36705.0	37530.0	35198.0	32276.0	30565.0	31389.0	32707.3	35963.2	73750.0	69858.0	55474.0	54463.0
授权专利（件）	1639	1704	—	509	465	2279	2576	1086	25244	14511	5857	12616

资料来源：各有关县市国民经济和社会发展统计公报。

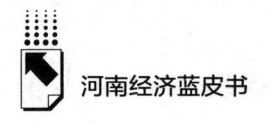

（三）公共服务资源不均衡，城乡差距明显

促进城乡基本公共服务均等化有助于缩小城乡收入差距、推动城乡融合发展，当前河南城乡基本公共服务资源发展不均衡，城乡差距明显。教育资源不均衡，农村地区存在财政支撑不够、硬件设施不足等问题。从普惠性幼儿园数量看，城镇比乡村多48.8%；从义务教育教学及辅助用房面积看，城镇初中是乡村的4.8倍，城镇小学是乡村的1.5倍。医疗资源不均衡，农村地区存在高素质医护人员不足、医疗设备落后等问题。2023年城镇每千人中执业医师数量为5.13人，乡村为2.90人，城镇是乡村的1.8倍；城镇每千人医疗卫生机构床位为10.76张，农村为6.83张，城镇比乡村多57.6%。城乡基础设施不均衡，农村地区水电、燃气管网、公共卫生等基础设施建设不足。2023年河南行政村（涉农社区）常住农户中，165.6万户没有接入自来水，59.0%的村民小组没有通天然气，19.2%的村没有公共厕所，基础设施建设亟须完善。

（四）要素流动不平衡，畅通渠道尚存堵点

促进城乡融合发展，应当聚焦"人、地、钱"等核心要素，推动要素在城乡间合理流动和高效集聚。受城乡二元结构制约，全省要素平等交换、双向流动还未完全实现。从"人"的角度看，一方面，农业转移人口市民化效果不突出，进城农民无法获得与城市户籍人口同等的公共服务和社会保障，呈现"农村留不住人、城市落不住脚"的困境；另一方面，人才入乡激励机制不够健全，城市人才不愿向农村流动，出现乡村专业技术人员紧缺、城市人才富余等问题。从"地"的角度看，全省土地要素市场仍不健全，农村土地价值实现和增值收益分配机制不完善，农村集体经营性建设用地入市存在障碍。城乡用地出现错配，城市建设用地严重不足与农村宅基地大量闲置、农村建设用地粗放浪费的结构性矛盾客观存在。从"钱"的角度看，主要表现为乡村振兴资金需求巨大与供给不足的问题。河南农村地域广、基础设施薄弱，涉农投资周期长、收益低、风险大，特别是近年来自然

灾害频发，在基层财政困难、农村普惠金融覆盖深度不足的情况下，社会资本参与农村投资意愿不强、投资不充分。

三 外省百强县（市）经验启示

推进城乡融合发展，需抓住关键，以重点突破带动全局跃升。2024年入围全国百强的县（市）显示了强劲的发展实力，积累了一些特色经验。梳理总结外省百强县（市）相关经验做法，对于河南县域经济闯出新路子、推动城乡融合发展具有重要的借鉴意义。

（一）产业基础雄厚，集群集聚发展

头部百强县（市）坚持创新驱动，聚焦发展具有地方特色和竞争优势的主导产业，不断夯实城乡融合产业根基。江苏昆山围绕产业链部署创新链，形成7000亿级的新一代电子信息和3000亿级的高端装备制造两大主导产业，前瞻布局元宇宙、航空航天等未来产业，加快培育新质生产力，规上工业总产值连续三年超万亿元，连续多年霸榜百强县市。湖南长沙县是先进制造业强县，工程机械产业入选45个国家先进制造业集群，汇聚三一集团、铁建重工等全球工程机械50强企业，以打造世界级工程机械产业集群引领经济高质量发展。

（二）民营经济活跃，特色产业闻名

以浙江慈溪、义乌、诸暨等为代表的百强县（市）大力发展民营经济、特色产业，富民强县并重，推动城乡共同富裕。慈溪拥有市场主体近23万家，平均每3户家庭就有1户经商办企业，是闻名世界的"小家电之都"，市场规模达千亿元，全球约60%的小家电产自慈溪。义乌是"世界小商品之都"，仅义乌国际商贸城就拥有7.5万家商铺，民营经济占据90%以上的市场主体，实现90%以上的GDP，吸纳90%以上的城镇就业，产生90%以上的进出口贸易，成为义乌经济社会发展的根基，助推义乌全域城市化。

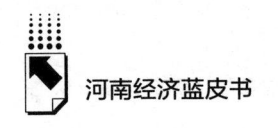

（三）资源禀赋托举，深挖发展潜力

以河北迁安、任丘和陕西神木等为代表的百强县（市）以资源驱动为主导，在城乡融合发展中走出独特道路。迁安铁矿资源优势显著，钢铁企业全部建立研发中心，推动钢铁主导产业高端延伸、链式提质，采选业、钢铁产业贡献全市GDP的50%以上。任丘是"石油之城"，石油、天然气和地热资源极其丰富，目前重点发展石油化工和新材料产业，是雄安新区乃至京津冀地区的重要能源供应基地。

（四）大都市圈辐射，区域协调发展

中心城市加速发展，大都市圈扩容，经济辐射外溢，带动周围县（市）协同发展。32个百强县（市）位于万亿元GDP城市，45个百强县（市）位于长三角城市群核心区，县（市）在中心城市和都市圈产业链辐射带动下充分借势发展，成为县域高质量发展的榜样。浙江余姚位居宁波都市圈，是上海大都市圈南翼的重要节点，在大都市圈的辐射带动下发展迅速。山东胶州是青岛都市圈的重要组成部分，依靠胶东咽喉区位优势培育聚集国际物流、现代贸易等服务业，建造亚洲最大的船用锅炉制造基地，全国最大的电力装备、钢结构、轮胎数字化装备制造基地。

（五）强化城乡治理，全域协调发展

多地百强县（市）协同推进新型城镇化和乡村全面振兴，持续提升城乡基层治理现代化水平，为实现高水平城乡融合提供了坚实保障。浙江平湖全域推进城乡风貌整治提升、美丽城镇建设等工作，以空间融合、产业融合、要素融合、治理融合、制度融合推动城乡融合发展。浙江桐乡作为自治、法治、德治"三治融合"经验发源地，持续完善共建共治共享的社会治理制度。江苏常熟公共服务均等化水平全国领先，开展乡村定向师范生、医学生培养，构建"15分钟"养老服务圈，不断提高公共文化数字乡村覆盖率，农村公共基础设施建设不断提质。

四　加快河南城乡融合发展的相关建议

习近平总书记对加快推进城乡融合发展作出的一系列新决策、新部署，为河南区域协调发展提供了重要遵循。下一步，河南要站在全局和战略的高度，聚焦重点、前瞻谋划，加快形成以城带乡、以工促农、城乡融合、区域协同的发展格局。

（一）着力完善城乡融合发展体制机制

推进城乡融合发展，必须加强顶层设计，统筹推进各项关键环节。

一是巩固和完善农村基本经营制度。有序推进第二轮土地承包到期后再延长30年试点，深化承包地"三权分置"改革。发展新型农村集体经济，创新现代农业经营方式，探索承包地经营权流转价格形成机制。

二是完善强农惠农富农支持制度。健全乡村振兴投入机制，构建"政银担保投"联动支农机制，加快健全种粮农民收益保障机制。优化农业补贴政策体系，完善覆盖农村人口的常态化防止返贫致贫机制。

三是深化农村土地制度改革。毫不动摇坚持最严格的耕地保护制度和节约集约用地制度，优化土地利用结构。改革完善耕地占补平衡制度，有序推进农村集体经营性建设用地入市改革，健全土地增值收益分配机制。

（二）加快建立城乡产业协同发展体系

借鉴昆山市、长沙县等强县（市）经验，做大做强县域经济，夯实产业融合根基。

一是依托自身资源禀赋和产业基础，融入河南"7+28+N"产业链群建设，打造核心支柱产业。充分发挥郑州都市圈、省域副中心城市辐射效应，因地制宜布局上下游产业，构建城乡产业融合发展体系。

二是搭建城乡产业协同发展平台。重点培育现代农业产业园、优势特色产业集群、田园综合体等城乡产业协同发展平台载体，实现城乡资源优势

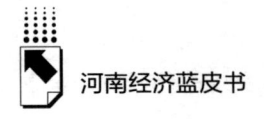

互补。

三是壮大县域特色产业和培育乡村新产业新业态，贯通产加销、融合农文旅，推动乡村产业全链条升级，形成类型多样、功能多元的乡村产业体系。

（三）持续推动城乡基本公共服务均等化

推进县域城乡公共服务一体配置，提升县城基本公共服务功能，补齐补强乡村教育、医疗、养老等方面的短板弱项。

一是加大对乡村教育的投入力度，推动城乡教育一体化发展，实现优质教育资源共享。

二是加强乡村医疗卫生服务体系建设，完善分级诊疗制度，建立区域医疗中心，强化城乡基层医疗卫生服务网底，促进医疗人才、技术、服务下沉共享。

三是建立健全覆盖城乡的养老服务体系。通过政府引导、社会参与的方式，鼓励和支持社会力量兴办养老机构，满足老年人的多元化需求。

四是运用"千万工程"经验，借鉴浙江桐乡"三治融合"治理模式，推进和美乡村建设，完善城乡治理体系。推动城乡公共服务管理数字化、精细化，提高社会运转效率。

（四）破除城乡要素流动高效畅通障碍

优化完善要素市场制度和规则，推动更多优质资源有效配置到乡村振兴重点领域和薄弱环节，进一步畅通城乡经济循环。

一是加强县城的要素纽带功能，通过现代交通物流、信息技术、数字化转型等，打造县域物流中心、信息交换中心、县域科技成果扩散中心，有效促进要素双向流动。

二是持续强化以工补农、以城带乡，以更有力的政策举措引导资金、技术、信息等要素向农业农村流动。

三是加强城乡人才培养交流。采用对口支援、轮岗交流、联合培养等方式促进城乡人才的知识共享。推动人才返乡创业就业，实现城乡人才要素互补、互惠、互动。

B.13
农业强省目标下河南乡村振兴实施情况研究

吴娜 杨争*

摘　要： 党的十九大报告首次提出实施乡村振兴战略，党的二十大报告明确提出全面推进乡村振兴，加快建设农业强国。习近平总书记视察河南时强调，要在乡村振兴中实现农业强省目标。河南省委省政府深入贯彻落实习近平总书记重要讲话重要指示精神，把实施乡村振兴战略作为"十大战略"之一重点推进。本文阐述了在农业强省目标下河南推进乡村全面振兴的重要意义，结合乡村振兴统计监测数据，分析总结了河南乡村振兴工作取得的基础成效，对照建设农业强省的目标，梳理了河南在推进乡村全面振兴过程中存在的粮食和重要农产品供给基础还不够稳固、农业科技创新能力不足、乡村产业发展层次不高、农民持续增收压力不减、乡村建设任务艰巨以及乡村治理水平差距较大等主要短板和问题，并提出了农业强省目标下推进河南乡村全面振兴的相应对策建议：全方位夯实农业生产根基，大力提升农业科技创新能力，全面提升乡村产业发展水平，多措并举促进农民增收，以城乡融合观建设新乡村，不断提升乡村治理能力。

关键词： 乡村振兴　农业强省　乡村治理　乡村产业

---

* 吴娜，河南省统计局农业农村统计处副处长，三级调研员；杨争，河南省地方经济社会调查队农村农业调查室副主任，三级调研员。

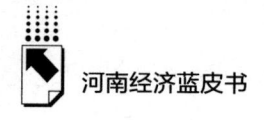

党的十九大报告首次提出实施乡村振兴战略，党的二十大报告明确提出全面推进乡村振兴，加快建设农业强国。习近平总书记视察河南时强调，要在乡村振兴中实现农业强省目标。2024年中央和省委一号文件提出学习运用"千村示范、万村整治"工程经验，有力有效推进乡村全面振兴。作为传统农业大省和人口大省，河南谋划建设农业强省是贯彻落实中央农业强国建设战略部署的省域实践，也是事关全面建设现代化河南的重大举措。锚定建设农业强省目标，全面推进河南乡村振兴，奋力实现河南农业现代化是实现中国农业现代化的重要组成部分，关系全面建设社会主义现代化国家大局，关系新时代社会主要矛盾的解决程度，也关系农耕文化的守护和传承，意义重大，影响深远。

为贯彻落实党的二十大关于全面推进乡村振兴、加快建设农业强国等战略部署，国家统计局研究建立了以"综合发展、产业兴旺、生态宜居、乡风文明、治理有效、生活富裕"六个方面为一级指标，覆盖地区生产总值、主要农产品产量以及农村基础设施、公共服务、居民收支等方面41个相关指标的乡村振兴统计监测指标体系。基于河南2023年度乡村振兴统计监测结果，对照农业强省建设目标，本文总结梳理了河南在推进乡村全面振兴过程中取得的基础成效，分析了存在的主要短板和问题，并提出了农业强省目标下推进河南乡村全面振兴的相应对策建议。

一 河南实施乡村振兴取得的基础成效

河南乡村振兴总体保持较快发展态势，综合发展、产业兴旺、生态宜居、乡风文明、治理有效、生活富裕六个领域协调向好发展。统计监测结果显示，2023年河南乡村振兴总指数为68.8，较上年提高0.7。

（一）乡村综合实力不断增强

河南坚持稳中求进工作总基调，完整、准确、全面贯彻新发展理念，高质量发展取得新进展。2023年，河南乡村振兴统计监测指数为56.3。地区生产总值迈上新台阶，2023年河南实现地区生产总值59132.39亿元，按不变价格计算，同比增长4.1%。县域经济重要地位和作用更加彰显，2023年统计监测的142个县（县级市、涉农区）县域地区生产总值达到52642亿元，占河南地区生产总值的比重达到89.0%。县域财政收支稳中有进，县域地方一般预算收入达到2822亿元，占河南地方一般预算收入的62.5%；县域地方一般预算支出为6227亿元，占河南地方一般预算支出的56.3%。

（二）乡村产业持续提质增效

2023年，河南产业兴旺统计监测指数为62.1，比2022年提高0.3，高出全国平均水平1.8，乡村产业不断提质增效。河南大力发展优势特色农业产业，激活乡村发展"造血"功能。累计创建15个国家现代农业产业园、103个现代农业产业强镇、9个优势特色产业集群，[①] 乡村振兴"根基"更加坚实。2023年，河南实现第一产业增加值5360.15亿元，同比增长1.8%。粮食和重要农产品安全稳定供给。2023年，河南有力有效应对"烂场雨"等不利影响，全面实施秋粮增产夺丰收行动，全年粮食产量达到1324.9亿斤，稳居全国第2位，连续7年稳定在1300亿斤以上。猪牛羊禽肉产量达到673.20万吨，增长2.7%。生猪出栏6102万头，居全国第3位。蔬菜及食用菌产量8045.56万吨，增长2.6%；园林水果产量1058.92万吨，增长2.3%。油料产量703.04万吨，增长2.8%。农业绿色发展稳步推进。2023年，河南省县域"绿色有机地理标志"农产品数量达到3万个，增长18.3%。化肥施用量（折纯）583.96万吨，下降1.9%；农药使用量8.99万吨，下降2.2%。农作物耕种收综合机械化率平均值不断提高，2023年达到92.0%，比2022年提高0.7个百分点。

（三）宜居乡村建设稳步推进

2023年，河南生态宜居统计监测指数为86.6，较2022年提高0.4。农

---

① 现代农业产业园、产业强镇、产业集群等数据来源于省农业农村厅。

村人居环境整治取得阶段性成效。2023年，河南省县域农膜回收率均值达到93.4%，秸秆综合利用率均值达到93.1%，同比均提高0.8个百分点；畜禽粪污综合利用率均值达到92.5%。河南的村（涉农社区）中，89.9%的村民小组实现了生活垃圾收运处理，68.6%的村实现了垃圾分类，80.8%的村有公共厕所，68.8%的农户使用卫生厕所，同比分别提高2.5个、17.0个、4.0个和4.7个百分点。农村基础设施不断完善。2023年，河南的村（涉农社区）常住农户中，91.0%的农户用上了自来水，49.2%的农户接通了互联网，41.0%的村民小组中通天然气，89.8%的村有电子商务配送站点，同比分别提高0.4个、5.3个、4.4个、0.1个百分点。5G通达率达到90.5%。通三级及以上公路的乡镇（涉农街道）占到95.1%，县域较大人口规模自然村（组）通硬化路比例达到100%。

（四）乡风文明程度持续提高

2023年，河南乡风文明统计监测指数为88.0，比2022年提高1.4。各类文明创建持续推进。2023年，河南县域省级及以上文明村镇达到1118个，增长23.5%。河南省村（涉农社区）中，县级及以上文明家庭达到23.4万户，增长17.1%。村综合性文化服务中心覆盖率达到97.5%，同比提高0.4个百分点。乡村文体场馆建设不断完善。2023年，河南10.4%的乡镇有电影院，增长5.4%；83.2%的乡镇有文化站。河南省村（涉农社区）中，97.5%的建设有综合性文化服务中心，75.4%的拥有农村业余文化组织，比上年分别提高0.4个和7.9个百分点。96.5%的建有体育健身场所。丰富多彩文明活动扎实开展。积极开展"河南省和美乡村篮球大赛（村BA）"等文化活动涵养文明乡风，深化高额彩礼、大操大办等重点领域突出问题综合治理。2023年，河南89.3%的村（涉农社区）成立了村民议事会，76.6%的建立了道德评议会，82.7%的成立了禁毒禁赌会，91.6%的成立了红白理事会。各地将文明村风、良好家风、淳朴民风融入村规民约，通过立约、传约、践约，推动形成文明自觉，助力乡村全面振兴。

(五)乡村治理根基不断夯实

2023年,河南治理有效统计监测指数为66.3,较2022年提高4.0。坚持党建引领,统筹乡村治理。深化"五星"支部创建,不断增强农村基层党组织政治功能和组织功能。规范村级组织工作,选优配强支部书记,推动"能人治村"。2023年,河南省村党组织书记大专及以上学历占比27%,同比提高3.1个百分点。坚持法治为本,夯实保障基础。农村公共法律服务体系不断健全,农村普法力度不断加大。2023年,河南县级及以上民主法治示范村占到25.3%,同比提高8.5个百分点;88.9%的村有公共法律服务工作室,同比提高12.4个百分点。坚持以人为本,优化乡村服务。以解决群众办事难为切入点,推动乡村公共服务提档升级,2023年建有村(社区)服务站的达到98.0%。以数字化技术推动村级事务转型升级、民生服务更加精准便捷,2023年建有智慧综合管理服务平台的村达到66.7%,乡村治理效能稳步提升。

(六)农民生活水平逐步提高

2023年,河南生活富裕统计监测指数为68.3,较2022年提高0.8。乡村集体经济蓬勃发展。2023年,河南村(涉农社区)有22.3万个有实际经营活动的企业,其中,村集体企业6467个,规模以上企业2491个。全年村集体收入116.7亿元,其中,经营收入49.9亿元。村集体给本村居民的分红达到15.1亿元,平均每个村实现分红3.2万元。农民收入持续增长。2023年,河南农村居民人均可支配收入20053元,增长7.3%,增速高于城镇居民人均可支配收入2.8个百分点。城乡居民人均可支配收入比为2.01,比2022年缩小0.05。农民消费能力持续提升。河南城乡消费差距明显缩小,城乡居民消费结构明显优化,消费提档需求升级。2023年,河南农村居民人均消费支出16638元,增长12.2%,增速高于城镇居民人均消费支出3.6个百分点。河南村(涉农社区)中拥有汽车的户数占比达到42.6%,比上年提高2.7个百分点。

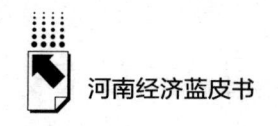

二 河南省推进乡村全面振兴面临的主要短板和问题

乡村全面振兴是一项复杂的系统工程，也是一场可持续的乡村革命。近年来，河南在推进乡村振兴方面取得了初步成效，但对照河南省委提出的建设农业强省"三强两高"目标（即农产品供给保障能力强、农业科技创新能力强、乡村产业竞争能力强、农民收入水平高、农村现代化水平高），河南实现农业农村现代化、推进乡村全面振兴还存在粮食和重要农产品供给基础不够稳固、农业科技创新能力不足、乡村产业发展层次不高、农民持续增收压力不减、乡村建设任务艰巨、乡村治理水平差距较大等亟待解决的短板和问题。

（一）粮食和重要农产品供给基础还不够稳固

一是农田水利设施建设还存在薄弱环节。截至2023年底，河南高标准农田面积约占耕地面积的76%，河南省将近1/4的耕地还属于望天田，而且高标准农田建设投入标准不高，已建成的高标准农田"投融建运管"机制不完善。

二是农业发展的资源要素约束趋紧。河南一般耕地仅占10.2%，低于全国平均水平9个百分点。人均水资源量不足400立方米，仅为全国平均水平的1/5，并且一些地区农田灌溉还存在粗放模式，2023年河南农田用水有效利用系数为0.627，与北京（0.752）等省（市）差距较大。[1]

三是设施农业发展严重不足。以占河南设施农业面积80%的设施蔬菜为例，2023年河南设施蔬菜播种面积、产量分别占全省蔬菜（含食用菌）总播种面积、产量的8.5%和11.0%，占比远低于全国12.2%和18.5%的平均水平，分别居全国第20位、第21位，不利于重要农产品供给保障能力提升和多元化食物供给体系的构建。

---

[1] 2023年《中国水资源公报》。

（二）农业科技创新能力不足

2023年，河南农业科技进步贡献率为64.9%，虽略高于全国平均水平（63.2%），但远低于江苏（72%）、浙江（67%）等发达省份，与部分发达国家80%左右的农业科技进步贡献率相比，还有不小差距。

一是农业科技原始创新能力不足。2023年河南研究与试验发展（R&D）经费投入1121.66亿元，仅占全国的3.6%，居全国第11位；投入强度为2.05%，居全国第17位。河南农业科技投入约占科技经费总额的10%，经费投入严重不足，在一定程度上限制了一些农业科研项目的开展、科研设备的购置以及高端人才的引进等，导致在生物育种、农机装备等一些关键领域研究难以取得突破。

二是高层次创新人才匮乏。河南农业科技领域高层次创新人才，尤其是科技领军人才明显不足。另外，河南普通本科高校开设的农业类专业数量较少，符合现代农业发展需求的新兴交叉学科和应用型专业缺乏，农业高层次人才培养规模偏小与流失严重并存。

三是农业科技转化能力弱。目前，河南省产学研合作机制尚需加强，高校、科研机构与企业之间的合作仍以低层次形式为主，技术合同成交额与科技创新领先省份相比仍有较大的提升空间。此外，创新政策、知识产权保护、创新服务体系等软环境建设也不够完善。加上河南省农技推广人员紧缺、经费保障不足、专业能力薄弱等导致农技推广体系建设不完善，科研成果有效转化为实际生产力的能力不强，对农业产业发展的推动作用发挥不足。

（三）乡村产业发展层次不高

2023年，乡村振兴统计监测中，河南产业兴旺指数仅为62.1。

一是产业结构不够优化。2023年全省农林牧渔业总产值中，农、林、牧、渔、农林牧渔专业及辅助性活动之比为62.8∶1.6∶25.2∶1.4∶9.1，农业占有绝对主导地位，加上一些地方在发展乡村产业时盲目跟风，导致产业同质化，造成市场竞争激烈，产品供大于求。

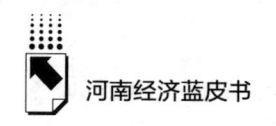

二是一二三产业融合深度不够。河南省新型农业经营主体调研结果显示，在71家农业经营主体中，对所从事的融合模式，64.8%的经营主体选择了"农业生产与农产品初加工"，从事"农产品深加工及流通销售"的占比不足40%，从事"休闲观光、农事文化体验"的仅占1/4，而且一些乡村旅游项目形式单一，与农业生产、农产品加工等结合不紧密。

三是农业生产规模化程度不够。河南土地流转面积占耕地面积的1/3左右，而且受多种因素制约，新型农业经营主体和土地流转发展进入瓶颈期。农业生产规模化、集约化程度还有待提高。

四是产业联农带农方式单一。在很多地方，产业联农带农方式中，资产收益分红是一种重要方式，甚至是最主要的方式。农户并没有真正参与产业发展过程，不利于激发群众的内生发展动力。

（四）农民持续增收压力不减

2023年，乡村振兴统计监测中，河南生活富裕指数仅为68.3，低于全国平均水平0.6。从收入差距看，河南农村居民人均可支配收入与全国平均水平及与城镇居民人均可支配收入差距均不断扩大。2023年，河南农村居民人均可支配收入与全国平均水平的差值达到1638元，比2022年扩大202元。与城镇居民可支配收入差值为20182元，比2022年扩大396元。从收入来源看，一是种养效益偏低。农药、化肥等农资成本不断攀升，自然灾害风险不断加大，农业保险覆盖面不够广，农业种植收益空间不断压缩。饲料价格波动上涨，猪、牛、羊等主要畜种价格持续低迷，畜牧业双面承压，农民种、养收益总体偏低。二是工资性收入增长乏力。大多数农村居民文化水平和技能水平不高，就业竞争力不足，工资收入受限。另外，受多重因素影响，一些地区乡村产业发展不充分，农村集体经济发展薄弱等都在一定程度上限制了农民就业机会获取和收入水平的提高。

（五）乡村建设任务艰巨

一是乡村规划建设落地较难。目前，河南4.58万个行政村中，2.64万个行政村形成了初步规划成果，但从实际情况看，部分乡村规划不符合群众生活习惯或农民意愿，存在不执行或执行不到位的情况，落实落地难度较大。

二是农村基础设施建设和公共服务发展不足。2023年河南行政村（涉农社区）常住农户中，165.6万户没有接入自来水，59.0%的村民小组没有通天然气，19.2%的村没有公共厕所，与城镇相比还有不小差距。教育、医疗、养老等公共服务资源相对匮乏。乡村高素质教师队伍和医护人员不足，教育教学设施和医疗设备相对落后。农村养老院数量和质量堪忧，农村居民养老金微薄，难以满足基本养老需求。

三是乡村发展人才资源短缺。近年来，随着城镇化进程的加快推进和人口老龄化程度的日益加深，农村劳动年龄人口大量流失，出现了农村"最后一茬种地人"逐渐老去，年轻人不愿或不会种地的现象。

四是乡村生活环境和垃圾处理水平亟待提升。据农业部门统计，目前河南省农村无害化厕所的普及率仅为七成，生活污水治理（管控）率也仅为43%。大部分村庄缺乏污水处理设施，生活污水直接排入河流、湖泊、农田或渗入地下，污染环境，威胁农民健康。

（六）乡村治理水平差距较大

统计监测结果显示，2023年河南治理有效指数仅为66.3，低于全国平均水平4.5。调研发现，一是部分地区村两委力量薄弱。部分地区村党支部书记学历偏低，两委班子成员年龄偏大、知识结构单一，在带领乡村发展、处理复杂问题等方面能力有限，难以有效发挥领导核心作用。二是乡村治理缺少统筹规划。一些地区在乡村治理中缺乏整体规划和系统布局，治理工作碎片化、分散化，难以形成合力。对乡村的资源开发、产业发展、生态保护等方面的统筹协调不够，导致资源浪费和发展不协调。三是部分干部和村民自治意识不强。一些村干部对乡村治理认识不足，工作方式传统，缺乏创新意识和主动服务精神，发动群众不充分，部分村民参与乡村治理的积极性不高。

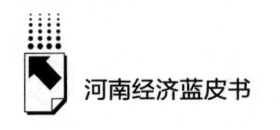

三 农业强省目标下推进乡村全面振兴的对策建议

（一）全方位夯实农业生产根基

一要进一步扩大高标准农田建设范围，提升标准和质量。立足河南实际，加大高标准农田建设力度，并尽快完善河南高标准农田"投融建运管"机制；加大农田水利设施建设和维护力度，将"藏粮于地、藏粮于技"落到实处。

二要树牢大农业观、大食物观，在稳定耕地面积、提升单产水平、保障粮食安全的同时，进一步加强设施农业发展，努力构建多元化食物供给体系，确保蔬菜、油料等重要农产品安全稳定供给。

三要加快建立粮食产销区利益补偿机制，从价格、补贴、保险等方面强化政策举措，保护调动产粮大县和种粮农民的积极性。

（二）大力提升农业科技创新能力

一要加大农业科技投入。依托中原农谷建设，进一步加大对农业科技研发的财政支持力度，聚焦生物育种、农技装备、智慧农业等重点领域和薄弱环节，强化农业科技原始创新和农业产业关键技术研究，增强农业发展的有效科技供给。

二要不断完善农业人才政策。学习借鉴发达地区招才引智政策，不断提高人才的知识产权和收益分配比例和各项待遇，最大限度增强河南对高层次农业科技人才的吸引力。同时，做大河南农业类学科，加大省内高校"三农"人才培养力度并不断优化留人机制。

三要探索农业科技协同攻关与转化应用的创新机制。强化科技创新资源"一体化"配置，构建政府、科研机构、企业、农户、社会力量等多方参与、多级联动、供需双向互动的农业科技创新协同体系，缩短技术创新与转化产业化的周期。不断完善农技推广体系，打通科技进村入户的"最后一公里"。

（三）全面提升乡村产业发展水平

一要持续优化农业产业结构。在扛稳粮食安全重任的前提下，根据各地实际和市场需求情况，加强产业规划和引导，明确产业发展方向和重点，引导农民和企业合理选择产业项目，不断调整优化农业内部结构。

二要积极推进优势特色农业和产业融合发展。学习借鉴农业发达国家经验，在农产品加工、冷链流通、品质提升、品牌打造等方面深耕细作，继续发挥龙头企业带动作用，不断延伸农业产业链条，提升产业发展水平。同时，加大"数商兴农""互联网+"农产品发展力度，不断推进农业与旅游、教育、康养等产业融合发展，因地制宜、因势利导打造地域特色鲜明、业态类型丰富的乡村产业链体系。

三要持续提升农业规模经营水平。学习借鉴韩国、日本等东亚国家实行规模化、集约化、精细化经营的经验做法，对适宜规模化的地区，通过多种措施推进土地流转和规模化经营，结合各地农村资源禀赋，分类施策，因地制宜，宜农则农，宜林则林，宜药则药。对不愿流转土地的农户，大力提升农业生产社会化服务工作力度，通过提供专业化、规模化服务，实现农业生产节本增效，农民增产增收的目标。

四要大力发展完善产业链利益联结机制。大力推动新型农业经营主体培育和升级，充分发挥其引领带动作用，推动农户与家庭农场、农民合作社、农业企业等新型经营主体之间形成资源共用、风险共担、利益共享的现代经营体系，实现小农户在现代农业产业链、价值链、创新链和服务链中充分融入，不断提高农民产业增值收益。

（四）多措并举促进农民增收

一是努力提高农民经营收入。一方面，继续加大高标准农田建设投入和管护力度，抓好农业防灾减灾，扩大农业保险覆盖面，强化科技驱动，提升粮食单产，落实粮食最低收购价，优化粮食生产补贴，稳定农民种粮收益。另一方面，围绕市场需求，立足各地农业特色资源，持续推进乡村产业结构

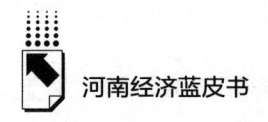

调整，大力发展高效种养业，建立健全新型农业经营主体与农户利益联结机制，最大限度促进农业增效、农民增收。

二是持续提升农民技能水平。不断加大对"新农人"的培养力度，同时，根据市场需要，持续推进"人人持证、技能河南"建设，强化农民技能培训，不断提升农村劳动力职业技能水平，促进技能就业、技能增收、技能致富。

三是发展壮大新型农村集体经济。在加大农业产业发展，进一步巩固现有土地权属关系的基础上，探索盘活闲置资源，推动农村要素资源市场化配置，抓住数字经济发展机遇，因地制宜发展新产业，拓展思路探索新模式，持续发展壮大农村集体经济。

（五）以城乡融合观建设新乡村

贯彻落实党的二十届三中全会提出的城乡融合发展要求，在未来的乡村规划建设中，一要以县域为主体，立足产业发展实际，乡村与城镇统筹规划、同步建设。科学把握县、镇、村功能定位，以县为单位，以集镇为中心，以村为基础单元，以资源禀赋为连接纽带，根据产业布局、基础设施建设、人口规模等，破除农村集体用地体制机制方面的限制，采取相邻村庄或乡镇组团建设发展，推动城乡一体规划、田村一体建设、产村一体发展、种养一体循环、建管一体运营，实现整体建设提升。

二要提升农村基础设施和公共服务水平，推进城乡融合发展。在适时打造一批中心村镇的基础上，重点提升农村基础设施和公共服务水平。

三要持续改善乡村人居环境。因地制宜推进农村厕所革命，分类开展生活污水治理，提高生活垃圾治理水平。继续推进乡村绿化美化和村庄清洁行动，不断改善农村生活环境。

四要传承和保护农耕文化。立足本地文化，注重对传统村落、传统农耕文化的传承与保护，打造自然生态良好、朴素真实、充满烟火气的乡土空间与生活场景，让乡村成为"原乡人、归乡人、新乡人"都热爱的乡村生活共同体。

（六）不断提升乡村治理能力

治理有效是乡村振兴的重要保障。一要加强基层党组织建设，强化党建引领。选优配强村党支部书记，引领带动农村党员干部发挥先锋模范作用，不断提升基层党组织的战斗堡垒作用，形成对乡村治理、乡村产业发展、乡村建设等各项工作的统领。

二要完善深化"四治融合"，强化系统协同。要不断完善自治、法治、德治、数治"四治融合"治理工程，加强对群众的教育培训，加强村级综合服务站、公共法律服务工作室建设，强化乡村精神文明建设，全面提升乡风文明程度。积极推进乡村治理数字化，大力提升乡村治理的智能化、精细化和专业化水平。

三要创新乡村治理方式，提升乡村治理水平。学好用好"千万工程"经验和河南省乡村治理先进典型，推行完善积分制、清单制、数字化、接诉即办等务实管用的乡村治理方式，充分发挥示范典型引领作用，以点带面，全面提升，形成多元主体参与乡村治理的良好氛围。

参考文献

黄承伟：《全面推进乡村振兴是新时代建设农业强国的重要任务》，《红旗文稿》2023 年第 2 期。

牟锦毅、赵颖文、许钰莎：《四川全面推进乡村振兴、加快建设农业强省建设：基础成效、现实困囿与政策选择》，《决策咨询》2023 年第 6 期。

梅星星：《农业科技支撑农业强省：中国农业现代化关键看河南》，大象新闻网，https：//www.hntv.tv/news/0/1627598704395743233。

赵一夫、王丽红：《提升乡村治理水平的理念指引与实现路径》，《农村经营管理》2024 年第 1 期。

杨亚东、罗其友等：《四川省乡村振兴的战略目标与路径分析》，《中国农业资源与区划》2020 年第 10 期。

高鸣、胡原：《坚持促进农民持续增收：愿景、挑战和战略构想》，《南京农业大学

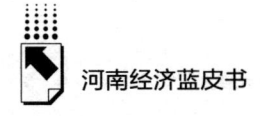

学报》（社会科学版）2023年第6期。

廖彩荣、陈美球：《乡村振兴战略的理论逻辑、科学内涵与实现路径》，《农林经济管理学报》2017年第6期。

罗其友、伦闰琪、杨亚东等：《我国乡村振兴若干问题思考》，《中国农业资源与区划》2019年第2期。

何仁伟：《城乡融合与乡村振兴：理论探讨、机理阐释与实现路径》，《地理研究》2018年第11期。

董格羽：《数字化转型下金融科技赋能乡村振兴影响因素探析》，《金融科技时代》2024年第2期。

殷芳芳：《乡村振兴人才培养精准性的提升策略》，《安徽农学通报》2022年第3期。

郭治鹏：《互联网背景下乡村振兴人才培养的方法与途径》，《农业农村农民》（B版）2020年第2期。

《2022年全国科技经费投入统计公报》，中国政府网，https://www.gov.cn/lianbo/bumen/202309/content_ 6904759.htm。

肖金成：《分类施策促进县城经济高质量发展》，《中国乡村发现》2024年第2期。

闫琳：《从城乡融合发展看乡村全面振兴》，《中国城市报》2024年7月1日。

B.14
河南电力行业绿色低碳转型问题研究

秦红涛 郭俊锋 刘芦苇 孙 昊*

摘　要： 电力行业作为河南碳排放规模最大的单一来源，其绿色低碳转型能否成功，直接关系全省双碳工作的成败。本文通过总结河南电力行业绿色低碳转型取得的成效以及存在的问题，分析当前面临的发展瓶颈，提出对策建议：坚持先立后破，加快推进新型电力系统建设，打造适应其发展需要的完善的政策体系；做好新能源消纳工作，保障新能源高质量发展；多措并举，推动各类发电企业健康发展；拓宽省内外电源开发利用渠道，推动清洁电力成为电力消费增量主体。

关键词： 电力行业　绿色低碳转型　碳排放　河南省

电力、热力生产和供应业（以下简称"电力行业"）是目前中国碳排放规模最大的单一来源。对于2023年火力发电比重高于全国9.2个百分点的河南而言，电力行业碳排放量在全省年度碳排放量中的比重还要更高。河南电力行业绿色低碳转型能否成功，直接关系全省双碳工作的成败。本文对全省电力行业绿色低碳转型问题进行了深入的分析研究。研究发现，当前河南电力行业在新能源电力发展、煤电机组节能降碳改造以及体制机制改革等方面，都取得了可喜的进展。然而，由于电力需求的刚性增长以及电网新能源电力消纳能力有限等因素的作用，目前河南电力行业绿色低碳转型工作进

---

* 秦红涛，河南省统计局能源和生态统计处三级调研员，高级统计师；郭俊锋，河南省统计局能源和生态统计处；刘芦苇，河南省统计局能源和生态统计处；孙昊，河南省统计局能源和生态统计处。

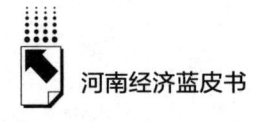

入发展瓶颈期，亟须采取有效措施加以突破，再次加速行业绿色低碳转型工作。

一 河南电力行业绿色低碳转型发展的主要成就

"十三五"以来，河南省委省政府立足本省实际，科学决策、精心组织实施全省电力行业绿色低碳转型工作，取得了可喜进展。"十三五"期间，河南提前两年完成煤电机组超低排放改造任务，率先在全国实现在运煤电机组超低排放；"十四五"以来，河南电力行业在持续推进火电"三改联动"的同时，进一步加快新能源电力发展及电网适应性改造升级等工作，行业绿色低碳转型工作取得了多方面成果。

（一）风光电快速发展，可再生电力比重不断提高

在"十三五"风光电高速发展的基础上，河南省委省政府继续大力推动风力发电、光伏发电事业发展，带动"十四五"清洁电力整体保持快速增长势头。全省风光电装机2023年底就已完成"十四五"规划设定的5500万千瓦发展目标；2024年8月末全省可再生能源电力装机（水风光及生物质发电装机）占比首次超过50%，年末装机7531.58万千瓦，较2021年末增长86.4%，装机占比升至51.4%。风光电的快速发展，有效带动了全省电力生产结构的优化。2024年，河南全口径可再生电力发电量1157.52亿千瓦时，较2021年增长75.4%，历史性突破至1000亿千瓦时以上，在全部发电量中占比升至31.0%；其中，水风光等清洁可再生能源电力装机总量7245.89万千瓦，较2021年末增长90.0%，发电量1020.39亿千瓦时，较2021年增长75.8%。

（二）充分发挥"压舱石"作用，火电保供主体地位并未改变

"十四五"以来，随着河南电力市场新能源电力渗透率不断提高，以煤电为主的全省火电装机占比明显下降。2024年末，火电装机在全部装机中

占比50.6%（扣除生物质发电装机后占比48.6%），比2021年末降低了15.1个百分点。然而，在电力需求总体增长的背景下，基于稳定且可调节的电源特性，全省火电装机规模和年度发电量继续同步小幅增长，2024年末装机规模达7420.56万千瓦，比2021年末增长1.6%（见表1）；2024年全省全口径火力发电量2710.96亿千瓦时，比2021年增长15.4%。为应对新能源电力对电网安全的影响，火电作为基础保障性、系统调节性电源的作用也更为突出。近年来，河南电网负荷屡创新高，2024年电网度夏期间最高负荷已升至8100万千瓦以上的历史新高点；再加上最大负荷连续出现在风光电可信出力严重不足的夏季晚间，日间新能源大发也导致煤电深度调峰任务不断增加。电力保供对煤电机组提出了越来越高的"顶峰、调峰"等方面的调节服务要求。为有效应对形势变化，河南近年来持续大力推行煤电"三改联动"，通过深挖机组发电潜力，全省煤电机组调节能力有效提高，2023年全省统调煤电机组在电网大负荷期间首次实现"全开机、零非停"[①]，成功完成当年电网度冬度夏保供任务，2024年初全省火电机组平均调节能力已达到35%。

表1 2021年末、2024年末河南电力装机构成变动情况

单位：万千瓦，%

时点	期末装机				
	总装机	火电	水电	风电	光伏发电
2024年末容量	14666.45	7420.56	563.07	2333.75	4349.08
2021年末容量	11113.69	7300.58	407.20	1850.35	1555.56
2024年末构成	100.0	50.6	3.8	15.9	29.7
2021年末构成	100.0	65.7	3.7	16.6	14.0

---

① 全开机指的是发电机组全部投入运行的状态，即所有机组都在正常运行中，没有机组停机或部分停机的情况；零非停则指的是发电机组在运行过程中没有发生"非计划停运"，即机组在运行过程中没有因为任何非计划内的原因而停止运行。二者共同确保了电力系统的稳定运行和电力供应的连续性。

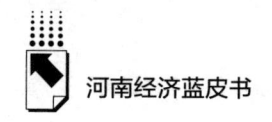

（三）持续高强度投入，适应新形势需要的电力基础设施水平快速提高

河南高度重视电力行业发展，出台实施了一系列有效政策重点扶持和推动电网基础建设。"十三五"以来，河南电力行业固定资产投资持续快速增长。"十三五"期间，河南电力行业固定资产投资年均增速高达18.8%；① 2023年及2024年行业投资增速分别达到19.4%和16.1%的较高水平，长期高强度投资从根本上扭转了河南城乡电网薄弱的局面。截至2023年底，河南在运35千伏及以上变电站3356座，实现了500千伏变电站覆盖所有地市，220千伏变电站覆盖所有县，110千伏变电站覆盖所有产业集聚区，35千伏变电站覆盖所有乡镇，动力电覆盖所有自然村。省际特高压输电能力不断提高。2023年消纳省间新能源电力规模达286亿千瓦时，连续5年居国家电网系统首位。电网智能化水平显著提高，为大规模新能源接入和能源高效利用提供了有力支撑。2021年1月，河南能源大数据中心上线运行，依托华为云和先进数据中台接入巨量能源数据，实现能源全行业全链条数据统一归集和管理，成功构建了"能源—电力—经济—环境"大数据辅助决策体系。在近年电网最大负荷屡创新高、新能源电力接入规模不断扩大的背景下，大数据中心在河南电网有效应对2021年"720暴雨灾害"、成功完成近年度冬度夏电力保供任务方面，发挥了极为重要的作用。

（四）电力体制改革快速推进，建设新型电力系统的政策体系更为完善

河南大力贯彻落实国家电力市场化、电价形成机制等方面改革措施，深入推进多层次电力市场体系建设。中长期交易机制日趋成熟，规模不断扩大，2023年全年交易电量约占全省售电量的70%，其中省内电力中

---

① 根据《中国能源统计年鉴》数据推算。

长期市场日滚动交易成交电量达308亿千瓦时。辅助服务市场逐步完善，新型储能产业快速发展，近年来河南陆续出台实施《河南电力调峰辅助服务交易规则（试行）》《河南新型储能参与电力调峰辅助服务市场规则（试行）》等多项政策文件，推动河南省电网调峰、调频和备用等辅助服务能力有效提高。2024年初，全省火电机组平均调节能力提高到35%；2024年末，全省储能装置容量提升到164.06万千瓦，较2022年末增长约12.1倍。电价改革全面推进，电力市场运行更为健康有序。全省输配电价体系再次完善，自2023年6月起，河南开始实行第三监管周期省级电网输配电价，经测算分析，第三监管周期内河南工商业用电价格总体将稳中有降。煤电容量电价机制初步建立，2023年12月印发《关于贯彻落实煤电容量电价机制有关事项的通知》，要求2024~2025年全省合规在运的公用煤电机组开始执行机组固定成本回收比例为50%、年度标准为165元/千瓦的煤电容量电价，充分体现煤电机组辅助服务价值。工商业分时电价机制进一步优化，2024年5月印发《关于调整工商业分时电价有关事项的通知》，优化调整不同季节每天低谷、平段、高峰和尖峰时段的设定和电价水平，引导用户调整生产负荷，以期达到减少风光电午间弃电、转移晚高峰负荷、实现企业日间低电价连续生产等多重优化目标。

二 河南电力行业深化绿色低碳转型仍面临巨大挑战

尽管近年来河南电力行业转型发展在政策引导下取得了积极成效，但由于波动性较大的新能源电力接入规模持续扩张，兼顾高标准减污降碳、电力安全保供双重任务的难度持续提高，压力更为巨大。电力行业在宏观和企业微观层面陷入"减排难、发展难、转型难、生存难"等多方面困境，行业绿色低碳转型工作进入瓶颈期。面对行业碳排放占比高、压力巨大的减碳任务，转型继续深入推进仍面临巨大挑战。

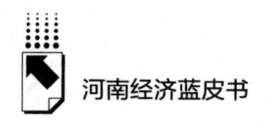

（一）宏观层面

1. 河南电力行业碳排放占比较高，减碳压力巨大

综合中国生态环境部及国际能源署等权威机构数据判断，全国电力行业碳排放量在全社会年度碳排放量中的占比应位于40%~50%区间。基于河南火电在全口径发电量中的占比高出全国9.2个百分点，且河南2023年规模以上工业企业火力发电煤耗升至309.3克/千瓦时，比全国2023年6000千瓦及以上火电供电标准煤耗还高出2.6%的现实情况，粗略估算河南电力行业碳排放量占比区间应在50%~60%，高出全国比重约10个百分点。河南电力行业高位的碳排放比重，意味着更大的碳减排压力。

2. 不断增长的电力需求必然带来更多电煤消费和碳排放，电力行业碳排放规模仍将增长

"十四五"以来，河南全社会用电量持续稳定增长，2021~2023年年均增长率约为6.4%。限于总体并不优越的风光电开发条件及其非稳定特性，河南未来增量电力需求的满足仍离不开煤电的支撑。2021年以来，河南规模以上工业原煤消费中的发电用煤总量及比重也呈上升趋势，其中火力发电原煤投入量从2020年的9477万吨升至2023年的10700万吨，占规模以上工业原煤消费的比重由44.4%升至47.6%。随着未来全省经济向好发展，全社会电力需求及电煤消费总量将继续保持增长，未来河南电力行业碳减排任务将面临巨大压力。

3. 相对于快速发展的新能源电力，河南煤电行业灵活性调节能力提升仍显不足

随着电力转型深入推进，电源结构、电网形态发生了深刻变化，加之新能源电力的固有波动特性，电力系统受气候气象的影响愈加显著，电网负荷峰谷差距不断提高，保障电网平稳运行的调节需求也大幅提高。从全国情况看，当前煤电机组以不足50%的装机占比，提供了70%的顶峰能力和近80%的调节能力。河南比全国更快的风光电发展，对全省煤电机组调节能力提出了更高的要求。在现有电源结构下，为保障电网安全稳定运行，河南煤电机组必须承担起更多的顶峰、调峰等辅助服务任务。然而，2024年12月面向全省106家纳入全国碳排放权交易市场（以下简称"碳市场"）的火电企业调研资料显示，提升煤电机组调节能力的灵活性改造进度并不十分理想。全省101家煤电企业中完成灵活性改造的只有44家，占比43.6%；只有37家全部完成了节能、供热及灵活性三项改造，占比36.6%。

4. 碳市场技术规范不尽完善，一定程度上反而加剧了企业的经营困境

全国碳市场已完成两个履约周期的交易工作，进入第三个履约周期（2023~2024年）。在此过程中，全国碳市场制度体系框架日益完善，也取得了稳步提高碳定价、提升企业参与率、促进引导电力行业减排等方面的政策效果。但对于当前煤电机组提供更多调峰、调频等辅助服务的现状，以及煤电机组辅助服务之于电力稳定供应和保障民生用电的重要性，碳市场相关技术规范设定中未能给予充分的体现，反而加剧了企业的经营困境。本次调研83家参与过调峰的企业中，有58家认为调峰成本要高于碳配额等政策带来的收益，占比69.9%；全部调研企业中认为相关技术规范体现调峰、储能及其他辅助服务价值不足的企业分别有68家、37家和37家，占比分别为64.2%、34.9%和34.9%。碳市场交易履约给企业带来了更多的成本压力。

（二）企业经营微观层面

1. 风光电挤占火电市场及调峰、顶峰任务的增多，给煤电企业经营带来了更多困难

近年来，河南风光电的快速发展给煤电企业生产经营带来了一系列不利影响：煤电企业既要为装机规模不断扩大的风光电源让出市场，又要为电网克服新能源电力波动承担起更多调峰、顶峰任务，这就要求煤电机组出力必须在短时间内大幅调升、调降。这不但给机组锅炉、管网等各个功能模块设备带来了更大的疲劳损耗，提高机组设备维护成本，还将使机组效率下降、度电煤耗上升，从而带来更高强度的二氧化碳及大气污染物的排放，进而给企业带来更高的碳市场配额交易、达标排放治理等方面的成本。本次调研的

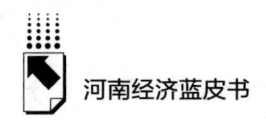

79家参与过调峰的煤电企业中,有30家反映2023年以来发电业务利润持续亏损,占比38.0%。

2.电力行业转型所需大规模投资,进一步提高了发电及供电企业经营成本,多数煤电企业改造投资相对乏力

随着新能源电力竞争冲击的不断加大,河南多数火电企业经营困难、负债率高企,而转型所需的灵活性改造投资、电网负荷调节运行成本、大电网投资和配电网扩容升级等,都将增加运营成本。近年来,由于之前电力价格机制等方面的原因,煤电企业的减污降碳及深度调峰成本,大部分只能自行承担,无法向电网及终端用户有效传导,再加上清洁电力的激烈竞争,金融机构普遍认为煤电改造项目回报差、风险高,放贷意愿低。本次调研的92家进行过一项以上"三改联动"改造的企业中,获得各级财政专项资金补贴的只有10家,占比10.9%;享受到优惠银行贷款或其他融资的有11家,占比仅12.0%;70家企业表示企业进行"三改联动"改造投资的资金来源紧张,占比高达76.1%。

3.因电网消纳能力受限,近年来全省风光电弃电现象更为普遍

随着风电、光伏特别是分布式光伏装机规模的持续扩大,全省电网潮流从低电压等级逐级上翻问题愈发严重,2023年河南度夏期间因调峰缺口首次出现新能源弃电问题不断发展,新增风光电源接入规模也由此受到限制。2024年前三季度,全省新增分布式光伏装机524万千瓦,仅相当于同期水平的49.5%。接入受限情况下,河南风光电弃电情况进一步发展,全国新能源消纳监测预警中心数据显示,2024年1~11月河南弃风率、弃光率分别为3.7%、1.9%,分别比2021年全年提高2.0个、1.8个百分点。在有效提升电网承载力之前,河南风光电参与更多调峰及弃电的现象还将继续发展。

4.热电联产企业供热机组灵活性改造难度较大

当前,河南热电联产企业绿色低碳发展面临两个方面挑战。一是难以实现热电解耦的抽凝式热电联产机组比例过大,本次调研的96家热电联产企业中,未经热电解耦改造的企业61家,占比63.5%,适应调峰需要的改造进度较差。二是供热的民生属性,使得未解耦机组生产无法大幅调降发电负荷，按照"以热定电"的运行方式，在机组上网电量压减幅度较小，深度调峰空间有限的同时，相应会带来更多的二氧化碳排放。

三 对策建议

为进一步加快全省电力行业绿色低碳转型，河南应继续贯彻落实党中央关于深化电力改革加快构建新型电力系统的各项决策部署，围绕"清洁低碳、安全充裕、经济高效、供需协同、灵活智能"五个方面要求，以提高减碳、调峰、储能等方面能力为主要抓手，不断加快绿色低碳的转型进程，最终达到电力行业率先实现"碳达峰、碳中和"的目标。

（一）坚持先立后破，加快推进新型电力系统建设，打造适应其发展需要的完善的政策体系

坚决贯彻习近平总书记"要立足国情，坚持先立后破，加快规划建设新型能源体系，确保能源安全"的讲话精神，立足河南资源禀赋和产业发展实际，科学合理设计全省新型电力系统建设路径。在保障能源电力安全可靠供应的基础上，以源网荷储协同为目标，统筹水风光乃至核能、地热能等清洁电力产业及储能产业发展，有计划分步骤逐步降低化石能源电力比重，扎实推进电力行业绿色低碳转型进程。建立完善适应新型电力系统建设的政策体系。全面梳理现行的部门相关政策法规，解决诸如碳市场技术规范未能充分考虑企业调峰实际等政策不相协调方面的问题，以确保电网安全稳定运行，快速推广应用先进减碳技术，切实优化调度及市场运行机制为目标，尽快建立起完善的政策体系，形成支撑新型电力系统建设、助力电力领域新质生产力发展的政策合力。

（二）做好新能源消纳工作，保障新能源高质量发展

持续优化河南能源大数据中心电网智慧化调度功能，提高电网高比例消纳新能源电力的调控水平；结合分布式新能源的开发方案、项目布局等，组

织电网企业统筹编制配电网发展规划，科学加强配电网硬件建设，全面提升配电网可观可测、可调可控能力，提升分布式新能源承载力；坚持因地制宜、大胆制度创新，积极探索适应"绿电直供"需要的"隔墙售电"新模式，系统推进河南农村地区、增量配电网类、工业企业三大源网荷储一体化项目试点工作；鼓励工业园区积极建设绿色微电网，综合开发利用光伏、风电、地热等可再生能源，以及余热余压等资源，结合储能系统，实现多能互补和智能耦合，提升分布式新能源消纳能力；积极发展抽水蓄能、新型储能，推动成熟技术项目开工建设；开展压缩空气储能、钒液流电池储能、氢电耦合等各类新型储能技术试点应用工作，充分发挥各类储能技术的电网保障调节作用。

（三）多措并举，推动各类发电企业健康发展

深入推进煤电容量电价改革，密切跟踪监测实施效果，适时优化制度设计，持续建设完善电力中长期市场、现货市场、辅助服务市场机制，确保机组灵活性调节能力与煤电容量电价机制的合理衔接，进一步优化煤价和电价的联动和协调机制；抓好河南能源重点领域大规模设备更新相关工作，争取更多财政及金融优惠政策，持续提升全省电力行业技术装备水平；统筹科研院所、骨干企业等创新资源，加快生物质掺烧、绿氨掺烧、二氧化碳捕集利用和封存（CCUS）等煤电低碳化改造关键技术的研发、应用；制定优惠政策，鼓励发电企业应用先进CCUS技术捕集碳排放，扩大河南化工、食品、金属冶炼加工及机械制造业等支柱产业利用捕集碳进行生产的规模，实现电力行业捕集二氧化碳的市场化消纳规模化。

（四）拓宽省内外电源开发利用渠道，推动清洁电力成为电力消费增量主体

省内稳妥开发核电资源。核能对优化能源结构，减少温室气体排放，破解区域性电力供需矛盾，支撑新型电力系统构建发挥着重要的作用。目前，中国核电全部集中在沿海区域，但从全球来看，超六成核电机组位于内陆。

自 2019 年中国重启核电审批以来，重启内陆核电的呼声也在增加。应切实加强南阳核电厂址保护，待国家启动内陆核电项目规划建设后，适时启动项目前期工作。省外继续积极吸纳清洁能源电力。持续扩大外电入豫规模，争取实现哈郑、青豫等现有外电入豫通道满输满送，推动送端省份加快配套电源建设，强化外电入豫通道电源支撑，不断提高通道送电能力和清洁能源电量比例。加强与风光资源丰富地区的合作，结合国家西部地区清洁能源送出基地规划，积极谋划推动外电入豫新通道项目或新的国家级电源通道项目过境河南，持续扩大清洁能源电力吸纳规模。

B.15 河南省新能源汽车产业发展研究

王帅 侯捷*

摘　要： 近年来，河南新能源汽车产业飞速发展，一批新能源汽车制造企业强势崛起，产能规模持续攀升，产业链条不断完善，与此同时也面临着国内外产业竞争白热化的挑战。本研究使用国家统计局河南调查总队与河南省统计局相关数据，运用 VAR 模型，深挖 PPI、锂电池产量与新能源汽车产量内在联系，预测销量、探寻前路。研究表明，河南新能源汽车产业要想在竞争中生存并取得更大突破，需在强补贴、稳原料、优环境、促协同、引人才、重研发等方面持续发力。

关键词： 新能源汽车　锂电池　河南省

一　前言

（一）研究背景和意义

2024年国务院《政府工作报告》中五次提及新能源汽车，作为"新三样"之一，2023年，新能源汽车在市场需求拉动、宏观政策推动以及全行业共同努力下保持了良好的增长态势，产销规模创历史新高，渗透率稳步提升，配套设施不断健全。

河南省委省政府高度重视新能源汽车产业发展，相继出台了指导意见和

---

* 王帅，国家统计局河南调查总队四级主任科员；侯捷，国家统计局郑州调查队三级主任科员。

支持新能源汽车产业高质量发展措施。在产业布局上，以郑州为中心发展整车产业，重点发展新能源客车、乘用车、载货车，目前郑州已有比亚迪、上汽乘用车郑州基地、东风日产、郑州日产、宇通客车、海马汽车等整车企业。2023年，河南省将新能源汽车纳入重点培育的"7+28+N"产业链群，新能源汽车产业规模不断壮大。截至2023年底，河南规模以上汽车及零部件企业达600余家，基本形成了从原材料到核心零部件，再到整车、配套设备、物联网的新能源汽车产业链，成为吸引车企入豫的关键因素之一。

然而，河南发展新能源汽车产业仍面临不少挑战。一方面，河南整车企业产量规模小，总量占比不高。2023年，河南新能源汽车产量31.3万辆，但在全国的"大盘"中占比不算高。另一方面，创新能力不足且缺乏人才支撑。目前，全省新能源汽车相关的国家级及省级研发平台较少，在新能源电机、软件控制算法、智能网联等方面人才尤为短缺。此外，新能源汽车企业竞争加剧，企业利润减少。河南调查总队监测数据显示，2023年，河南锂离子电池制造出厂价格同比下降10.8%，新能源乘用车出厂价格同比下降8.0%。2024年2月，以比亚迪为代表的新能源汽车下调价格，汽车行业迎来新一轮"降价潮"。新能源车价格战之下，一方面优胜劣汰，个别车企倒闭，产业集中度逐步提高；另一方面消费者关注度增加，但观望情绪浓厚。在此背景下，对河南新能源汽车产业进行研究，以期促进其健康有序发展。

锂电池作为新能源汽车核心部件，其产业链与新能源汽车生产有着千丝万缕的联系。此外，工业生产者出厂价格指数（以下简称"PPI"）作为衡量工业生产成本变化的指标，能够反映宏观经济环境对工业生产的影响。因此，探究新能源汽车产量、锂电池产量与PPI之间的相互作用关系，不仅对于理解新能源汽车产业的发展趋势具有重要意义，也为宏观经济分析和政策制定提供了重要参考。

（二）文献综述

目前的研究热点和成果主要集中在新能源汽车市场需求与消费者行为分

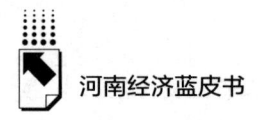

析、政策环境与法规支持及充电设施建设与服务水平等方面。

1. 新能源汽车市场需求分析研究

新能源汽车的市场需求与消费者行为是研究的重要方向。研究发现，消费者环保意识的提升、政府补贴政策、充电便利性等因素对市场需求有显著影响。消费者的购买决策主要受到几个关键因素的影响。张婧男认为价格因素是新能源汽车消费者考虑的重要因素之一，消费者普遍关注新能源汽车的购买成本和使用成本，希望通过价格的合理性来提升购买意愿。[1] 刘媛清认为尽管新能源汽车的购买成本通常较高，但考虑到其使用过程中的节能和环保优势，其整体经济性逐渐变得更有竞争力。[2]

2. 新能源汽车产业政策导向与支持措施研究

政策环境和法规支持对新能源汽车产业的发展至关重要。蒲光宇认为新能源汽车补贴政策在一定程度上促进了新能源汽车的销量增长，并推动了相关产业的发展。[3] 程启星认为政府在技术创新和产业链协同方面的支持政策显著促进了企业的技术研发活动。首先，政府补贴能够降低企业在新技术开发和应用过程中的资金压力。其次，政府补贴还鼓励了企业在产业链上的协同与合作。[4]

3. 新能源汽车充电设施建设与服务水平研究

充电设施的建设及服务水平是新能源汽车推广的关键环节。耿承文认为充电设施的现状和需求状况对新能源汽车市场的发展具有重要影响。目前，国内大部分城市仍存在公共充电站点密度不均、供需不平衡问题。[5] 吕霜认

---

[1] 张婧男：《不同等级城市的居民新能源汽车采用意愿驱动机理及助推策略》，博士学位论文，中国矿业大学，2023。
[2] 刘媛清：《家用新能源汽车与燃油汽车全生命周期成本比较研究》，硕士学位论文，江苏科技大学，2023。
[3] 蒲光宇：《新能源汽车补贴政策、需求替代与产业发展》，博士学位论文，东北财经大学，2023。
[4] 程启星：《政府补贴对中国新能源汽车企业研发投入的影响研究》，硕士学位论文，广西师范大学，2022。
[5] 耿承文：《充电基础设施对我国新能源汽车推广的影响》，硕士学位论文，河南大学，2021。

为新能源汽车充电基础设施建设方面已经取得了一定进展,但仍然存在用电网络覆盖不均衡、充电设施的技术标准不统一、充电设施维护效率低等问题。[①]

(三)研究创新点

1. 研究方法的创新

本文基于 VAR 模型,不仅仅是单变量的时间序列分析,这使得模型能够捕捉到变量之间的复杂关系和相互作用。可以构建一个更全面、更准确的新能源汽车产量预测模型,提高预测的精确度和实用性。

2. 研究视角的创新

本文从工业视角进行分析,通过考察变量之间的交互关系,可以为行业提供更为全面的决策依据。基于研究结果,企业可以调整原材料采购策略、生产计划,优化供应链管理,以应对市场波动。

二 模型建构

(一)数据来源

本文分析使用的数据来源为河南省统计局工业统计处,以及2017~2023年的《河南调查年鉴》。

(二)变量处理

新能源汽车产量和锂电池产量:新能源汽车产量记为 cl(辆),锂电池产量记为 ldc(只),两组数据均来源于河南省统计局工业统计处。由于2016年之前河南省调查口径与之后不同,因此选择 2016 年 1 月为数据起

[①] 吕霜:《成都市新能源汽车充电基础设施建设存在问题及对策研究》,硕士学位论文,四川大学,2023年。

点。数据集包含了从2016年2月到2024年6月的月度数据。此外,为了消除春节假期不固定因素的影响,增强数据的可比性,从2012年起,国家统计局对部分月报(如规模以上的工业生产、固定资产投资、民间固定资产投资、房地产投资和销售、社会消费品零售总额、工业经济效益等数据)不单独开展1月统计数据的调查,1~2月数据一起调查发布。因此,将两组时间序列2月的数据除以2,得到的结果作为1月和2月的月度数据。

PPI数据:在本文的分析中,由于需要消除季节变动的影响,使用公开发布的2016年1月至2024年6月河南省月度PPI同比数据。

在进行计量分析时,由于VAR模型的运用要求系统中的变量具有平稳性,我们首先对于数据进行单位根检验以检验其平稳性,利用ADF检验方法分别对cl、ldc、PPI进行单位根检验,具体结果如表1所示。

表1 单位根检验结果

变量	ADF值	模型类型	1%临界值	5%临界值	10%临界值	结果
cl	-4.574	含常数项,不含趋势项	-3.510	-2.890	-2.580	平稳
ldc	-1.883	含常数项和趋势项	-3.510	-2.890	-2.580	不平稳
PPI	-1.795	含常数项和趋势项	-3.510	-2.890	-2.580	不平稳
dcl	-11.844	含常数项,不含趋势项	-3.510	-2.890	-2.580	平稳
dldc	-11.867	含常数项,不含趋势项	-3.510	-2.890	-2.580	平稳
dppi	-5.264	含常数项,不含趋势项	-3.510	-2.890	-2.580	平稳

从表1中结果可以看出,指标cl、ldc、PPI一阶差分后的序列都是平稳的。因此,本研究实证分析部分使用一阶差分后的序列数据建立模型。

由于不同维度的数量级差别较大,为了使数据具有可比性,对数据进行标准化处理,使用的公式如下:

$$z = \frac{x - \mu}{\sigma} \quad (1)$$

其中,z是指标准化后的数据,x为标准化前的数据,μ和σ^2分别为对应的均值和方差。

（三）描述性统计

根据前文对于变量的定义以及样本的选择，本研究在处理完成样本缺失值之后，使用的所有变量的描述性统计如表2所示。

表2 变量描述性统计

变量名称	变量代码	样本量	均值	标准差	最大值	最小值
新能源汽车产量	cl	93	5939	4043	22281	114
锂电池产量	ldc	93	1.31e+08	7.96e+07	3.42e+08	9002593
PPI	PPI	102	2.1	4.5	14.1	−5.4

（四）分析方法

向量自回归模型（VAR 模型）是 AR 模型的推广，为一种常见的时间序列计量经济模型。在一定的条件下，多元 MA 和 ARIMA 模型也可转化为 VAR 模型。VAR 模型的一般表达式如下：

$$Y_t = \Phi_0 + \Phi_1 Y_{t-1} + \cdots + \Phi_p Y_{t-p} + B X_t + \varepsilon_t, t = 1, 2, \cdots, T \tag{2}$$

其中：

$$Y_t = \begin{pmatrix} y_{1t} \\ y_{2t} \\ \vdots \\ y_{kt} \end{pmatrix}, \varepsilon_t = \begin{pmatrix} \varepsilon_{1t} \\ \varepsilon_{2t} \\ \vdots \\ \varepsilon_{kt} \end{pmatrix}, \Phi_0 = \begin{pmatrix} \Phi_{10} \\ \Phi_{20} \\ \cdots \\ \Phi_{k0} \end{pmatrix} \tag{3}$$

$$\Phi_i = \begin{pmatrix} \varphi_{11}(i) & \varphi_{12}(i) & \cdots & \varphi_{1k}(i) \\ \varphi_{21}(i) & \varphi_{22}(i) & \cdots & \varphi_{2k}(i) \\ \vdots & \vdots & \ddots & \vdots \\ \varphi_{k1}(i) & \varphi_{k2}(i) & \cdots & \varphi_{kk}(i) \end{pmatrix}, i = 1, 2, \cdots, p \tag{4}$$

上述公式中，Y_t 表示 k 维内生变量列向量，Y_{t-i}，$i = 1, 2, \cdots, p$ 为滞后的内生变量，X_t 表示 d 维外生变量列向量，它可以是常数变量、线性趋势项

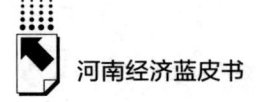

或者其他非随机变量，P 是滞后阶数，T 为样本数目，Φ_i 即 Φ_1，Φ_2，…，Φ_p 为 $k*k$ 维的待估矩阵，B 为 $k*d$ 维的待估矩阵，$\varepsilon_t \sim N(0, \Sigma)$ 为 k 维的白噪声向量，相互之间可以同期相关，但不与自己的滞后项相关（诸 ε_t 独立同分布，而 ε_t 中的分量不要求互相独立），也不与上式中右边的变量相关。Σ 是 ε_t 的协方差矩阵，是一个 $k*k$ 的正定矩阵。

考虑到在本文中用于分析新能源汽车产量、锂电池产量与PPI同比数据均为工业相关时间序列数据，且变量之间具有相互扰动的可能，因此选用VAR模型进行构建，研究变量间的相关关系，并且对于样本 Y 进行近期预测。

三　实证分析

（一）模型构建

1. 模型的定阶

为了解决随机误差项自相关和模型过拟合的问题，需要对模型进行定阶。选择 AIC 准则、SC 准则、HQ 准则、LogL 准则、最终预测误差（FPE），并选择五个检验准则中最小值数量最多的阶数作为模型的滞后阶数。不同阶数的检验准则值如表3所示。

表3　不同阶数的检验准则值

Lag	AIC	SC	HQ	FPE	LogL	LR
0	54.832	54.9121	54.8644	1.3e+20	-2628.93	NA
1	54.586	54.9065*	54.7156	1.0e+20	-2608.13	41.613
2	54.3887	54.9497	54.6155*	8.4e+19	-2589.66	36.939
3	54.4866	55.2879	54.8105	9.3e+19	-2585.36	8.6052
4	54.3855	55.4273	54.8066	8.4e+19	-2571.51	27.698
5	54.3664*	55.6485	54.8846	8.3e+19*	-2561.59	19.841*

根据表3所示结果，最终确定模型滞后阶数为5，由此得到方程：

$$\begin{pmatrix} dldc_t \\ dcl_t \\ dppi_t \end{pmatrix} = \begin{pmatrix} 668.643 \\ 341.627 \\ -30.33227 \end{pmatrix} +$$

$$\begin{pmatrix} -0.2325 & -0.2701 & 0.8357 \\ -0.0234 & -0.3822 & 0.0463 \\ .0122 & -0.0012 & 0.6494 \end{pmatrix} \begin{pmatrix} dldc_{t-1} \\ dcl_{t-1} \\ dppi_{t-1} \end{pmatrix} +$$

$$\begin{pmatrix} -0.1760 & -0.5356 & -0.9786 \\ -0.1587 & -0.4608 & 0.0048 \\ 0.0520 & -0.0249 & -0.2632 \end{pmatrix} \begin{pmatrix} dldc_{t-2} \\ dcl_{t-2} \\ dppi_{t-2} \end{pmatrix} +$$

$$\begin{pmatrix} -0.3616 & -0.0395 & 0.5676 \\ -0.1242 & -0.3453 & -0.1436 \\ 0.0516 & 0.00004 & 0.0856 \end{pmatrix} \begin{pmatrix} dldc_{t-3} \\ dcl_{t-3} \\ dppi_{t-3} \end{pmatrix} +$$

$$\begin{pmatrix} -0.1980 & -0.2769 & -0.3913 \\ 0.1558 & -0.4952 & -0.0177 \\ 0.0269 & 0.0098 & -0.1647 \end{pmatrix} \begin{pmatrix} dldc_{t-4} \\ dcl_{t-4} \\ dppi_{t-4} \end{pmatrix} +$$

$$\begin{pmatrix} 0.0030 & -0.2377 & -0.1444 \\ -0.0372 & -0.1828 & -0.1776 \\ 0.0396 & 0.0071 & 0.3351 \end{pmatrix} \begin{pmatrix} dldc_{t-5} \\ dcl_{t-5} \\ dppi_{t-5} \end{pmatrix} + \begin{pmatrix} \varepsilon_{1t} \\ \varepsilon_{2t} \\ \varepsilon_{3t} \end{pmatrix} \quad (5)$$

由式（5）方程可知，上述模型的所估计系数的 t 统计量值大部分在5%显著水平下显著，部分系数不显著可能是由于同一个方程中的多个滞后值产生了多重共线性造成的。

2. 残差相关性分析

对于残差是否自相关进行 LM 检验，即残差序列的白噪声检验，残差是指模型观测值与模型预测值之间的差异，在统计建模中，我们希望模型的残差独立，不受到前一时刻或者前几时刻残差的影响，该检验原假设 H0 为 VAR 模型残差不存在自相关，结果显示 $p1=0.31758>0.05$，$p2=0.25613>0.05$。接受原假设，因此可得残差没有自相关性。

3. 联合显著性检验

对系数的联合显著性进行 wald 检验，wald 检验（varwle）在 VAR 模型中用于评估每个方程的滞后阶数对模型的拟合效果的影响，根据具体的需求

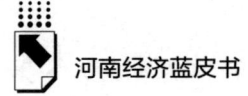

和研究的目的，我们选择关注关于整体模型的拟合效果的信息，检验结果如表4所示，各阶系数对应的 p 值均小于0.05，说明系数具有联合的显著性，各阶系数均显著，模型拟合效果良好。

表4　wald 检验结果

Lag	chi2	df	Prob>chi2
1	84.03996	9	0.000
2	75.65863	9	0.000
3	28.0335	9	0.001
4	35.74963	9	0.000
5	21.0377	9	0.012

（二）格兰杰因果分析

格兰杰因果分析用于确定变量间是否存在相互影响的情况。对建立的模型进行格兰杰因果分析，得到的结果如表5所示。可以看出，在5%的显著性水平下，PPI同比与新能源汽车产量均是引起锂电池产量变化的格兰杰原因，并且PPI同比与新能源汽车产量共同是锂电池产量的格兰杰原因。锂电池产量与PPI、锂电池产量与新能源汽车产量均是单向因果关系，PPI同比与新能源汽车产量之间没有格兰杰因果关系。

表5　格兰杰因果分析结果

Equation	Excluded	chi2	df	Prob>chi2
dldc	dcl	41.117	5	0.000
dldc	dppi	14.252	5	0.014
dldc	ALL	52.486	10	0.000
dcl	dldc	6.5411	5	0.257
dcl	dppi	1.0854	5	0.955
dcl	ALL	8.0607	10	0.623
dppi	dldc	4.0406	5	0.544
dppi	dcl	0.8701	5	0.972
dppi	ALL	4.5054	10	0.922

（三）模型预测分析

利用已经建立好的 VAR 模型对未来三年即未来 36 期的趋势进行预测，可以得出最终预测结果：新能源汽车、锂电池的产量一直呈现上升趋势，且未来三年发展态势良好。

四 结论与建议

对 PPI 同比、新能源汽车产量及锂电池产量的研究中，我们得出了若干重要的结论，这些结论为我们理解这些因素之间的动态关系提供了依据，并为后续的政策建议提供了理论支持。

（一）实证分析结论

我们发现 PPI 同比和新能源汽车产量是锂电池产量变化的格兰杰原因。这表明，PPI 的变化和新能源汽车市场的需求直接影响锂电池的生产决策以及生产数量。具体而言，当 PPI 同比上升时，企业在生产锂电池时可能更关注成本的变化，进而影响生产规模。而新能源汽车的增量生产亦会直接带动锂电池需求的增加，促使锂电池的产量提升。

同样，锂电池产量与新能源汽车产量之间的单向因果关系说明，锂电池的生产情况受到新能源汽车生产的驱动，反映了新能源汽车市场对锂电池的依赖。PPI 同比与新能源汽车产量之间没有显著的格兰杰因果关系，表明这两个变量之间并不存在直接的影响关系。

（二）政策建议

基于上述实证分析结论，以下是针对河南新能源汽车市场的一些政策建议。

1. 优化锂电池生产环境

（1）政策激励与支持

一是税收减免政策支持。例如，在企业的研发支出、固定资产投资等方

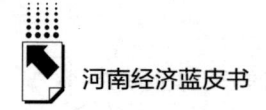

面提供税前扣除或减免,从而大幅降低企业的研发成本。

二是融资政策支持。政府应鼓励金融机构设立专项资金,针对锂电池产业设立低利率贷款或补贴,降低企业融资成本。同时,积极引导社会资本投资锂电池领域,鼓励风险投资和股权投资,从而进一步推动产业的发展。

(2) 稳定原材料供应

政府应考虑建立锂、钴等关键原材料的战略储备,从而有效降低生产企业在原材料价格上涨周期的风险。除了建立战略储备外,政府应通过投资或合作的方式,参与锂、钴等矿产资源的开采和生产,促进国内外矿产资源的多元化开发与利用。而废旧电池的回收与处理也是一个重要课题。政府应大力支持回收与循环利用技术的研究与应用,使得电池使用完后被有效回收利用。

2. 加强行业协同与技术创新

(1) 促进跨界合作

鼓励锂电池生产企业与新能源汽车生产企业之间的合作,锂电池生产企业可以为新能源汽车生产企业提供更为优质的电池解决方案,而新能源汽车生产企业则可以为锂电池生产企业提供关于电池使用和性能的反馈。通过这种双向交流,企业能够更好地理解市场需求,并及时调整生产计划。

(2) 强化人才战略支撑

推动高校、企业、科研院所的合作对接,研究符合新形势下新能源汽车产业的相关课程,鼓励高校设置相关专业,扩大招生规模,对开设新能源汽车产业相关专业的院校给予经费支持和倾斜,培养出既懂技术又具备市场意识的人才,进一步推动整个行业的发展。

(3) 加大研发投入

企业应加大对电池能量密度、功率密度、充电速度等关键性能指标研究的投入。同时,锂电池的安全性始终是行业关注的重点,企业应投入资源进行电池安全性技术的研究,包括防火防爆技术、过充保护、温度管理系统的开发等。

参考文献

张婧男:《不同等级城市的居民新能源汽车采用意愿驱动机理及助推策略》,博士学位论文,中国矿业大学,2023。

刘媛清:《家用新能源汽车与燃油汽车全生命周期成本比较研究》,硕士学位论文,江苏科技大学,2023。

蒲光宇:《新能源汽车补贴政策、需求替代与产业发展》,博士学位论文,东北财经大学,2023。

程启星:《政府补贴对中国新能源汽车企业研发投入的影响研究》,硕士学位论文,广西师范大学,2022。

耿承文:《充电基础设施对我国新能源汽车推广的影响》,硕士学位论文,河南大学,2021。

吕霜:《成都市新能源汽车充电基础设施建设存在问题及对策研究》,硕士学位论文,四川大学,2023。

杨逸:《基于市场细分的比亚迪新能源汽车营销策略优化研究》,硕士学位论文,西南大学,2022。

陆晓骏、成常杰:《基于多元线性回归与ARIMA组合模型在热轧现货价格预测中的应用》,《信息与电脑》(理论版)2022年第5期。

何春丽:《新能源汽车市场需求与政策导向研究》,博士学位论文,西南财经大学,2020。

武晓琼:《新能源汽车产业发展模型构建与政策仿真研究》,硕士学位论文,内蒙古工业大学,2019。

B.16 提升郑州国家中心城市核心竞争力研究

靳伟莉　张朋　曹青梅　杨浩东　崔君华　曹雷　付亚楠*

摘　要： 本文依据郑州主要经济社会运行数据，结合其他国家中心城市发展现状，深入分析郑州核心竞争力在固有竞争力、引领竞争力、综合竞争力和未来竞争力四个方面的优势，指出当前存在首位度层次低，辐射能级较弱；城市名片缺乏，品牌知名度低；创新能力有待加强，创新驱动面临挑战；城市建设尚有短板，公共服务存在差距；开放程度不高，国际竞争力不强等短板不足，提出加大资源整合力度，优化产业布局；实施品牌创建行动，打造城市形象标识；提升城市品质能级，打造幸福宜居之城；深化对外交流合作，提高国际竞争力等建议。

关键词： 国家中心城市　核心竞争力　城市品牌　郑州

党的二十大报告强调，要深入实施区域协调发展战略，推进以人为核心的新型城镇化，加快转变超大特大城市发展方式。习近平总书记在上海考察时提出要着力提升城市能级和核心竞争力，为国家中心城市发展指明了方向。2016年郑州被国务院批复为国家中心城市，与北京、天津、上海、广州、重庆、成都、武汉、西安并列为九大国家中心城市。河南牢牢

---

* 靳伟莉，河南省地方经济社会调查队城市发展调查室副主任；张朋，河南省地方经济社会调查队城市发展调查室一级科员；曹青梅，河南省地方经济社会调查队郑州分队队长；杨浩东，河南省地方经济社会调查队郑州分队综合调查科科长；崔君华，河南省地方经济社会调查队郑州分队区域调查科副科长；曹雷，河南省社会科学院统计与管理科学研究所高级统计师；付亚楠，河南省地方经济社会调查队郑州分队区域调查科干部。本文数据主要来自各城市国民经济和社会发展统计公报、政府工作报告等，特此说明。

把握高质量建设国家中心城市总体要求,明确郑州建设国家中心城市的六个定位。[①] 郑州凭借其优越的地理区位、广阔的腹地市场、丰富的人力资源、厚重的文化底蕴,构建坚实的发展基础。本文通过大量翔实的数据资料,客观全面地分析了郑州核心竞争力优势和劣势,针对性地提出提升郑州核心竞争力的途径。

一 城市核心竞争力的内涵

城市核心竞争力是一个城市在经济、社会、文化、生态等多个方面拥有的特质资源优势,能够创新性地开发利用并与其他资源进行高效协调和有效配置,是一个城市发挥特质资源禀赋、促进经济社会高质量发展、领先竞争对手,能够在区域乃至全球范围内脱颖而出的动力。研究城市核心竞争力,有利于城市在纵向发展中发挥城市核心优势,在横向对比中明确自身定位,形成差异化、错位化发展路径,对城市对标国际最高标准、最好水平建设卓越的全球城市具有重要意义。经研究分析,本文将城市核心竞争力分为固有竞争力、引领竞争力、综合竞争力和未来竞争力四个层次。

固有竞争力是指一个城市天然形成的或历史长期积累的独特且稳固的基础特质,能够为城市在长期的发展和竞争中提供持续动力和坚实支撑,具体包括区位、交通、物流、历史文化等。

引领竞争力是指一个城市通过创新驱动、产业升级、人才集聚、开放合作等手段,在产业和人才等领域形成的独特竞争优势,展现出的领先能力和影响力,具体包括产业体系、创新能力、人才资源等。

综合竞争力是指一个城市在公共服务、社会治理、生态环境、发展活力等多维度拥有的整体实力,具体包括营商环境、城市承载力等。

---

① 郑州建设国家中心城市的六个定位:国际综合枢纽、国际物流中心、国家重要的经济增长中心、国家极具活力的创新创业中心、国家内陆地区对外开放门户、华夏历史文明传承创新中心。

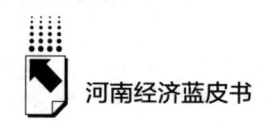

未来竞争力是指一个城市面对未来挑战和机遇，在把握国家政策和发展趋势方面展现出的未来发展潜力和领先优势，具体包括国家重大战略部署、城市未来发展规划等。

二 郑州国家中心城市核心竞争力优势分析

郑州作为国家中心城市，承担引领区域发展、参与国际竞争、代表国家形象的责任，要更加注重挖掘和发挥自身优势，提升核心竞争力。郑州核心竞争力优势主要体现在地理区位优越、枢纽作用凸显、文化底蕴深厚、人口腹地广阔、产业体系完备、市场活力迸发、承载能力稳固等方面。

（一）固有竞争力优势分析

1.地理区位优越，交通体系完备

区位优势明显，郑州地处嵩山东麓、黄河之滨，居中华腹地，是沟通华北、华东、华中、西北的重要节点，是河南省会与中原经济区的核心城市。郑州与长三角、京津冀、长江中下游、关中平原城市群相连接，拥有广阔的市场腹地，武汉市600公里范围内仅有长三角地区，对其依附较大；西安地理位置靠西，距离长三角、珠三角经济圈较远，辐射范围内人口规模有限。

"枢纽之城"优势显著，郑州基本建成"公路+铁路+高铁+航空"的综合交通枢纽，是全国12个最高等级国际性综合交通枢纽之一。郑州在全国率先建成"米"字形高铁网，是全国普通铁路和高速铁路网中的"双十字"中心，2小时高铁圈可覆盖国内4亿人口的生活和消费，5小时高铁旅程可抵达136个城市。郑州新郑国际机场为4F级别机场，是全国重要的航空枢纽之一，航线网络覆盖了全国主要城市以及亚洲、欧洲、美洲、非洲等多个国家和地区。

2.物流体系全面，枢纽作用凸显

郑州依托得天独厚的区位交通优势，构建"通道+枢纽+网络"现代物流运行体系，深度融入全球产业链与供应链网络，努力打造全国物流枢

纽，高标准建设现代化、国际化、世界级物流枢纽。郑州建成"2+2+9"口岸体系①，是我国功能性口岸数量最多、功能最全的内陆城市，2024年，郑州机场实现货邮吞吐量突破80万吨；2023年，郑州北站日均办理货车24000辆左右，全路10%的货物列车需要在这里进行技术作业，是亚洲最大的铁路枢纽编组站；作为中东部唯一货物集结中心，郑州中欧班列年超2800班，总量突破1万列；2023年，物流业增加值达1125.2亿元，物流企业法人单位8000余个，从业人员28万余人。

3.历史遗迹丰富，文化底蕴深厚

郑州是华夏文明的重要发祥地，是中国八大古都之一、国家历史文化名城、国家重点支持保护的全国六个大遗址片区之一。郑州拥有登封"天地之中"历史建筑群和中国大运河郑州段2项世界文化遗产，周公测景台、嵩阳书院、郑州二七罢工纪念塔和纪念堂、郑州会议旧址等不可移动文物1万余处，其中全国重点文物保护单位83处，在国家中心城市中居第2位，仅次于北京。

郑州拥有丰富的人文资源，是海内外炎黄子孙的"寻根祭祖"之地，"功夫"是中国最响亮的国际名片之一，"禅"文化深远影响了东亚各国文化的发展；血与火炼成的"二七精神"化为二七罢工纪念塔在市中心耸立，激励郑州人再创辉煌。郑州通过深挖文化资源，推动文化旅游产业产品创新，2023年，郑州入选文化和旅游部公布的全国旅游演艺精品项目数量位居国家中心城市之首。

（二）引领竞争力优势分析

1.产业布局优化，特色产业引领

郑州践行新发展理念，大力培育新质生产力，推进传统产业从产业链低端走向高端，形成了传统产业活力焕发、战新产业蓬勃发展、未来产业率先

---

① 航空、铁路2个一类口岸，新郑、经开2个综保区；9个口岸：进境水果指定口岸、汽车整车进口口岸、河南进口肉类指定口岸、进境粮食指定口岸、进境冰鲜水产品指定口岸、进境食用水生动物指定口岸、邮政国际邮件经转口岸、澳洲活牛进口指定口岸、药品口岸。

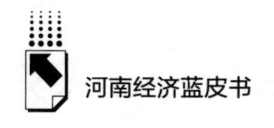

突破的良好局面。

郑州持续推动设备更新、技术改造、智能化改造等项目备案，促进传统产业提质增效，向"新"而生。2024年上半年，郑州规上工业增加值同比增长12.0%，创三年同期数据新高。战新产业发展态势良好，积极布局未来产业。2023年，郑州六大主导产业对规上工业增加值增长的贡献率为92.3%，汽车及装备制造业、铝及铝精深加工产业、电子信息工业等战新产业增加值分别同比增长30.4%、16.1%、13.5%；2024年前三季度，郑州汽车产量69.12万辆，增速为83.5%，新能源汽车产量36.17万辆，增速为901.9%，成为新能源汽车之都争夺战中最大黑马，已建成各类数据中心38个，算力规模约6200P，国家超算互联网核心节点建设有序推进。

特色产业尖兵突破。2023年，郑州智能传感器、汽车、现代食品与加工三个集群入选全国百强产业集群；宇通新能源客车产销规模全球领先，大中型客车连续21年全国第一，全球占有率超10%；郑州超硬材料行业发展迅猛，培育钻石产量占全国1/3以上；郑州智能传感谷居全国传感器十大园区，气体传感器国内市场占有率达75%，气体检测仪表国内市场占有率达15%，均居全国首位，形成了以高新区为核心的"一核多点"产业空间布局。

2.人口腹地广阔，人才量质齐升

郑州人口腹地广阔。2023年，中原城市群常住人口超1.6亿人，河南常住人口近1亿人，给郑州未来发展带来了充沛的人力资源潜力。第七次全国人口普查数据显示，郑州2020年常住人口比2010年增加397.4万人，增量位居全国各大城市第5位。2023年，郑州常住人口比上年增加18.0万人，是"北方人口增量第一城"，在国家中心城市常住人口增量中居首位。

郑州劳动力人口占比合理，人口素质提升明显，引才留才效应明显。截至2023年末，全市16~59岁人口为872.6万人，占比67.1%，为郑州提供了丰富的劳动力资源；"七普"数据显示，郑州每10万人中拥有大学文化程度的为28992人，比2010年增长53.03%；郑州有普通高等学校74所，高等教育在校生数为175.11万人，居全国前列；2023年共引进培育顶尖人才94名、各类高层次人才1566名，在郑院士达到84人；"双拎"服务体系持续完善，2023年吸引留郑大学生22.7万人，2022年、2023年两年累计40万人以上。

（三）综合竞争力优势分析

1. 营商环境改善，市场活力激发

郑州全面开展营商环境综合配套改革，着力打造"近悦远来"的营商环境，助力民营企业发展，促进对外交流合作。郑州已建成政务服务统一预约平台，"一网通办、一次办成"政务服务改革实践入选全国智慧城市运营典型案例；"打造高效智能办税链"作为典型案例在全国推广；政务服务不断优化，网上审批可办率达90%以上，不见面事项覆盖率达80%以上。

2023年，郑州新登记市场主体43万户，市场主体总量超200万户，其中民营企业80.59万户，占企业总量的92.2%，全市规上工业同比增长12.8%，工业投资增长31.1%，增速均居9个国家中心城市第1位。河南自贸试验区郑州片区注册企业突破9万家，新郑综保区进出口规模居全国第1位。成功举办全球豫商大会、中国侨商投资（河南）大会、全球跨境电商大会等，为外商投资和国内资本对外合作提供了平台，截至2023年底，在郑世界500强企业达到113家。

2. 发展基础扎实，承载能力稳固

郑州坚定走内涵式、集约型、绿色化的城市发展路子，城市建设布局不断完善，城市功能有机更新，凝聚起城市扩容提质的强大动能。

空间承载力多维度增强。2023年郑州中心城区城市建成区面积796.70平方公里，比上年增加22.38平方公里，市域城市建成区面积1412.22平方公里，比上年增加27.71平方公里，开辟了新的发展空间；产业结构提质增效，建成区单位土地面积GDP产出不断提升，高效利用现有空间；《郑州市城市更新条例》施行，立法助推城市更新，优化存量空间。

生态承载能力提升。郑州2023年城市宜居指数排名全国第16，是长江以北唯一获评"国家生态园林城市"的省会城市。截至2023年底，建成区绿化覆盖率达到41.6%，建成各类公园游园1200个；空气质量不断改善，

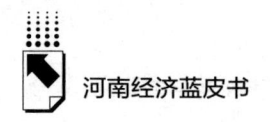

2023年城市空气质量优良天数226天，增长1.8%；$PM_{2.5}$平均浓度为43微克/立方米，比上年下降4.4%；开展"郑点亮""郑路平""郑好停"专项行动，城市精细化管理水平不断提升。

人口承载能力有效改善。着力打造便民生活圈，2023年建成20家标准化农贸市场、300家"微菜场"，金水区1470个"一刻钟便民服务圈"便民服务网点进行了统一挂牌；南部片区、高新区南水北调水源通水，新增受益人口130万人；全市燃气用户安全装置加装基本实现全覆盖。"便民就医少跑腿"七项举措的推行，使门诊患者院内停留时间缩短1小时以上。

（四）未来竞争力优势分析

1. 国家战略支撑，助推城市发展

郑州居中部地区崛起和黄河流域高质量发展两大国家战略交汇处，是郑州都市圈和中原城市群的核心城市，承担着加强都市圈之间协调联动，更好辐射带动周边地区发展的使命。郑州航空港经济综合实验区、郑洛新国家自主创新示范区、中国（河南）自由贸易试验区、中国（郑州）跨境电子商务综合试验区的落地，为郑州产业集聚、创新驱动、对外开放、枢纽建设等提供了政策支撑。这些战略规划各有侧重、相辅相成，为郑州高质量发展带来了前所未有的发展机遇。

2. 省级政策配套，郑州稳步推进

国家战略的落地离不开地方的支持，郑州作为中央明确支持建设的国家中心城市，被河南省委赋予"当好国家队、提升国际化，引领现代化河南建设"的重任。郑州国家中心城市获批建设后，河南省委省政府印发《关于支持郑州建设国家中心城市的若干意见》；2024年，河南省出台郑州都市圈一揽子规划；《河南省国土空间规划（2021~2035年）》明确提出各类生产要素向郑州国家中心城市和郑州都市圈等优势地区集聚，形成推动高质量发展的区域增长极。一系列配套政策，助力郑州培育发展新质生产力，统筹产业链群协作，强化龙头带动作用。

三 郑州国家中心城市核心竞争力存在的短板及劣势分析

郑州国家中心城市战略定位高，核心竞争力优势明显，作用发挥突出，但也呈现首位度层次低，辐射能级较弱；城市名片缺乏，品牌知名度低；创新能力有待加强，创新驱动面临挑战；城市建设尚有短板，公共服务尚有差距；开放程度不高，国际竞争力不强等短板弱项。

（一）首位度层次低，辐射能级较弱

2023年，郑州GDP为13617.80亿元，在国家中心城市中排名第8，仅比西安市多1607亿元；第三产业增加值占比59.28%，排名第8。从首位度看，2023年郑州经济首位度为23.03%，成都、武汉、西安均在35%以上；郑州人口首位度为13.25%，在非直辖市中排名末位，比广州低1.57个百分点，而西安、成都、武汉则已分别达到33.10%、25.58%、23.59%。郑州经济、人口首位度与其他国家中心城市相比均有一定差距，区域中心辐射力和带动力有限（见图1）。

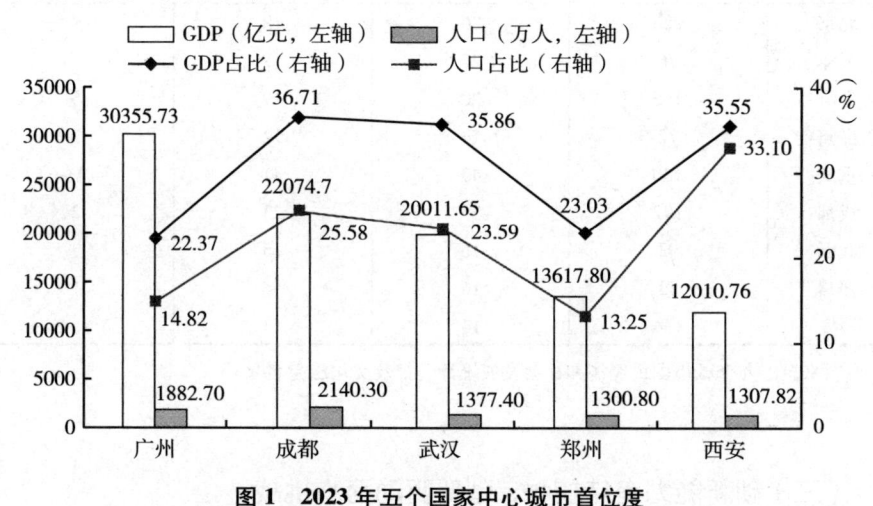

图1 2023年五个国家中心城市首位度

资料来源：根据五个城市及其所在省份国民经济和社会发展统计公报数据计算得出。

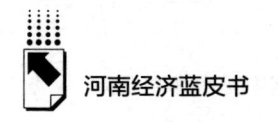

（二）城市名片缺乏，品牌知名度低

郑州历史文化底蕴深厚，枢纽性突出，多类产业产品市场占有率高，但存在文旅文化资源挖掘不够深入，产业知名品牌少、影响力不足，缺乏鲜明响亮的城市名片和品牌形象等问题。文化创新融合发展不足。截至2023年末，郑州公共图书馆、博物馆、5A级景区数量在国家中心城市排名均不靠前（见表1），历史地位和文化价值未得到充分展现；文旅文创融合产业产品同质化现象严重，缺乏独特性和持久吸引力的文化品牌。郑州产业品牌定位模糊，特色不够突出，缺乏高端产品。在网络传播、新媒体宣传推广等方面，品牌建设相对滞后，未充分利用现代传播手段提升品牌影响力。缺乏鲜明的品牌形象和响亮的口号。相较于北京的长城和故宫、上海的东方明珠、西安的兵马俑、成都"天府之国，美食之都"的美誉，郑州以绿地中心千玺广场、二七罢工纪念塔为代表的城市文化名片知名度不高。

表1　2023年九个国家中心城市相关文化旅游指标

单位：个

城市	博物馆数量	公共图书馆数量	文化馆数量	5A级景区数量
北京	226	20	18	9
天津	76	20	17	2
上海	165	20	19	5
广州	72	14	12	2
重庆	130	43	41	11
成都	192	23	23	2
武汉	93	16	15	3
郑州	53	16	14	1
西安	134	14	13	5

资料来源：九个城市国民经济和社会发展统计公报及文化旅游名录。

（三）创新能力有待加强，创新驱动面临挑战

R&D经费投入和强度不足。2023年，郑州R&D经费投入369.77亿元，

居九个国家中心城市末位；R&D投入强度为2.72%，居九个国家中心城市第8位，仅高于重庆。创新主体与其他国家中心城市有较大差距，产学研转化基础较弱。2023年，郑州有国家级高新技术企业5844家，为武汉的40.3%、北京的20.7%；技术合同成交额655亿元，为九大国家中心城市中两个未突破千亿元的城市之一，不足北京的一成，发明专利有效量38563件，居九大国家中心城市末位。

（四）城市建设尚有短板，公共服务存在差距

郑州综合承载力基础扎实，但在居民收入、城市环境、教育资源供给、基础设施建设等方面还存在短板。

一是居民收入还有待提高，2023年郑州居民人均可支配收入43785元，在国家中心城市中排名第7。

二是生态环境问题依然严峻，郑州煤炭开采、化工制造、有色金属冶炼等高耗能、高污染行业仍有较大比重，对人居环境造成负面影响；人均公园绿地面积、城区绿化覆盖率、固体废物综合利用率等指标在国家中心城市中均处于中下游。

三是教育资源供给质量不足，经费较低。2023年，郑州有普通高等学校数74所，居国家中心城市第4位，无教育部直属高校，在校研究生数仅7万人，不到西安的一半；郑州有各级各类学校3844所，在校生442.97万人，教育支出252.1亿元，居国家中心城市第8位，生均教育经费较低。

四是城市基础设施建设亟须升级。截至2023年底，郑州人均道路面积仅为10.35平方米，居国家中心城市第7位，比全国平均水平低9.37平方米；建成区供水管道密度为9.45公里/平方公里，居国家中心城市第8位；排水管道密度为8.56公里/平方公里，居国家中心城市末位。

（五）开放程度不高，国际竞争力不强

郑州因交通、经济、文化方面的独有竞争力，对外经济发展态势总体良好，但还存在一些不足。

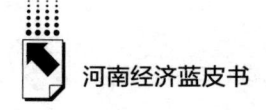

一是对外贸易水平不高，2023年郑州进出口总值为5522.3亿元，在国家中心城市中排名第7，与北京、上海、广州相比还存在较大差距（见图2）。

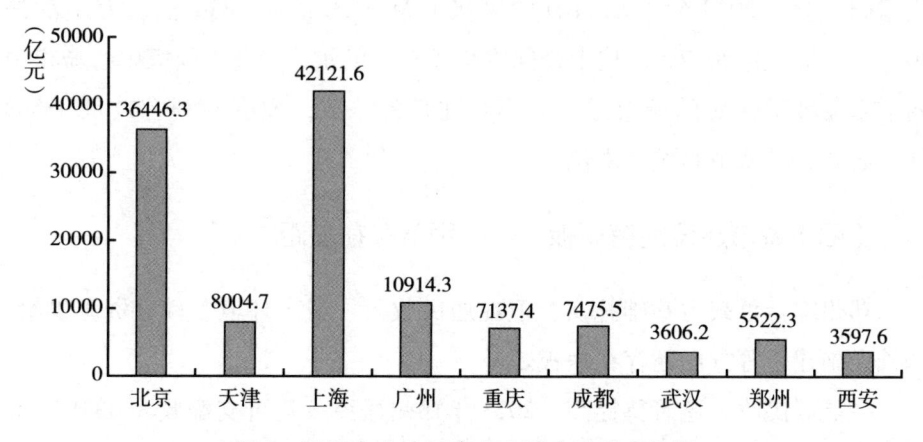

图2 2023年九个国家中心城市进出口总值

城市	进出口总值（亿元）
北京	36446.3
天津	8004.7
上海	42121.6
广州	10914.3
重庆	7137.4
成都	7475.5
武汉	3606.2
郑州	5522.3
西安	3597.6

资料来源：九个城市国民经济和社会发展统计公报。

二是外贸结构不够优化，高端制造业和现代服务业发展水平与国际先进城市相比还有一些差距，高附加值产业占比相对较低。

三是对外开放程度不高，国际吸引力和影响力还需提升，暂无领事馆入驻郑州，承办有影响力的国际会议和赛事数量较少，未进入人力资源和社会保障部发布的2023年度"魅力中国——外籍人才眼中最具吸引力的中国城市"前10位。

四 提升郑州国家中心城市核心竞争力的途径

城市核心竞争力是一个城市创造经济价值和社会价值、提高人民生活质量、推进可持续发展的独特优势。挖掘和培育城市核心竞争力是一项系统复杂的工程，必须因地制宜，因时定策，长期探索，久久为功。提升郑州核心竞争力，要从优化产业布局、打造城市形象标识、提升城市品质能级、提高国际竞争力等方面采取有力措施。

（一）加大资源整合力度，优化产业布局

郑州要根据资源禀赋，加大资源整合力度，进一步优化产业布局。一是围绕粮食生产核心区建设，着力构建现代特色农业发展格局。二是以创新为支撑，推进工业化与信息化深度融合，大力发展技术含量高、市场潜力大的高成长性新兴产业。三是大力发展现代服务业，依托交通枢纽优势，大力发展现代物流业，依靠历史文化资源，发展文化旅游业，鼓励和支持各类新兴服务业成长壮大。四是促进传统产业转型升级，对传统制造业进行智能化改造和绿色化转型，提高产品附加值。五是抢抓未来产业新赛道，提升产业链水平，重点发展新材料、新能源、新一代信息技术、生物医药等高技术产业，支持集成电路制造等高新技术产业发展。

（二）实施品牌创建行动，打造城市形象标识

加强文旅融合发展，擦亮郑州文旅名片。打造品牌传播矩阵，把文旅产业发展成为战略性支柱产业，以建设"中华儿女的寻根之地、中华文明的朝圣之地、中华文化的体验之地、国学教育的实践之地"为核心，整合郑州本地文化资源，深入推动文旅文创融合发展；擦亮"天地之中、黄帝故里、功夫郑州"城市品牌，推进专题博物馆建设，打造标志性文化地标，构建"博物馆群+大遗址公园"体系；以优质文旅项目为引领，开发有热度、有深度的精品文旅产品，将文化融入整个城市，提升对游客的吸引力；推动文化旅游与其他行业深度融合发展，将文旅产业发展成为郑州的战略性支柱产业。

打造中部食品之城。依托河南农业大省优势，围绕政策支持、软实力提升、壮大市场主体等方面进行强链、延链、补链，形成产业集群。加快品牌建设，聚焦郑州食品重点产业，强化龙头带动作用，在巩固现有品牌地位的同时，培育发展中小特色企业，努力打造更多行业知名品牌，提升食品产业软实力和市场竞争力；打造全食品产业链条，形成以新质生产力为先导、以食品产业为主导的现代化产业体系；全力保障食品质量安全，创新食品安全监管模式，建立完善食品全产业链溯源的安全体系；推动食品产业转型升

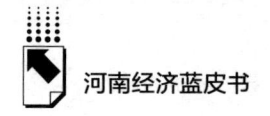

级、优势再造,加大研发投入力度,创造消费体验,提升产品附加值。

大力实施品牌创建行动。打造制造业品牌,引导装备制造业加快提质升级,在重点装备领域培育一批制造标杆品牌、产业集群品牌。打造培育农业品牌,深入实施农业生产"三品一标"提升行动,培育一批绿色优质农产品品牌。打造服务业领域品牌,推动商贸、健康、养老等生活性服务业升级,培育专业度高、覆盖面广、影响力大、放心安全的服务精品,推动形成服务优质、应用面广的在线服务品牌。

(三)提升城市品质能级,打造幸福宜居之城

加强宜居城市建设,不断改善人居环境,有序推进城市更新,持续改善民生福祉。高标准打好蓝天、碧水、净土保卫战,深入实施环境质量持续改善行动计划,加强$PM_{2.5}$和臭氧协同控制,全面推进"无废城市"建设,持续推进国土空间增绿扩绿,践行公园城市理念,促进公园形态与城市空间有机融合,提升居民生活环境满意度。加大对教育、卫生、城市基础设施建设等方面的投入力度,提升居民获得感、幸福感,推动郑州人口持续集聚。

加强韧性城市建设,增强郑州对各类灾害的抵御能力和应对灾害冲击的恢复能力,提升居民安全感。开展安全韧性评估,明确城市建设短板;统筹推进海绵城市建设,构建"洪涝一体"的防洪排涝系统,增强城市应对极端天气的能力;建立安全韧性交通体系,提升交通设施的抗灾应灾能力和交通系统灾害智能监测、预警、响应能力;合理布局应急服务设施,健全应急救援体系,保障城市安全运行。

加强智慧城市建设,推动城市治理体系和治理能力现代化,推动政务服务向主动推送型转变。通过城市大脑建设引领带动数字政府建设,提升城市数字化水平,加强算力在城市管理各方面的应用,持续建设全覆盖的智慧交通服务体系,推动5G医疗健康应用场景示范应用。持续开展制造业数字化转型,推进智慧园区建设,集聚各类数据资源要素,实现基础设施网络化、开发管理信息化、功能服务精细化和产业发展智能化。

（四）深化对外交流合作，提高国际竞争力

加大重点领域改革。动态调整投资负面清单，提升行政审批效能，推进金融改革，拓展融资渠道，健全科技金融协同机制，促进要素产业发展；持续提升市场运营水平和法治化、国际化、数字化水平，打造功能互补、内外联通的多层次资本市场。强化自贸试验区引领作用。对接国际高标准经贸规则，构建"全域自贸"创新发展体系；积极引进国际知名航司和大型物流集成商，培育壮大本土货运航司，推进国家综合货运枢纽补链强链，建设郑州航空邮件处理中心；完善国际线路网络，提速中欧班列集结中心建设，建设郑州无水港，推动运贸产联动发展，培育外贸新动能，拓展延伸郑州开放通道。加大对外宣传力度。利用知名展会和重大活动，积极承办国际会议赛事，大力开展全球招商，提升招商引资质效。构建对外宣传矩阵，多渠道宣传郑州文化，直接触达国际受众，提高郑州国际影响力。

B.17
河南省全面推进黄河重大国家战略问题研究

赵新池 李子君 郝占业 王军美[*]

摘　要： 黄河流域生态保护和高质量发展是事关中华民族伟大复兴的千秋大计。河南省地处黄河中下游，是千年治黄的主战场、沿黄经济的集聚区、黄河文明的孕育地，在推动黄河战略落地落实中责任重大。本文梳理和总结了2020~2023年河南省在生态环境保护、保障黄河安澜、优化水资源利用、促进经济高质量发展、增进民生福祉以及保护传承弘扬黄河文化等方面取得的成效，深入挖掘全省在推动黄河战略中存在的问题和短板，最后提出了相应的建议：加强生态资源保护修复，持续改善生态环境；完善抗旱防汛防御体系，保障黄河长治久安；加强水资源精细化管理，促进水资源节约高效利用；加快发展新质生产力，实现经济绿色低碳全面转型；加强民生工程建设，补齐民生短板。

关键词： 黄河流域　生态保护　水资源利用　黄河文化

五年来，河南省委省政府牢记习近平总书记嘱托，全面贯彻习近平总书记关于黄河流域生态保护和高质量发展重要讲话指示批示以及党的二十大和二十届三中全会精神，认真落实国家《黄河流域生态保护和高质量发

---

[*] 赵新池，河南省地方经济社会调查队第二产业调查室主任；李子君，河南省地方经济社会调查队第二产业调查室副主任；郝占业，河南省地方经济社会调查队第二产业调查室二级调研员；王军美，河南省地方经济社会调查队第二产业调查室三级主任科员。本文所有数据来源于黄河流域生态保护和高质量发展统计监测，由相关部门提供，部分为有关部门的快报数据，特此说明。

展规划纲要》和《河南省黄河流域生态保护和高质量发展规划》，坚持"生态优先、绿色发展"，牢牢把握共同抓好大保护、协同推进大治理的战略导向，统筹推进、综合施策，多部门联合发力，生态环境不断向好发展，高质量发展成就斐然，民生福祉愈发殷实丰厚，文化事业绽放璀璨光彩，协同治理体系正在加速构建成形，不断开创黄河流域生态保护和高质量发展新局面。

一 以科学规划为引领，不断健全河南省黄河流域生态保护和高质量发展体制机制

河南省积极对接国家战略，坚持高位推动，优化顶层设计，成立了由省委书记、省长任双组长的黄河流域生态保护和高质量发展领导小组，建立了以规划为统领、以专项规划为支撑的政策体系，不断健全黄河流域生态保护和高质量发展体制机制，强化政策落地见效。

2021年6月制定印发了《河南省黄河流域生态保护和高质量发展规划》，以规划为根本遵循，构建了"1+N+X"政策体系。近年来，印发实施了河南省黄河流域国土空间、生态环境保护、滩区国土空间综合治理、水安全保障、文物保护利用、文化保护传承弘扬等专项规划，出台了黄河流域生态廊道建设、水污染物排放等标准规范，政策上的"四梁八柱"基本建立。省人大常委会颁布《关于促进黄河流域生态保护和高质量发展的决定》，省高院发布《关于服务保障〈河南省黄河流域生态保护和高质量发展规划〉实施的意见》，为政策实施提供了有力保障。

二 河南省在实施黄河国家战略中取得的阶段性成效

（一）保护治理齐抓共管，生态环境持续优化

1.深入推进生态保护修复，生态系统稳定提升

深入贯彻习近平生态文明思想，坚持"系统治理、综合治理、源头治

理",实施山水林田湖草沙一体化保护和系统治理,持续推进国土面积绿化行动和下游生态廊道建设;以湿地公园建设为重点,不断完善湿地保护体系;积极开展生态流量保障工作,生态系统稳定提升。截至2023年,河南省黄河流域①已建成国家森林城市14个。2023年,河南省黄河流域湿地面积546.94千公顷,比2020年增加61.10千公顷;水土保持率达到87.5%,比2020年提高0.8个百分点;黄河(河南段)干流和9条重点支流重要控制断面生态流量全部达标。

2.加大污染防治力度,生态环境明显改善

深入打好"蓝天、碧水、净土"污染防治攻坚战,持续开展生态环境质量稳定向好"十大行动"。开展黄河流域"清废行动",实施"净水入黄河"工程,在省内建立黄河流域横向生态补偿机制,并与山东省签署《黄河流域（豫鲁段）横向生态保护补偿协议》,确保"净水出中原"。对大气重点污染物排放实行总量控制,推进化肥、农药减量增效行动,河南省黄河流域地表水水环境、大气环境、土壤环境得到明显改善。2023年,河南省黄河流域35个国控断面Ⅰ~Ⅲ类水质断面比例达到91.4%,高于全省平均水平8.4个百分点,比2021年提高5.7个百分点,黄河干流已连续4年保持Ⅱ类水质;城市空气优良天数比率达65.8%,比2020年提高0.8个百分点;$PM_{2.5}$年平均浓度为46.20微克/立方米,比2020年下降11.5%;农用化肥施用折纯量、农药使用量分别比2020年减少9.9%、12.2%;县级及以上城市建成区医疗废物无害化处置率达100%。

（二）黄河安澜进一步增强,水资源利用更加高效

1.加强防洪减灾体系建设,黄河安澜进一步增强

完善防洪预警体系。大力推进"数字孪生黄河"建设,强化"模型黄

---

① 本文所指河南省黄河流域为国家《黄河流域生态保护和高质量发展规划纲要》确定的黄河干支流流经和受水的15个地市,包括郑州市、开封市、洛阳市、平顶山市、安阳市、鹤壁市、新乡市、焦作市、濮阳市、许昌市、三门峡市、南阳市、商丘市、周口市和济源示范区。其中,Ⅰ~Ⅲ类水质断面比例、5级及以上堤防达标率的范围为黄河干支流流经的10个地市。

河"建设和运用，通过类似全景建模的智能手段，构建拟真的数字化场景，实时监测黄河坝石、坝体、河道及水文变化，及时洞察险情，提高了黄河防汛工作的智能化、精准性。

加强防洪工程建设。建立"上拦下排、两岸分滞"防洪体系，开展河道清淤、"清四乱"和滩区居民迁建，加快黄河干支流5级及以上达标堤防建设，提高河道过流和泄洪能力。统一黄河干支流调水，持续开展调水调沙，减少河道泥沙，黄河安澜作用进一步增强。截至2023年，河南省已经完成30万滩区居民外迁，且经过历次调水调沙，黄河下游河道平均下切3.1米，"悬河"态势得到初步遏制。2023年，河南省黄河流域5级及以上堤防达标率为82.8%，比2020年提高0.3个百分点。

2. 深入实施节水控水，水资源利用效率提高

坚持"四水四定"，实行最严格的用水管理制度，深入实施节水控水行动，积极发展高效节水农业，提高工业重复水利用率，建设节水企业、节水高校、节水城市。截至2023年，河南省黄河流域已建成郑州市、开封市、平顶山市、鹤壁市、许昌市、济源示范区6个国家节水型城市。2023年，河南省黄河流域万元GDP用水量、万元工业增加值用水量分别较2020年下降22.6%、53.1%；城市公共供水管网漏损率平均降低到7.1%。2023年，河南省农田灌溉水有效利用系数达到0.627，比2020年提高0.010。

（三）着力增强内生动力，高质量发展扎实推进

1. 经济运行平稳，综合实力不断增强

坚持稳中求进工作总基调，锚定"两个确保"，深入实施"十大战略"，扛稳粮食安全责任，加快推进"7+28+N"产业链群建设，推动重点产业强链补链延链，培育发展新动能，不断优化产业结构，经济发展稳中向好。2023年，河南省GDP达到59132.39亿元，人均GDP突破6万元，达到60073元，2020~2023年GDP年均增速为4.2%；三次产业结构从2020年的9.9∶40.9∶49.2调整为9.1∶37.5∶53.4，第三产业占GDP的比重超过50%。2023年，河南省高技术产业增加值占规模以上工业增加值比重、战

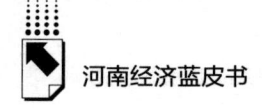

略性新兴产业总产值占规模以上工业总产值比重分别比2020年提高2.5个和3.6个百分点，创新驱动力不断增强；粮食总产量达6624.27万吨，约占全国的1/10，已连续7年保持在6500万吨以上，农业基础地位稳固。

2.新发展格局加快构建，质量效益再上新台阶

贯彻新发展理念，构建新发展格局，把科技创新作为引领发展的第一动力，着力推动科技创新平台建设，积极建设国家创新高地；扩大对外开放格局，积极打造内陆开放新高地；大力发展可再生能源，加快能源绿色低碳转型；扩容郑州都市圈，构建"一主两副、四区协同、多点支撑"的空间格局，推动区域协调发展，增强发展质效。2023年，河南省R&D经费投入达到1211.66亿元，R&D经费投入强度达到2.1%，比2020年提高0.4个百分点；技术合同成交额达到1367.42亿元，是2020年的3.56倍；货物进出口总额8108.42亿元，比2020年增长21.4%；可再生能源装机总量达到6706.46万千瓦，比2020年增长106.3%；城乡居民可支配收入之比为2.01，比2020年缩小0.15。

（四）夯实民生工程，人民共享发展成果

1.加大惠民支出力度，群众获得感更强

坚持"取之于民、用之于民"，河南省约75%的财政支出用于教育、住房保障、交通运输、卫生健康、社会保障和就业等民生工程，群众的获得感不断提升。2023年，河南省地方一般公共预算支出11052.54亿元，比2020年增长6.6%。其中，教育支出、卫生健康支出、社会保障和就业支出分别比2020年增长5.9%、5.1%和22.7%。

2.加大交通基础设施投资力度，群众生活品质更高

持续加大交通基础设施投资力度，扩机场、建高铁、强公路，不断完善现代综合交通体系，交通运输、邮电通信服务能力不断增强。2022年6月，河南省已率先建成"米"字形高铁网，实现"市市通高铁"。2023年，河南省旅客周转量、货物周转量分别达到1496.20亿人公里、12228.82亿吨公里，分别比2020年增长61.4%、38.4%；邮政行业寄递业务量达到76.64

亿件，比 2020 年增长 63.3%；互联网宽带接入用户 4260.56 万户，比 2020 年增长 37.8%。

3. 健全社会保障体系，群众幸福底色更浓

围绕全覆盖、保基本、多层次、可持续的目标，完善健全社会保障体系。2023 年，河南省城镇新增就业 119.32 万人，完成年度目标；医疗卫生机构 8.50 万个，比 2020 年增长 13.9%；每千人口拥有执业（助理）医师数 3.53 人，比 2020 年增长 27.0%；年末基本养老保险参保人数 7858.29 万人，比 2020 年增长 4.7%。

（五）赓续黄河文脉，黄河文化价值日益彰显

1. 加强文化遗产保护，保护管理利用水平不断提高

不断完善文物保护机制，加强文物资源整体性、系统性、科学性保护，建设全省"三门峡—洛阳—郑州—开封—安阳世界级大遗址走廊"，系统推进历史文化遗产的保护和利用，文化保护成果丰硕。截至 2023 年，河南省拥有世界文化遗产 5 处、国家级非物质文化遗产 125 个，列入联合国教科文组织非遗名录册项目 6 个。2023 年河南黄河流域拥有省级及以上文物保护单位达到 1652 个，比 2020 年增长 22.8%。

2. 深挖黄河文化资源，文旅融合发展成效明显

依托文化资源优势，深入实施文旅文创融合战略，不断擦亮"行走河南·读懂中国"品牌，利用古都、遗址、博物馆等文化资源，打造黄河文化旅游线路产品。深入挖掘传统文化，创新性推出《唐宫夜宴》、"中国节日"系列节目等大 IP 作品，河南博物院推出的"考古盲盒"文创产品爆火，博物馆热、文创热、汉服热等成为旅游新风尚。通过数字赋能，不断催生新业态、新场景，增强游客的体验感，进一步弘扬黄河文化，实现"以文塑旅，以旅彰文"。2023 年，河南省接待国内游客达到 9.95 亿人次，比 2020 年增长 80.7%，旅游总收入达到 9645.60 亿元，恢复到了 2019 年水平。

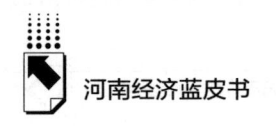

三 河南省黄河流域生态保护和高质量发展存在的问题

（一）生态环境质量有待进一步提升

河南具有产业结构偏重、能源结构偏煤、交通运输结构偏公路等特点，区域污染物排放量偏大，空气污染较严重，滩区河道"四乱"时有发生，蟒河、金堤河等部分支流水环境仍然较差。2023年河南省黄河流域国控断面水质优良比率为91.4%，在沿黄九省（区）中居第6位；城市空气质量优良天数比率为65.8%，连续4年在沿黄九省（区）中居第8位，低于全国平均水平19.7个百分点；$PM_{2.5}$为46.20微克/立方米，在沿黄九省（区）中$PM_{2.5}$数值最大，高出全国平均水平54.0%。

（二）洪水威胁尚未得到根本解决

黄河（河南段）水沙关系不协调、地上悬河、二级悬河形势严峻等问题尚未从根本上得到解决。黄河（河南段）从河南郑州桃花峪开始形成"地上悬河"，河床平均高出两岸地面4米到6米，最大悬差20米，河道宽浅散乱，河势游荡多变，历史上2/3的决口发生在河南。目前，小浪底至花园口区间还有1.8万平方公里的无工程控制区，洪水预见期短。当前，河南省仍有数十万群众生活在黄河滩区，汛期洪水对百姓生命财产威胁较大，防汛抗旱工程建设有待加强。

（三）水资源矛盾问题依然突出

黄河水资源有限，多年平均天然河川径流量580亿立方米，只相当于长江年径流量的1/20。2023年，河南省水资源总量472.33亿立方米，人均水资源量481.23立方米，仅为全流域平均水平的2/5，不足全国平均水平的3/10，属于极度缺水地区。河南以全国1/70的水资源量，保障了全国1/14的人口用水，生产了全国1/10的粮食，支撑了全国1/18的经济总量，伴随着河南经济社会的发展和城镇化进程的加快，用水需求日益增长，水资源供需矛盾依然突出。

（四）高质量发展不平衡不充分

当前，河南省经济发展相对较缓慢，部分经济指标低于全国平均水平，地市间、城乡间差异不平衡不充分问题依然比较突出。2023年，河南省人均GDP为60073元，仅相当于全国平均水平的67.2%，只有济源示范区、郑州高于全国平均水平，有7个地市人均GDP不足5万元。其中，人均GDP最高的济源是最低周口的2.83倍。2023年，河南省R&D经费投入强度为2.1%，低于全国平均水平0.6个百分点。其中，洛阳市、济源示范区R&D经费投入强度超过3.0%，开封、商丘、信阳、驻马店投入强度不足1.0%。2023年，河南省居民人均可支配收入、人均消费支出分别为29933.00元和21011.00元，仅相当于全国平均水平的76.3%和78.4%；城乡居民可支配收入比为2.01，有洛阳市、平顶山市、濮阳市、商丘市、周口市、驻马店市6个地市大于全省平均水平。

（五）人均公共服务水平相对偏低

河南省城镇化水平相对不高，且人口基数大，在教育、医疗卫生、社会保障等方面的人均公共服务水平相对较低。2023年，河南省城镇化率为58.1%，低于全流域平均水平4.0个百分点，低于全国平均水平8.1个百分点；人均教育支出、人均卫生健康支出、人均社会保障和就业支出分别为2030.93元、1162.43元和1968.60元，在沿黄九省（区）中均居第9位；劳动年龄平均受教育年限为10.65年[①]，在沿黄九省（区）中居第5位；每千人口拥有执业（助理）医师3.53人，在沿黄九省（区）中居第5位。

---

① 劳动年龄人口平均受教育年限使用的是2020年第七次全国人口普查数据。

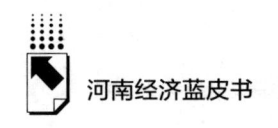

四 河南省全面推进黄河流域生态保护和高质量发展的建议

当前，黄河国家战略已经实施5周年，站在新起点，面对新形势，全省要全面学习贯彻落实习近平总书记重要讲话精神，牢牢把握重在保护、要在治理的战略要求，以进一步全面深化改革为动力，一以贯之抓好高质量发展工作，推动发展方式全面绿色转型，因地制宜发展新质生产力，全面深化改革、扩大开放，着力培育新动能、塑造新优势，奋力在黄河流域生态保护和高质量发展中展现新作为、实现新突破、开创新局面。

（一）加强生态资源保护修复，持续改善生态环境

树立"一盘棋"思想，统筹推进全省中下游、左右岸、干支流的协同治理，共同抓好大保护、协同推进大治理，筹谋实施一批重点生态修复工程，提高生态涵养功能。

一是坚持"在保护中开发，在开发中保护"，建立自然资源开发利用的全过程保护修复机制，实行分级保护、分类治理、分区修复措施，全方位、全地域、全过程、全要素统筹推进生态保护修复。

二是严格贯彻《中华人民共和国黄河保护法》等法律法规，加大普法宣传教育力度，积极引导社会公众参与河湖保护与治理，完善生态环境监管体系，加大对违规排污、超量排放、违规开采等违法行为的监管力度，开展跨区域的联合执法、交叉执法，提升监管效能。

三是加强上下游省域间生态环境治理方面的合作，积极探索多层次、多渠道的碳汇交易模式，统筹推进大开发、大保护。

四是持续打好污染防治攻坚战，加大对重点区域、重点污染源污染物排放的监督管理力度，建立跨地区大气污染联防联控机制，强化区域协同。

（二）完善抗旱防汛防御体系，保障黄河长治久安

一是完善调水调沙体系，深入开展水沙运动与调控、泥沙综合利用等方

面的研究，完善骨干水库体系建设，联合统一调水调沙，提高拦沙输沙能力，解决小浪底调沙后续动力不足的问题。

二是加强标准化堤防建设，持续实施堤防抗冲能力提升工程，加大伊洛河、沁河等重要支流堤防达标建设力度，并做好堤防日常管护、维修养护和绿化，提升防洪保障功能。

三是健全险情预警机制，完善灾害性天气的监测、预警、预报体系，提高科学决策和调度水平，提升汛期应急处置能力。

四是加强下游河道综合治理，通过实施险工加高改建、控导加固改建、控导续建等工程，稳定主河槽，减少游荡范围，增强河流挟沙能力，淤滩刷槽，缓解"二级悬河"形势。

五是积极筹划启动滩区后续迁建工程，让滩区群众彻底摆脱洪水威胁，同时提高滩区河道行洪能力。

（三）加强水资源精细化管理，促进水资源节约高效利用

一是坚持"四水四定"，优化水资源配置，严格水资源取水审批管理，遏制不合理、非法的用水需求，加强用水总量和强度双控。

二是健全水资源在线监测体系，加大对用水取水和地下水资源的在线监控力度，建立预警机制，提高水资源管理的智能化、精细化水平。

三是完善城镇和农村生活污水处理设施，加快补齐城镇污水收集和处理设施短板，持续推进农村生活污水集中收集和处理，因地施策，建立健全农村生活污水排放标准和监管体系，提升城镇和农村生活污水收集处理效能。

四是强化城市公共供水管网建设，构建智能化的计量系统和远程监控平台，提高漏损探测的精度。

五是加快引黄灌区建设改造，完善农业灌溉基础设施，积极发展高效节水农业，增加农业用水有效供给，提高农业用水效率。

（四）加快发展新质生产力，实现经济绿色低碳全面转型

科技创新是促进新质生产力发展的核心要素，围绕科技创新，加快实施

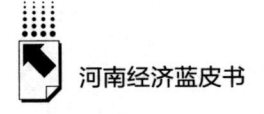

创新驱动发展战略。

一是完善科技创新体系，加大科技创新投入和政策支持力度，强化人才制度保障和服务保障，激发企业创新活力，培育良好的创新生态，深化企业、高校与科研机构的合作，加快科研成果的落地与转化。

二是以科技创新引领产业创新，以数字化和智能化应用为依托推动产业结构优化升级，以战略性新兴产业集群、产业园区为支撑布局新兴产业，以信息、生物、制造、能源四大领域为重点抢抓未来产业，建立现代化产业体系。

三是提升中心城市的辐射带动能力，郑州加快建设国家创新高地、国家先进制造业高地，做大做强洛阳、南阳副中心城市，提升区域辐射带动能力，深化区域内产业链互补，促进经济协同发展。

四是持续推动制度创新，推进跨区域行政审批，提升自贸试验区的开放水平，推动更深层次、更高水平的对外开放。

（五）加强民生工程建设，补齐民生短板

坚持以人民为中心，践行我为群众办实事的理念，聚焦民生薄弱环节，提升公共服务和供给能力。

一是持续增加对就业、教育、医疗、住房、养老、社会保障等基础性民生的投入，加大对农村地区的政策倾斜力度，推进城乡基本公共服务均等化。

二是聚焦"一老一小"、"一困一残"、低保五保等重点人群，完善兜底性民生保障，让群众的获得感更加充实、安全感更有保障。

三是精准谋划，广泛征集意见，科学论证，实施一批群众急难愁盼的民生项目，打通民生事业的堵点、难点，加强民生项目工程和资金的监管，提高民生项目运行效率，加快民生事业发展。

四是完善防止返贫动态监测机制和帮扶机制，确保早发现、早帮扶，全面推进乡村振兴，强化农村劳动力转移就业帮扶。

专题研究篇

B.18

河南新型电力（新能源）装备产业链高质量发展研究

邢恩彬 贺霞 冶伟平 任静雯*

摘　要： 培育壮大新型电力（新能源）装备是贯彻落实习近平总书记构建新型电力系统重要指示精神的实际举措，河南省新型电力（新能源）装备产业链基础牢固、门类齐全，但存在龙头企业辐射带动不强、前沿装备优势不明显、产融结合不紧密等问题。面对新型电力系统建设机遇，河南省应区域联动、协同推进，着力打造国家先进制造业集群，提升供应链供给水平，构建链条完备、特色鲜明的产业体系，推进新型电力（新能源）装备产业链高质量发展。

关键词： 新能源　碳达峰碳中和　电力装备　河南省

---

* 邢恩彬，许继集团有限公司工程师；贺霞，中国建设银行郑州金水支行经济师；冶伟平，河南省工业和信息化厅运行监测协调局副局长；任静雯，河南省工业和信息化厅运行监测协调局三级主任科员。

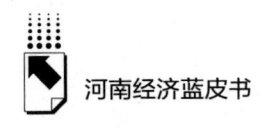

一 新型电力装备产业环境和发展趋势

电力装备制造行业是国民经济发展中重要的装备工业之一，是构建新型电力系统建设的重要支柱，全国坚持以习近平新时代中国特色社会主义思想为指导，全面贯彻落实党的二十大精神，聚焦战略前沿和制高点，超前谋划、高位推动、抢滩占先，加快新型电力（新能源）装备产业链优化、价值链跃升、竞争力重塑，为构建以新能源为主体的新型电力系统提供战略支撑。

（一）政策持续发力，市场需求空前

2021年3月，习近平总书记在中央财经委员会第九次会议上对能源电力发展作出了系统阐述，首次提出构建新型电力系统。党的二十大报告强调加快规划建设新型能源体系，为新时代能源电力发展提供了根本遵循。

在"双碳"目标背景下，中国能源格局正在发生历史性的变化，投资主体活跃，市场需求巨大。从发电端来看，2024年7月，全国风电、太阳能发电装机达到12.06亿千瓦，提前6年完成中国在气候雄心峰会上承诺的"到2030年中国风电、太阳能发电总装机容量达到12亿千瓦以上"目标，以太阳能、风能为代表的新能源发电投资持续发力。从"两网"角度来看，2024年国家电网全年电网投资将超过6000亿元，较2023年新增711亿元。南方电网预计2024~2027年，大规模设备更新投资规模将达到1953亿元。"两网"投资聚焦特高压直流工程建设、配电网建设、电网数字化智能化升级、大型风电光伏基地送出，为电力装备制造商提供了绝佳的发展机会。

（二）绿色引领发展，产业链持续完善

可再生能源装机容量不断攀升，"含绿量"更高。截至2024年底，全国累计发电装机容量约33.50亿千瓦，同比增长14.6%。其中，太阳能发

电装机容量约8.90亿千瓦,同比增长45.2%;风电装机容量约5.20亿千瓦,同比增长18.0%,风电太阳能发电装机首次超过14亿千瓦。可再生能源装机容量持续提升,为电力装备制造商提供了广阔的技术和市场空间。

可再生能源发电量稳步提升,"含碳量"更低。2024年,全国可再生能源发电量达3.46万亿千瓦时,同比增长19%,约占全部发电量的35%;其中,风电太阳能发电量合计达1.83万亿千瓦时,同比增长27%,与同期第三产业用电量(18348亿千瓦时)基本持平,远超同期城乡居民生活用电量(14942亿千瓦时)。

电力技术创新水平持续提升,"含新量"更足。清洁能源装备制造产业链基本完备,全球最大单机容量100万千瓦的水电机组投入运行,全面掌握1000千伏交流、±1100千伏直流及以下等级的输电技术,世界首个±800千伏特高压多端柔性直流工程昆柳龙直流工程成功投运。大电网仿真技术广泛应用,新型储能技术多元化发展态势明显,工农业生产、交通运输等领域电气化水平快速提升。

(三)新型电力系统布局,应用场景不断扩展

新型电力系统的核心是以新能源为主体的新型电网,在广域电气化背景中新能源占比近90%,其形态是"大电网+配电网+微电网"的有机结合,"中心化"的互联高压大电网与"去中心化"的分布式微网协同共存,应用场景不断扩展。

面对新能源需求分布与要素分布不匹配、发电波动和消纳波动不匹配、配套建设与发展速度不匹配的问题,新型电力系统建设将进入发展快车道。一是电网主网建设持续加强,保障新能源外送能力,交直流泛在柔性混联的电网将逐步形成,支撑"大电网"与"分布式智能电网"兼容并蓄。二是配网高质量发展进一步夯实,创新主配网协同的有源配电网模式,实施智慧化调度设计。三是智能微电网建设持续加快,提高微电网自调峰、自平衡能力,缓解大电网调节和消纳水平。四是能源电力技术深度融合,新型电网稳

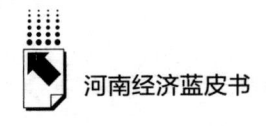

步向柔性化、数字化、智能化方向转型，基于大数据、数字孪生、人工智能等新型电力技术、装备、智慧化调控运行体系加快升级，满足了多元化负荷发展需求。

二 河南省新型电力（新能源）装备产业发展现状

河南省新型电力（新能源）装备产业链基础牢固、门类齐全，规模以上电力装备企业超千家，中等规模以上企业超 50 家，产业规模约 2500 亿元。产品覆盖 GIS、开关柜等传统输变电装备，风电、光伏等高效新能源装备，储能、智慧能源等战略性新兴装备，氢能、碳计量等高端前沿装备，为河南省电力装备产业发展、转型升级打下了牢固的基础。

（一）从政策上看，引导日益完善

2023 年 12 月，河南省印发《河南省重大技术装备攻坚方案（2023~2025 年）》，明确到 2025 年，力争重大技术装备产业营业收入突破 3000 亿元，占装备制造业的比重达到 20%，打造千亿级新型电力（新能源）装备产业链，争创新型电力（新能源）装备国家级先进制造业集群。

同时，随着国务院印发《推动大规模设备更新和消费品以旧换新行动方案》，河南省先后印发《河南省推动大规模设备更新和消费品以旧换新若干财政政策》《河南省推动工业领域设备更新实施方案》等文件，聚焦制造业技术改造升级、先进用能设备推广，充分发挥国家超长期特别国债等资金引领作用，加快制造业高端化、智能化、绿色化发展，通过后补助、贷款贴息等方式，丰富和完善扶持形式，加大财政支持力度，为企业高质量发展提供了有力保障。

（二）从能源结构来看，新能源发展迅速

能源结构持续优化，投资步伐不断加快，河南省可再生能源装机容量增长迅速，由 2019 年的 2256 万千瓦增至 2024 年的超 7500 万千瓦，实现可再

生能源发电装机超越火电、新能源发电装机超越煤电的"双超越",可再生能源发电装机占比突破50%、2024年发电量突破1000亿千瓦时的"双突破",达到1158亿千瓦时,占河南省电源发电量的比重超过30%,占全社会用电量比重超过1/4,提前两年完成河南省"十四五"规划设定的目标,即到2025年,河南省可再生能源发电装机目标5500万千瓦以上,占全省发电总装机的40%左右。

新能源快速发展助力河南省新型电力（新能源）装备产业链发展进入快车道,形成稳定牢固的基础盘面。随着产业日益成熟,新能源消纳、电网安全等技术问题、隔墙售电等非技术问题逐步暴露,电网结构和安全面临挑战,限制企业扩张发展,市场发展按下刹车键。同时,问题伴随机遇,市场决定需求,在新型电力系统建设浪潮下,电网结构改造升级、装备制造创新发展势在必行,新型电力（新能源）装备产业链从高速发展阶段进入高质量发展阶段。

（三）从产业链来看,布局持续加快

新型电力装备产业形成以许继、平高为龙头,森源、金冠、南阳防爆等"专精特新"企业协同发展的产业格局,主要分布在郑州、洛阳、焦作、新乡、许昌、平顶山、南阳等地。郑州、许昌、平顶山是河南省新型电力装备产业的重点集聚区,产业链条相对完整。

上游主要包括材料与加工设备,是构成电力设备的基本组成部分。其中钢铁、铜、铝、橡胶等制品与大宗商品价格关系密切,容易受到大宗商品价格波动的影响。中游为电力一、二次设备,企业出现分化。一方面,生产中低端电力设备的企业数量众多,产品同质性较强,竞争激烈;另一方面,风电、特高压等高端技术装备领域需要大量的研发投入,头部企业优势明显,市场集中度高。下游为电力电网行业以及轨道交通、冶金化工等工业领域。中国电力建设主要由电网公司主导统筹,资金主要来源于电网公司的投入,需求比较集中。

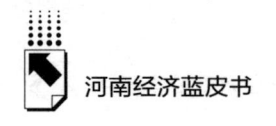

（四）从企业来看，产业蓬勃发展

河南省新型电力（新能源）装备产业链具备牢固的基础，拥有许继电气、平高电气、森源电气等7家上市公司、2家营业收入超百亿元企业、1000多家规模以上工业企业、200多家中小电力装备企业。许继、平高等传统输变电装备产业势头强劲，明阳能源、阿特斯等高效新能源装备产业发展迅速，许继电科储能、郑州佛光等智慧电气装备产业逐步发力，南阳防爆电气研究所、许继等高端前沿装备产业缓步攀升。企业生产持续向好，链主企业平高集团2024年日均用电量16.53万千瓦时，同比提升20.1%。企业效益持续攀高，2024年1~11月，河南省电气机械和器材制造业利润总额增速为28.4%，高于全国增速（-3.1%）31.5个百分点。

三 河南省新型电力（新能源）装备产业链优劣势及问题分析

随着新型电力系统建设投资持续扩大，河南省新型电力（新能源）装备产业呈现"基础稳、势头猛"的发展态势，然而在高速发展过程中，集群效应不明显、市场竞争激烈、数字化转型缓慢等掣肘高质量发展的问题逐渐显露，亟须解决。

（一）产业集群效应不明显，龙头企业带动力不强

产业链高质量发展不仅依靠龙头企业，还需营造"先进制造+现代服务"的滋养环境，形成具有自主核心技术、知识产权和自有品牌的"服务型制造基地"。目前，河南省优势互补、协同共享的产业生态尚未形成，龙头企业规模效应和辐射效应不足，内外部创新资源要素能力不足，共性技术研发、中试放大、检验检测、标准专利、融资服务等公共服务不配套，园区上下游设备制造、材料供应企业体量较小，未形成完整的产业链闭环，企业生产成本逐步抬升，制约产业高质量发展。

（二）产品同质化竞争激烈，行业发展不优

2024年，河南省新型电力（新能源）装备产业链产值为928.14亿，同比下降2.1%。调研发现，风电、光伏、储能等细分产业竞争日趋激烈，倒逼市场内卷，技术迭代升级。在风电领域，轴承市场内卷，赛道同质化严重，企业纷纷加入"价格战"。在太阳能领域，由于光伏行业供需失衡，组件价格较最高点下降近60%，2024年阿特斯产值同比下降54.1%。激烈的市场竞争为行业产能埋下高端不足、中低端过剩的隐患。

（三）智慧、前沿装备起步较晚，优势不明显

河南省能源电力领域已形成具有较强竞争力的完整产业链、供应链和价值链，电力科技整体水平实现从跟跑向并行、领跑的战略性转变，但个别智慧装备、前沿装备优势不明显，"云大物移智链边"先进数字信息技术、碳捕集利用及封存（CCUS）、绿电制氢、大功率柔性输变电装备、源网荷储协调控制、低振动低噪声电机、数字化储能、关键元器件等支撑新型电力系统构建的技术、装备、材料处于探索期，亟须突破，适应和引领新型电力系统建设和高质量发展。

（四）数字赋能不深入，智能化水平偏低

工信部2023年度制造业高质量发展评估报告显示，河南省制造业数字赋能指数为77.8，在30个省区市（陕西除外）中排名第13，10个工业大省中排名第9，中部6省中排名第3。通过走访调研，部分地市存在政策体系不完善、数字基础设施不健全、供需对接不精确、数实融合不深入的现状，部分企业存在"不愿转、不会转、不敢转"的困局。智改数转、数字赋能工作仍需加强。

四 发展重点及对策建议

以《新型电力系统发展蓝皮书》为指引，聚焦产业链提升、创新链增

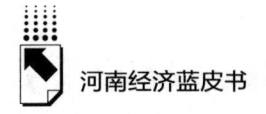

强、生态链优化、价值链重塑、要素链畅通"五链升级",围绕"原创技术策源地和创建国家新型电力(新能源)装备先进制造业集群"战略目标,结合各地产业基础和资源特征统筹规划,加大政策破局力度,加速河南省新型电力系统建设,锻造特高压输电、柔性直流输电国际领先装备产业,智能变电、智能配网、智能用电等国内领先装备产业,风电、光伏、储能、氢能行业领先装备产业,构建链条完备、特色鲜明、优势突出的新型电力(新能源)装备产业高质量发展体系。

(一)握指成拳,创建国家先进制造业集群

对标国家先进制造业集群创建要求,以郑州、许昌、平顶山、南阳等重点区域为依托,借鉴国家先进制造业集群成功经验,整合多方资源,加强工作协同,力争在2025年打造新型电力装备国家先进制造业集群。坚持集群集聚集约发展,以"集中布局、集聚发展,补足短板、优化生态,区域协同、主体联动"为主攻方向,推动存量企业优化布局,引导增量企业向重点园区集中,提升区域内产业创新发展水平和创新平台支撑辐射能力,提高产业链上下游各环节企业合作水平,促进相近区域相关产业集群进行产业创新合作,加强以数字经济为代表的现代服务业对产业发展的支撑,不断提升专业化产业培育和治理能力,高标准建设许昌中原电气谷、平顶山高低压专业园、漯河电力装备产业集群、南阳电驱(防爆)产业集群、南阳输变电装备产业集群。

(二)协同发展,推动产业链"筋强脉通"

开展专项诊治,对业务重叠、市场预期不足的产业园区、企业提供专项诊断服务。精准梳理产业链薄弱环节,持续完善新型电力(新能源)装备产业链图谱和招商路线图。培育延伸上下游产业,引入上游绝缘材料、电缆材料,下游电力信息系统、电力节能减排,以及智能电网设备等环节的优质企业,谋划一批延链、强链、补链项目。鼓励强强联合,促进协同创新,引导国家能源集团、国家电力投资集团等能源央企联合省内新型电力装备企业

进行资源开发、技术攻关和装备研制，加强资源开发与装备制造融合促进，实现新型电力（新能源）装备产业链上下游一体化发展。大力提升产业链整合能力，打造链主企业引领，单项冠军企业攻坚、"专精特新"企业筑基的产业集群。支持许昌、平顶山、濮阳、洛阳等地立足产业基础差异化发展，打造特色产业集群。

（三）政策引导，强化财政金融支持

加强财政资金引导，做好企业"娘家人"，服务企业高质量发展。统筹运用省级制造业高质量发展、创新研发等专项资金，落实相关惠企利企政策，支持企业高质量发展。统筹发挥政府投资基金作用。发挥战略性、政策性导向作用，充分发挥新兴产业投资引导基金和创业投资引导基金等政府投资基金作用，撬动更多金融资金、社会资本投入电力装备产业发展和链上企业培育，为产业发展提供资本支撑。加大对新型电力装备产业信贷支持力度。加强产业链资金支持，督促银行业金融机构优化金融供给，合理安排授信期限、贷款利率和还款方式，持续加大电力装备产业链中长期贷款投放力度，保障重大建设项目资金需求。大力实施供应链金融，梳理新型电力装备供应链清单及产业链上下游名单，利用应收账款质押、存货抵押、订单贷等方式畅通产业链资金流，实现以供应链提升产业链。创新信贷业务，允许合同贷、专利贷、商标贷等新型模式，放宽抵押门槛，更多认可机器和产品抵押，提高土地和厂房抵押比例，降低担保要求，扩大信用贷款规模。

（四）练好内功，提升数字赋能水平

围绕产业发展的关键环节，优化布局高质量创新资源，完善制造业创新体系，各类创新要素向产业链群加速汇聚。抢滩前沿产业，加快装备数字化转型。加快数字孪生、变电站和换流站智能运检、输电线路智能运检、综合能源等技术攻关，开展5G通信、人工智能、云计算等前沿技术的融合应用，打造一批智慧零碳园区、智慧工厂等典型案例，提升装备数字化、智能

化水平，建设可见、可知、可控的透明电网、透明电力系统。建设工业互联网平台和大数据中心。突破物联网、数字孪生、大数据、工控安全等核心技术，加快省内工业互联网和大数据中心体系布局和建设，支持企业设备网络化改造，推动龙头企业核心业务系统云化改造，带动产业链上下游中小企业业务系统云端迁移，服务中小型企业数字化转型。以数字化转型提升电力装备产业基础能力和产业链现代化水平，推动电力装备产业高质量发展。

（五）推进试点，加速产业高质量发展

一是鼓励电力能源企业开展新型储能、氢能、零碳园区、虚拟电厂、智慧园区等专项试点，推进多场景应用，加大源网荷储项目扶持力度，加快建设速度，降低企业综合成本，通过"试点先行、以点带面、示范引领、整体推进"的原则，建设一批特色化试点示范项目，形成一批可复制、可推广的新型电力（新能源）示范样板工程。

二是协同国家电网、南方电网等电网企业打造大型新能源基地外送、海上油田群新型电力系统等典型场景，协同五大发电集团打造大规模远海风电开发、综合智慧能源系统集成等典型场景，实现河南企业与典型工程深度绑定，做好未来中国绿氢、虚拟电厂等前沿产业规模化发展装备储备。

三是加快国产化替代装备的研制与推广。加快推进电力装备国产化进程，开展全国产化换流阀、特高压交直流保护、高精度电能表、带电作业车等装备自主研制，实现国产芯片、电子元器件、绝缘拉杆、合闸电阻等核心器件进口替代。

四是加大国产化装备示范应用，选树一批国产化装备应用示范标杆和典型项目。

（六）构建生态，推动大中小企业协同发展

做大做强龙头企业。分行业遴选一批优势突出、成长性好的重点企业，省市县分级建立重点企业培育清单，动态管理、滚动实施，加快培育梯度企业矩阵，打造以中国电气装备集团中原区域总部、郑煤机等头部企业为代表

的千亿方阵，加强龙头企业辐射带动效应。深入实施"头雁"企业培育行动，充分发挥央企国家队和主力军作用，推动省内新型电力装备央企和地方国资企业资源整合，重点加快装备研发制造和检测资源的融合聚合，打造国际领先的研发检测基地，加快培育一批制造业单项冠军，提升河南省新型电力装备整体竞争力和行业地位。

推动中小企业向专精特新发展。建立优质中小企业梯次培育机制，实行靶向培育和跟踪帮扶，引导企业走专精特新发展道路，深耕细分市场，培育具有独特竞争优势的自主品牌。壮大规模以上企业总量。持续加强新型电力（新能源）装备小微企业升规纳统，动态更新准规上企业清单，梳理新型电力（新能源）装备"小升规"企业培育库，实施省、市、县三级靶向培育和联合帮扶。

（七）畅通要素，保障产业链梯度人才培育

加大高层次人才引进力度。健全高层次人才铸根措施。以高层次和急需紧缺人才为重点，加大院士工作站、博士后工作站的建设力度，支持企业设立创新实践基地，充分发挥企业人才培养平台的作用。建强企业家队伍。实施企业家素质提升工程，深入推进中原英才计划，在电力能源装备领域培育更多的"中原企业家领军人才"；持续实施新时代中原民营企业家"百千万"培训计划，培养民营企业接班人。加强职业技能人才培养。深入推进"人人持证、技能河南"建设，针对新能源装备、新型输变电、新型储能装备等人才需求，鼓励技工院校与产业链企业紧密对接，加强校企合作，精准开展订单式、定向式、冠名班等培养培训，为企业培养和输送更多技能人才。

参考文献

《新型电力系统发展蓝皮书》编写组组编《新型电力系统发展蓝皮书》，中国电力

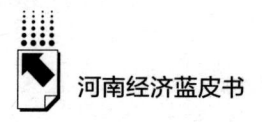

出版社，2023。

杜燕飞：《央企发力大规模设备更新正当时》，《中国能源报》2024年8月19日。

任平：《能源的饭碗必须端在自己手里》，《人民日报》2022年1月7日。

陈辉：《打造全国重要的重大技术装备产业集群》，《河南日报》2024年1月10日。

B.19 河南先进制造业和现代服务业深度融合发展研究

张 旭 顾惊鸿*

摘 要： 河南既是制造业大省，又是服务业大省，推动先进制造业和现代服务业深度融合，成为河南在新发展格局中制胜未来、加快新旧动能转换的战略依托。通过探究先进制造业和现代服务业融合的概念和特征，分析河南融合的基础和现状，利用脉冲响应函数和方差分解等深度分析河南先进制造业和现代服务业融合的总体情况，并依据融合总体情况提出对围绕"7+28+N"重点产业链群的企业进行"两业"融合重点政策支持，发挥"链主企业""龙头企业"示范引领作用，强化人才引进培育，搭建"两业"融合发展平台等有关建议，以促使制造业服务化、服务业制造化迈上新台阶，赋能河南经济社会高质量发展。

关键词： 先进制造业 现代服务业 战略性新兴产业 "两业"融合

党的二十大报告提出，构建优质高效的服务业新体系，推动现代服务业同先进制造业、现代农业深度融合。先进制造业与现代服务业融合是顺应新一轮科技革命和产业革命，加快形成新质生产力的重要途径。河南既是制造业大省，又是服务业大省，推动先进制造业和现代服务业深度融合，成为河南在新发展格局中制胜未来、加快新旧动能转换的战略依托。

---

* 张旭，河南省统计局服务业统计处副处长；顾惊鸿，河南经贸职业学院文化教育学院助教。

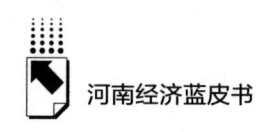

一 先进制造业和现代服务业的相关理论文献综述

先进制造业是相对于传统制造业而言，是一个动态的相对概念，是指具有高技术含量、高附加值和竞争力的产业。《河南省"十四五"制造业高质量发展规划》中提到要提质发展材料、装备、汽车、食品、轻纺五大传统产业，培育壮大新一代信息技术、高端装备、新材料、现代医药、智能网联及新能源汽车、新能源、节能环保七大新兴产业，前瞻布局氢能和储能、量子信息、类脑智能、未来网络、生命健康、前沿新材料六大未来产业，着力构筑"以传统产业为基础、以新兴产业为支柱、以未来产业为先导"的先进制造业体系。

2023年7月，国家统计局制定了《现代服务业统计分类》。该分类指出，现代服务业是指伴随信息技术和知识经济的发展而产生，利用现代科学技术和现代管理理念，推动生产性服务业向专业化和价值链高端延伸，推动生活性服务业向高品质和多样化升级，加强公益性基础性服务业发展所形成的具有高技术含量、高人力资本含量、高附加价值等特征的经济活动。

根据先进制造业和现代服务业融合的国内外文献综合可知，先进制造业和现代服务业融合（简称"两业"融合），是在技术进步、市场开放、制度创新的驱动下，通过技术牵引、产业联动、链条延伸等途径，推动产业交叉渗透，培育形成新业态新模式，促进制造业和服务业协同耦合，其具有以下特征。

一是从要素层面看，服务业特别是生产性服务业作为制造业中间投入要素的比重不断提高，服务业在整个制造业中创造的产出和价值不断提高。

二是从技术层面看，互联网、大数据、人工智能等新一代信息技术的快速发展，为"两业"融合发展提供了重要的技术条件，促进制造业加速向数字化、集群化、智能化、绿色化、服务化转型，传统产业转型升级、新兴产业发展壮大、未来产业前瞻布局，推进先进制造业加速发展。

三是从产业层面看，随着研发、设计、咨询、专利、品牌、物流、法律、金融等现代服务业的加快发展，推动科技、产业、金融良性循环，促进服务业向专业化和价值链高端延伸，不断提升现代服务业与先进制造业协同发展水平，会促使产生"两业"融合为一体的新产业形态。

四是从企业层面看，工业企业不断向数字化、网络化、智能化转型升级，促使制造企业转型为"制造+服务"或服务型企业。同时，现代服务业企业把创意研发设计、数据分析、服务流量等要素不断嵌入制造环节，引领制造新模式。

二 河南先进制造业和现代服务业融合的基础和现状

近年来，河南经济一直保持较快增长，为"两业"融合发展创造了良好的基础条件；在政策支持、试点示范和重点项目带动下，"两业"融合取得了一定成效，赋能服务业提质增效和制造业转型升级。

（一）"两业"融合的现实基础

1. 三次产业结构不断优化，为"两业"融合奠定了基础

2012年，全国第三产业增加值占国内生产总值的比重首次超过第二产业增加值比重，产业结构从"二三一"转变为"三二一"；2015年，全国第三产业比重首次超过50%，截至2023年已连续9年过半，全国第三产业的快速发展为河南第三产业的发展营造了良好的外部环境。2018年，河南第三产业增加值占地区生产总值的比重首次超过第二产业增加值比重，产业结构实现了"三二一"的转变，并于2022年第三产业比重首次过半，河南产业结构的持续优化升级，为"两业"融合奠定了坚实基础。

2. 先进制造业加快发展，为"两业"融合创造了有利的物质条件

近年来，河南规上工业中制造业增加值同比增速总体呈现回落态势，从2016年的9.0%回落到2023年的6.1%，其中2020年增速为负，但先进制造业增加值增速总体上保持在较高水平。2016~2023年，河南规上工业中制造业增加值、传统产业增加值、战略性新兴产业增加值和高技术制造业增加

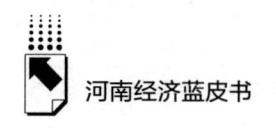

值年均增速分别为6.3%、4.0%、10.5%、13.3%,其中传统产业制造业增加值年均增速低于制造业增速2.3个百分点,而战略性新兴产业制造业、高技术制造业等先进制造业增加值年均增速分别高于制造业增加值增速4.2个、7.0个百分点。先进制造业的快速发展,为"两业"融合创造了良好的物质有利条件和应用场景。

3. 现代服务业日益壮大,为"两业"融合提供了有利的技术服务条件

河南高度重视现代服务业的发展,把发展现代服务业作为满足产业转型升级和人民美好生活需要,实现河南"十四五"发展战略目标的重要支撑。2016~2023年,河南第三产业增加值增速除2023年外均高于全省GDP增速;第三产业对经济增长的贡献率除2019年、2023年外均超过50%,特别是2020年对经济增长的贡献率高达70.9%,第三产业日益成为拉动经济增长的主动力。随着河南第三产业的发展,服务业行业种类日益多样,新业态新模式不断涌现,现代服务业也相应地得到了快速发展,为"两业"融合提供了有利的技术服务条件。

(二)"两业"融合的现状

1. "两业"融合试点示范区域企业成效显著

2020年,《河南省促进先进制造业和现代服务业深度融合实施方案》出炉,确定30家单位为"两业"融合首批试点单位;截至目前,已先后培育省级"两业"融合试点区域(企业)61个、服务型制造示范企业(平台)367个,成功争取国家级"两业"融合试点4个、服务型制造示范35个,先后打造了一批具有生态主导力的"链主"企业,形成了一批开放式创新服务平台,构建了一批数据与产业深度融合场景,形成了良好的示范带动效果。

2. 融合发展新业态新模式不断涌现

"两业"融合过程中,全省各地积极探索,勇于实践,形成了一批深度融合型企业和平台,培育了一批新业态新模式,有力地推动形成了产业发展新增长点。例如,郑州国家经济技术开发区重点围绕汽车及零部件、装备制

造、现代物流三个千亿级产业，实施主导产业升级再造、数字经济赋能增效等工程，鼓励区域内龙头企业由制造环节向研发设计、营销服务等产业链两端延伸，分离外包物流业务，加快由设备生产商向系统集成和整体解决方案提供商转型，先后培育郑煤机、大信家居等8家省级"两业"融合试点企业。

3. 融合发展生态趋于成熟

全省各地探索完善"两业"融合发展的政策体系和工作机制，有效整合各类资源要素，推动形成一些重点行业重点领域融合发展生态圈。例如，孟州高新技术产业开发区加快B型保税物流中心、跨境电商平台、进口肉类指定口岸和进境动物皮张存放仓库4个开放平台建设，集约整合供应链上下游资源，为中原内配等园区内头部企业提供"一站式"通关服务，以平台为产业"磁场"，集聚周边优质产业要素，营造良好的外向型生态环境。

当前，河南"两业"融合取得了一定成效，特别是一些行业龙头骨干企业在融合发展上成效显著，但量大面广的中小企业受技术、资金、人才等资源要素限制鲜有突破，"两业"融合依然存在覆盖面较小、范围不够广、程度不够深、水平不够高、体制机制不够健全等问题需要关注。

三　河南先进制造业和现代服务业深度融合实证分析

为更好地促进河南省先进制造业和现代服务业发展，加快"两业"深度融合，需明确"两业"的交互关系和传导路径。鉴于目前数据获得性问题，本文选择代表先进制造业的规上工业战略性新兴产业和代表现代服务业的规上服务业战略性新兴产业及金融业等相关指标，通过利用脉冲响应函数、方差分解技术等研究"两业"发展彼此之间的交互关系和存在的问题，具体分析结果如下。

河南规上工业和服务业战略性新兴产业之间存在一定的交互作用，但作用并不稳定，不存在持续的正向或负向作用，表明二者融合效果一般。此外，从方差分解结果来看，服务业战略性新兴产业中涉及研究和实验发展、

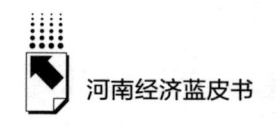

科技中介服务、互联网接入及相关服务、检测服务、数字文化创意服务、电信服务、节能技术推广服务等行业的发展，会扰动规上工业战略性新兴产业增加值增速预测误差，表明发展服务业战略性新兴产业一定程度上会促进占规上工业增加值20%左右的工业战略性新兴产业的发展，并相应地带动先进制造业的发展。

河南规上工业战略性新兴产业和金融业彼此存在一定的交互作用，但不存在持续的单方向作用，表明二者融合效果较一般。此外，从方差分解结果来看，随着河南省新一代信息技术产业、高端装备制造产业、新材料产业、生物产业、新能源汽车产业、节能环保产业等规上工业战略性新兴产业的发展壮大，会逐渐增加对各种金融产品的服务需求，并带动金融业的发展，促进以金融业为代表的现代服务业发展。同时，大力发展多种形态的金融业，特别是发展科技金融服务业，会极大地促进河南规上工业战略性新兴产业的发展，进而带动先进制造业的快速发展。

四 推进河南"两业"深度融合的建议

从上述实证分析来看，河南先进制造业和现代服务业融合程度一般，依然存在各自为战、各自发展。为加快推进"两业"深度融合，尽快形成河南新质生产力，必须根据河南"两业"的发展条件、比较优势、互融情况等基础，因地制宜、精准定位、以点带面、重点突破，不断加强宏观顶层设计，在政策层面和执行层面对企业加以引导、梳理、优化，确保"两业"融合在企业端落地见效。

（一）对围绕"7+28+N"重点产业链群的企业进行"两业"融合重点政策支持

要对围绕"7+28+N"重点产业链群企业进行重点政策支持，对新型材料集群，支持材料企业向产品和专业服务解决方案提供商转型，鼓励有条件的企业加强研发介入合作，提供定向开发、能源管理、安全环保、信息化等服务；对新能源汽车集群，对在河南建立集研发、生产、销售、汽车金融后市场等于一体的完整汽车产业链的企业进行重点政策奖励扶持；对电子信息集群，鼓励制造企业加强研发设计，引导研发设计企业与制造企业嵌入式合作，提供创新实验、原型开发等，改变河南电子信息产业以加工制造为主的状态；对先进装备集群，推动装备制造企业向系统集成和整体解决方案提供商转型，鼓励企业发展辅助设计、系统仿真、智能控制等高端工业软件，建设铸造、锻造、表面处理、热处理等基础工艺服务中心；对现代医药集群、现代食品集群，支持企业完善研发和冷链物流，鼓励研发外包组织、合同研发组织等研发服务新业态的组织与医药食品制造业深度合作；对现代轻纺集群，鼓励电商、研发设计等服务企业，发挥大数据、技术、渠道、创意等要素优势，与轻纺制造企业相结合，助力轻纺产品销售。

（二）发挥"链主企业""龙头企业"示范引领作用

"两业"融合是一个系统复杂工程，需要在省内选择一批处于行业核心位置、具有全产业链号召力和影响力的"链主企业""龙头企业"，发挥其产业链推动者、行业领军作用，在技术、产品、服务等领域持续创新突破，深化与配套服务企业协同，发展专业化服务，提供行业系统解决方案，引领产业链深度融合和高端跃升，一方面为全省中小微企业提供"两业"融合成功范式，减少企业试错成本，减轻企业投入资金压力；另一方面将更多的中小微企业纳入"链主企业""龙头企业"的"两业"融合生态圈，促进中小微企业快速成长。

（三）强化人才引进培育

"两业"融合发展是一个新兴业态，需要很多关键核心技术，这需要大量的人才进行研究攻关。河南虽然是人口大省，但不是人才大省，高端人才严重缺乏，要加快引进围绕"7+28+N"重点产业链群相关的人才和"两业"融合发展的高层次、复合型人才；促使省内科研院所、高校、职业院校、技工院校等对"两业"融合相关学科和专业进行积极布置、建设，培

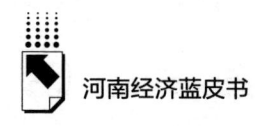

养"两业"融合发展的省内专业人才，可与意向"两业"融合企业深度联合推进产研、产教融合和研校企合作，为不同的企业定向培训技术人员。

（四）搭建"两业"融合发展平台

平台是"两业"融合发展的"催化剂"，打造线上、线下多元化要素集聚平台，为产业发展提供靶向支持。各级政府要积极搭建平台，在平台中推进项目对接、产品对接、技术对接、金融对接和人才对接，畅通企业、高校、金融机构和科研院所的资源互通对接渠道，减轻企业压力，让企业有更多时间、精力、资金去拓展新产品、新服务和新渠道。此外，政府要不断优化营商环境，营造公平竞争的市场环境，防止"内卷式"恶性竞争，鼓励科技金融专营机构、科技咨询服务机构在豫设立机构，重点聚焦战略性新兴产业领域和高成长企业群体提供金融咨询支持，为推动河南"两业"深度融合注入新动力。

B.20 河南省加快推广绿证交易研究

郑修思　李芳远　许艺凡　徐夏楠[*]

摘　要： 绿色电力证书（以下简称"绿证"）是对可再生能源发电项目所发绿色电力颁发的具有独特标识代码的"电子身份证"，绿证交易是通过市场化方式促进可再生能源电力消费的重要政策工具。河南省产业结构偏重、能源结构偏煤的特征明显，在统筹经济社会高质量发展与完成能耗"双控"目标方面面临巨大压力，应抓住绿证交易政策机遇，鼓励可再生能源开发与消费，强化重大项目落地能源要素保障，优化能源消费结构，助力完成能耗"双控"目标。

关键词： 绿色电力证书　绿证交易　可再生能源　能耗"双控"

一　绿证政策的提出与实施情况

（一）绿证基本情况

绿证是国家对发电企业每兆瓦时可再生能源（包括风电、光伏、生物质发电、地热能发电、海洋能发电以及2023年1月1日以来新投产的完全市场化常规水电）上网电量颁发的具有独特标识代码的电子证书，是对可再生能源发电项目所发绿色电力颁发的具有独特标识代码的"电子身份

---

[*] 郑修思，河南省发展战略和产业创新研究院工程师；李芳远，河南省发展战略和产业创新研究院经济师；许艺凡，河南省发展战略和产业创新研究院高级经济师；徐夏楠，河南省发展战略和产业创新研究院正高级经济师。

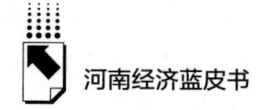

证"，是我国可再生能源电量环境属性的唯一证明，是认定可再生能源电力生产、消费的唯一凭证，具备计量准确、可信任、唯一性、排他、可追溯等特性。从能源换算看，1个绿证单位对应1000千瓦时可再生能源电量，1万吨标准煤约合33333张绿证，按照近期成交均价15元计算，仅50万元即可替代1万吨标准煤的化石能源消费量。从交易主体看，卖方为可再生能源发电企业，买方为电力用户，主要集中在煤电、电解铝、钢铁等高耗能企业。从交易方式看，我国绿证交易方式分为"证电合一"和"证电分离"，"证电合一"意味着参与绿电交易，绿电和绿证打包售出。"证电分离"意味着用户不参加绿电交易，随后单独出售绿证。证电分离方式解决了绿电的物理边界问题，在采购时间维度上更为灵活，两种交易方式互为补充。现阶段我国绿证有效期为两年，仅可交易一次，一经出售不可再进行转手交易，尚不具备金融属性。从交易整体情况看，当前绿证主要依托中国绿色电力证书交易平台、北京电力交易中心和广州电力交易中心开展交易，相关交易数据及交易价格可在中国绿色电力证书交易平台实时查看。从购买省份看，截至2024年12月，内蒙古、广东、陕西购买的绿证最多，分别达到637万张、541万张和515万张。河南目前购买绿证较少，仅有10万张。

由于可再生能源装机规模快速增长和建设成本逐步下降，国家财政补贴压力逐渐加大，补贴拖欠累计已达到4000亿元。随着新能源发电项目技术不断成熟、建设成本逐渐下降，国补逐步退出历史舞台，应当建立市场化机制来补偿新能源发电项目的绿色环境价值、接替存量项目的补贴，绿电绿证交易则是最有效的市场化机制之一。同时，绿证交易的"证电分离"方式，有效地解决了绿电的物理边界问题，为有大规模绿电需求但可再生能源资源禀赋一般的地区提供了一种途径，也为我国"可再生能源和原料用能不纳入考核"的政策导向提供了一种政策工具。

（二）国家绿证政策不断完善

"十三五"以来，国家接连发布一系列推动完善绿证制度的支撑性文件，对绿证的核发、交易、认证等各环节进行了规范，基本形成了涵盖核发交易、拓展应用场景、促进绿色电力消费、与能耗"双控"考核制度衔接等较为完整的政策体系，为保障能源安全可靠供应、激发绿色电力消费潜力、推动绿色低碳转型和高质量发展提供了有力支撑。

2016年2月，国家能源局发布《关于建立可再生能源开发利用目标引导制度的指导意见》，首次提出建立非水电可再生能源电量比重指标和绿证交易机制。2017年，国家发展改革委、财政部、能源局三部门联合发布《关于试行可再生能源绿色电力证书核发及自愿认购交易制度的通知》，明确对纳入国家补贴清单的陆上风电和集中式光伏发电项目上网电量核发绿证，初步建立了以可再生能源配额考核加绿证自愿认购的基本框架，标志着我国绿证制度正式施行。

此后，国家部委陆续出台政策措施，不断加强绿证交易的顶层设计。2021年9月，国家发展改革委、国家能源局印发的《绿色电力交易试点工作方案》中指出，启动绿色电力交易试点工作，市场化绿证作为绿色电力标识以"证电合一"方式随绿色电力转移至用户侧，作为用户消费绿色电力的认证依据。2023年7月，国家发展改革委、财政部、国家能源局印发《关于做好可再生能源绿色电力证书全覆盖工作 促进可再生能源电力消费的通知》，提出要实现对可再生能源电量核发绿证的全覆盖，进一步明确了绿证的权威性、唯一性和通用性，为扩大绿电供给、促进绿电消费奠定了基础。

2024年2月，国家发展改革委、国家统计局、国家能源局联合发布的《关于加强绿色电力证书与节能降碳政策衔接 大力促进非化石能源消费的通知》提出，将绿证交易电量纳入节能评价考核指标核算，参与跨省可再生能源市场化交易或绿色电力交易对应的电量，按物理电量计入受端省份可再生能源消费量；未来绿证将纳入"固定资产投资项目节能审查、碳排放评价管理机制"和"地方、行业企业、公共机构、重点产品碳排放核算的制度规则"等，标志着绿证交易将在各地区节能目标责任考核中扮演重要角色。

2024年5月国务院印发的《2024~2025年节能降碳行动方案》提出，

2024年底要实现绿证核发全覆盖。2024年7月国家能源局综合司印发《关于进一步做好可再生能源发电项目建档立卡有关工作的通知》，进一步推进可再生能源项目的建档立卡与绿证核发衔接工作。2024年8月，国家能源局印发《可再生能源绿色电力证书核发和交易规则》，对绿证的核发与交易规则进一步明确，绿证交易体系逐步完善。

（三）领先省份竞相推广绿证交易

随着国家关于绿证交易政策的不断出台，浙江、陕西、内蒙古等省（区）在绿证使用、交易方面走在了前列，为促进能源绿色低碳转型提供了有力支撑。

1.浙江省支持绿证跨区域合作，抢滩占先绿证市场资源

为加大可再生能源消纳能力，降低年度能耗强度目标，完成能耗"双控"目标责任考核，浙江省发布《2024年浙江省绿电绿证市场化交易工作细则（征求意见稿）》，规范绿证交易流程，建立绿证交易监管体系，确保绿证交易的真实性和合规性，防止市场操纵和不公平竞争，明确提出推动跨区域合作，与其他省份合作共享绿证资源，设区市应对照年度能耗强度降低目标任务，科学测算辖区内绿证需求，定期上报，省发改委（能源局）统筹确定绿证购买数量；各设区市积极组织辖区内有需求的市场主体购买绿证；支持各设区市发挥对口合作优势，提前锁定对口地区绿证资源。

2.陕西省建立用能预算管理制度，借助绿证突破能耗指标空间

为确保全省"十四五"能耗双控目标任务完成，提速推进发展绿色转型，陕西省发展改革委印发《陕西省用能预算管理实施方案》，提出除电力行业外年综合能耗5000吨标准煤以上的重点用能单位，超出年度用能预算的企业，可通过用能权交易、购买绿证等方式满足用能需求，可再生能源绿色电力不占用年度用能预算指标；从2024年起，纳入重点用能单位名单的用能单位年绿电使用占比须达到全部用电量的30%以上；硅铁、电石、电解铝、多晶硅、工业硅、数据中心等用电量大的行业用能单位年绿电使用占比须达到全部用电量的60%以上。

3.内蒙古自治区建立绿证强制消费机制，提升高耗能企业绿色竞争力

为控制化石能源消费，压实高耗能企业可再生能源电力消费责任，提高高耗能企业绿色竞争力，内蒙古自治区印发了《内蒙古自治区建立高耗能企业可再生能源电力强制消费机制的若干措施》，将绿证作为可再生能源电力消费基础凭证，通过实施存量高耗能企业可再生能源电力强制消费、新上高耗能项目可再生能源电力消纳承诺等方式，将高耗能企业可再生能源电力消费情况纳入节能监察、能源审计、能效诊断范畴，强化能效水平倒逼约束机制，提高"两高"项目准入门槛，助推产业结构绿色转型，完成"十四五"能耗强度下降目标任务。

二　绿证交易政策研判

随着国家政策不断完善，绿证交易规模逐步扩大，但总体活跃度不高，绿电交易占市场总交易电量的比重较小，绿证市场供大于求，一些突出问题制约绿电绿证交易市场健康发展，无法有效满足企业的绿电消费需求，也阻碍了供应链减碳进程，随着绿证政策的不断完善，"绿证是认定可再生能源电力生产、消费的唯一凭证"地位将更加明显，具体体现在以下几个方面。

（一）绿证价格将逐渐回归环境属性

目前，绿证交易市场呈现整体供大于求的状态，月均交易价格为每兆瓦时15元。按照现行碳市场核算规范和市场均价100元/tCO_2来测算，平均电力排放因子为0.5942 tCO_2/MWh，每1MWh电力，也就是1张绿证的环境属性价格在60元左右，与新能源发电项目最后一年平均补贴价格相当。随着绿证的应用场景不断拓宽，需求侧潜能不断被释放，绿证价格将逐步上升。

（二）与碳市场协同发展

绿电绿证、碳排放权市场均为我国经济社会绿色转型过程中的重要工具，但目前各市场建设尚未成熟，各自功能目标与实现途径有待明晰。为避

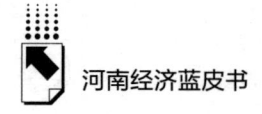

免重复履约,在现阶段全国碳交易市场中仅核算直接排放,作为电力的二次能源产生的间接排放不纳入核算范围,电碳市场仍处于相对独立的状态。随着能耗"双控"向碳排放"双控"的全面转型,绿电因不产生碳排放而被"豁免",客观上为绿电绿证市场、碳排放市场的建设以及双方衔接提出了更高要求,电碳市场有望逐步耦合发展。

(三)与国际市场互通互认

当前,我国绿证已被全球企业可再生能源倡议(RE100)有条件认可,RE100要求使用中国绿证的企业提交额外声明,声明"绿证拥有全部的环境属性,这些属性没有被出售、转让或在其他地方声明",但现阶段碳边境调节机制(CBAM)尚不认可我国绿证,只认可绿电购电协议。究其原因是绿证的发行、交易、使用和注销全流程不可追溯,交易信息不透明,数据无法验证,有可能存在环境效益重复计算,这些因素导致我国绿证的国际认可度不高。绿证作为为出口型企业打造绿色低碳供应链的重要政策工具,下一步国家将持续完善相关细则,推动绿证与国际市场的互通互认,不断提升出口型企业国际市场竞争力。

三 河南省加快推广绿证交易的紧迫性

河南省是能源消费大省,能源消费结构偏重,建立绿证交易体系制度,推动绿证交易,对推动绿色低碳转型既十分迫切,又十分重要。

(一)助力完成能耗"双控"目标的迫切需要

从"十四五"规划中期评估情况来看,部分省辖市节能工作形势较为严峻,常规节能措施已基本应用尽用,节能潜力挖掘空间有限,能耗强度和碳排放强度下降目标进度未达预期,甚至出现能耗强度不降反升的情况。按照国家关于新增可再生能源和原料用能不纳入考核的政策导向,可充分发挥"绿证是可再生能源电力消费量认定的基本凭证"特征,鼓励节能目标完成滞后的省辖市、行业、企业通过购买绿证的方式，抵消自身部分化石能源消耗量和碳排放，助力能耗"双控"目标顺利实现，为经济增长和产业发展创造能耗增量空间。

（二）破解重大项目落地"能耗指标约束"的迫切需要

目前，河南省仍处在工业化快速发展阶段，经济社会发展对能源增长的依赖性较大，在保障重大项目落地与完成能耗"双控"目标之间存在较大压力。按照"新增可再生能源消费不纳入能源总量和强度控制，并以绿证作为可再生能源电力消费量认定的基本凭证"政策导向，重大项目落地能耗指标可借助用能权交易平台，通过购买绿证的方式，抵消项目部分化石能源消耗量，破解重大项目落地能耗指标制约，为经济发展腾出更多用能空间。

（三）激发可再生能源项目建设积极性的迫切需要

河南省新能源装机发展迅速，2023年已突破6700万千瓦，首次超过煤电装机，但风光资源禀赋较好的地区已基本开发完毕，剩余资源禀赋一般的地区新建新能源项目投资规模大，投资回收期较长，在补贴政策取消的大环境下，新能源开发项目投资意愿下降。在绿证交易机制下，新能源项目可通过市场化的机制获取额外性收益，代替之前中央财政电价补贴，可进一步调动新能源项目开发的积极性，促进新能源装机量与发电量进一步提升。

（四）完成可再生能源电力消纳责任权重的迫切需要

可再生能源电力消纳责任权重是促使各省级区域优先消纳可再生能源，加快解决弃水弃风弃光问题的重要手段。《中华人民共和国能源法》中规定，"国务院能源主管部门会同国务院有关部门制定并组织实施可再生能源在能源消费中的最低比重目标"，绿证将成为河南省完成可再生能源电力消纳责任权重的重要手段之一。同时，国家能源局在2024年8月印发的《关于2024年可再生能源电力消纳责任权重及有关事项的通知》中要求，"新设电解铝行业绿色电力消费比例目标，电解铝行业企业绿色电力消费比例完成情况以绿证核算"。河南省2024年和2025年电解铝行业绿色电力消费比例要分别达到33.6%和34.66%，据测算将消纳约900万张绿证，将极大地促进河南省可再生能源电力消纳责任权重的完成。

（五）提升出口型企业的国际竞争力的迫切需要

在全球碳中和以及国际贸易局势紧张的大背景下，欧美国家开始实施碳边境调节机制（CBAM）、美国清洁竞争法案以及欧盟新电池法案等措施，旨在通过征收碳关税来制造单边贸易壁垒。以CBAM为例，针对非欧盟地区出口到欧盟的钢铁、水泥、铝、化肥、电力和氢等产品须报告产品碳足迹，自2027年后未达到欧盟排放标准的产品在进关时需缴纳一定的碳关税。CBAM一旦实施，将导致相关出口企业成本提升，相关产品失去市场竞争力。河南省可再生能源资源有限，部分企业对于大规模使用绿电的需求难以满足。随着绿证交易政策的不断完善，绿证将成为出口型企业低成本、高效率降低自身产品碳足迹的方式，通过市场化机制提升自身的可再生能源消费，降低自身产品全生命周期的碳足迹，可有效应对国际碳关税挑战，打破国际贸易壁垒。

四 河南省加快推广绿证交易的建议

受可再生能源资源禀赋和输电通道等条件制约，河南省在短期内难以大比例增加可再生能源消费。按照"跨省购买的绿证按照物理电量计入受端省份可再生能源消费量"政策导向，用电企业直接从电网使用的电力，凭借购买的绿证可被认定为可再生能源电力，这意味着在自身产生的绿证资源不外溢的前提下，额外购买外省绿电，可进一步提升可再生能源消费占比，不断优化能源消费结构，助力能耗"双控"目标的实现。河南省应抓住全国绿证政策加快推广的机遇期、市场价格低成本徘徊期、各地抢滩占先绿证市场资源蓄势期等机遇，提前谋划布局绿证交易工作，助力能耗"双控"目标顺利实现，为经济社会发展创造更多用能空间。

（一）健全完善绿证交易政策体系，积极争取建设全国绿证交易平台

按照国家部署，借鉴浙江、陕西等省市先进经验，研究出台河南省绿证交易规则制度，与用能预算管理衔接。绿证购买由省级节能主管部门统筹安排，按照"十四五"能耗强度下降目标任务，测算全省绿证需求量，统筹安排各省辖市绿证购买需求量，在确保本省绿证自身消纳、绿证环境权益资源不外溢的前提下，鼓励购买省外绿证，抵消本省化石能源消耗及碳排放。绿证目前依托中国绿色电力证书交易平台，以及北京电力交易中心、广州电力交易中心开展交易，适时拓展至国家认可的其他交易平台，河南省应提前谋划布局，依托省电力交易中心，发挥巨大的市场潜力优势，积极向国家争取建设河南省绿证交易平台，打造绿色金融的新高地。

（二）建立绿证交易与能耗"双控"考核的衔接机制，助力完成能耗"双控"目标

探索建立绿证与节能目标责任考核衔接的机制，将绿证作为可再生能源消费、能源结构测算的重要支撑依据，以考核的机制促使各省辖市能源结构不断转型。对于节能目标责任考核完成困难的省辖市，对照能耗强度降低目标测算绿证需求量，鼓励本地区重点用能单位通过购买绿证加大自身可再生能源消费量，不断提升可再生能源消费比重，确保本地区完成单位GDP能耗强度下降目标。对节能目标完成滞后的省辖市实施重点用能单位化石能源消费预算管理，要求超出预算的行业、企业强制购买绿证。加大宣传和引导力度，中央企业、地方国有企业、机关和事业单位发挥先行带头作用，增强服务业、个人购买绿证积极性，通过购买绿证的方式实施大型活动碳中和，不断提升全社会绿色低碳意识。

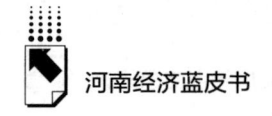

（三）提高"两高"项目和出口型企业绿证使用比例，加快建立绿色供应链

研究出台绿证纳入固定资产投资项目节能审查、碳排放评价管理机制，允许新上项目通过购买绿证的方式抵扣一定比例的能耗指标。加强新建"两高"项目准入门槛，要求新建"两高"项目购买一定比例的绿证，降低化石能源消耗，提升可再生能源消费比例。能耗水平未达到先进值的存量"两高"项目和电解铝、烧碱、数据中心等用电量大的行业，鼓励其通过购买绿证方式降低对能源需求的压力。鼓励出口型企业加大绿证购买力度，建立绿色供应链，降低出口产品的全生命周期碳排放，应对国际碳关税等贸易壁垒。

（四）建立绿证资源对口采购机制，抢滩占先优质绿证资源

鼓励各地区将可再生能源电力消纳责任权重分解落实到开发区和重点用能单位，逐步建立"权重+绿证"约束机制，鼓励郑州、洛阳等绿电需求大的省辖市与信阳、南阳等绿电资源相对富裕的地区建立省内区域绿证的对口合作与采购机制，提高可再生能源消纳能力。在保证省内绿证资源消纳的前提下，加大省外绿证资源的购买力度，加强与可再生能源资源丰富的新疆、青海、内蒙古等西部地区对口衔接，提前锁定稳定优质低价的绿证资源，优化河南省能源消费结构。

参考文献

廖睿灵：《绿证交易越来越活跃》，《人民日报》（海外版）2024年8月6日。
王煦：《加快完善绿电绿证交易体系，助推供应链减碳》，《中国国情国力》2024年第6期。
曹安国、沙冠男、舒彤：《我国绿色机制及绿色消费市场演变及现状》，《中国电力企业管理》2024年第16期。

B.21
河南民间资本参与重大项目建设问题研究

赵新池 李子君 郝占业 王军美 潘雨琪*

摘　要： 长期以来，民间投资对促进经济增长、活跃城乡市场、扩大就业、保持社会稳定等方面发挥了积极作用。近几年来，河南省民间投资力度有所减小。为此，政府相继出台了一系列政策措施，鼓励民间资本参与重大项目建设，以期提振民营企业信心，促进民营经济回暖向好。本文在全面分析当前河南省民间资本参与重大项目建设情况的前提下，梳理出了民间资本参与重大项目建设存在的堵点难点，并就症结问题提出了相应的建议和对策：加强政策宣传，引导民间资本参与重大项目建设；完善融资制度，帮助民营企业解决资金瓶颈之忧；优化营商环境，助推民间资本涉足更多更广领域；注重科技创新，促进民营企业内涵式可持续发展；实施人才战略，提升民营企业市场竞争智慧动力；促进项目落地，完善民间资本参与项目长效机制。

关键词： 民间资本　民间投资　重大项目建设

　　民间投资是扩大有效投资的重要组成部分，是市场预期和投资信心的风向标。长期以来，党中央一再强调，并出台了很多政策措施，要求调动民间投资者的积极性，鼓励民间资本参与重大项目建设，充分发挥民间资本的积

---

* 赵新池，河南省地方经济社会调查队第二产业调查室主任；李子君，河南省地方经济社会调查队第二产业调查室副主任；郝占业，河南省地方经济社会调查队第二产业调查室二级调研员；王军美，河南省地方经济社会调查队第二产业调查室三级主任科员；潘雨琪，河南省地方经济社会调查队第二产业调查室四级主任科员。

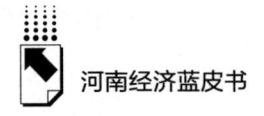

极作用。河南省认真贯彻落实中央精神，立足省情，积极谋划，因势利导，多措并举，民间投资已经占据全社会固定资产投资的"半壁江山"。本文结合专项调研数据，通过对民间投资规模、投资结构的定量、定性分析，透视出民间投资，尤其是民间资本参与重大项目建设存在的堵点难点，并就如何打通梗阻堵点、激发民间投资活力，促进民营经济高质量壮大发展提出了针对性的建议及措施。

一 民间资本参与重大项目建设的必要性和可行性

（一）支持民间资本参与重大项目建设的必要性

改革开放以来，在各项鼓励民间投资发展政策的支持下，河南民间投资从小到大、由弱到强，在促进经济增长、活跃城乡市场、扩大就业、保持社会稳定等方面发挥了积极作用。统计数据显示，改革开放初期的1985年，河南省民间投资占全社会固定资产投资的比重为21.9%，伴随一系列重大改革举措的落地实施，河南省民间投资规模稳步扩大。到2012年，河南民营经济已成为社会投资主力军和对外贸易生力军，民间投资占全社会固定资产投资总额的80.8%，而且发展势头迅猛。之后10年间，稳步推进投资领域"放管服"改革，持续出台为民间投资"纾困""赋能"的政策举措，民间投资在全社会固定资产投资中的占比保持在69.0%以上，成为推动全省投资增长和结构升级的主要力量。

民间投资作为河南经济社会发展的重要推动器，在重大工程和重点建设领域引入民间投资，不仅能促进民营企业强筋壮骨，提高项目运行效率，减轻财政压力，更能发挥民营资本在促经济、稳增长中的重要作用。

（二）实施民间资本参与重大项目建设的可行性

面对复杂多变的国内外经济形势、经济环境，河南省积极响应党中央号召，颁布了一系列鼓励民间资本参与重大项目建设的政策举措，民营企业家和民间投资者投资积极性不断增强。发挥重大项目牵引和政府投资撬动作用，鼓励民间投资参与重点领域项目建设，不仅有助于形成多元化投资格局，也能拉动投资增速进一步回升，从而促进国内需求加快恢复，推动经济企稳回升。综观美日等发达国家，经济最大的活力源于民间资本，政府通过利用市场这只"无形的手"和政府这只"有形的手"最大限度地发挥了民间资本的作用。

事实证明，随着鼓励民间资本参与重大项目建设相关政策的落地实施，河南省民间投资增速持续下滑的局面已得到有效遏制，全省经济呈现稳中有进、持续向好的态势。

二 民间资本参与重大项目建设基本情况

2024年3月河南省地方经济社会调查队在17个省辖市及济源示范区抽取96个有民间资本参与的重大项目专题调研显示，当前河南省民间资本参与重大项目建设的规模、结构、意愿等呈现以下特点。

（一）资本流入领域分布不均，制造业凸显并独占鳌头

民间资本基于自身特性，加之外部诸多因素瓶颈制约，主要投资领域一直是房地产和制造业，在基建及社会领域服务业投资中的参与度相对有限。近几年，受国家宏观调控政策影响，房地产领域的民间资本不断撤出流向其他领域，形成制造业"一家独大"的局面。从调研项目所属领域看，河南省民间资本参与的重大项目超三成为制造业。在基建和社会领域民间资本参与度普遍较低，社会公共事业占11.5%，交通占10.4%，能源和新型基础设施均占9.4%，市政和地产均占8.3%，环保占6.3%，水利占1.0%（见图1）。

（二）参与重大项目模式多样，民间资本占比超六成

长期以来，国有资本一直把持着应当由民间资本参与和主导的领域，导

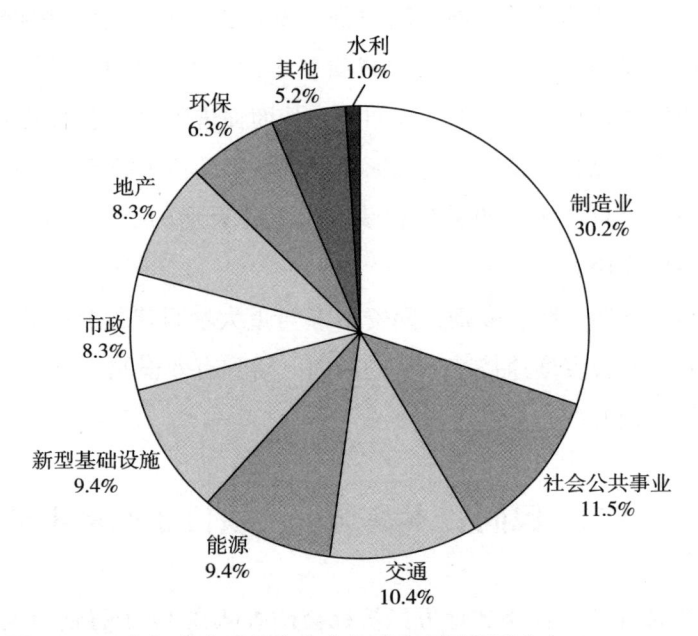

图1　2024年河南省民间资本参与重大项目领域分布

致社会资源利用效率大大降低，投资等对经济稳定的作用严重不足。为打破此局面，形式各异的民间资本投资模式应运而生，并在特定时期、特定经济环境下发挥了民间资本应有的积极作用。从专题调研结果来看，当前河南省民间资本参与重大项目建设的主要模式，EPC（工程总承包模式）占35.4%，自筹自建模式占25.1%，PPP（政府和社会资本合作模式）占20.8%，BOT（建造—运营—移交模式）占13.5%，其他模式占5.2%。

通过不同的运作模式，民间资本得到了有效激活，并参与到重大项目建设中来。受调研的96个项目中，民间资本总额1302.74亿元，占项目总投资额的64.1%。其中，有81个项目民间资本占投资总额的50.0%以上，占项目总数的84.4%。

（三）投资重大项目意愿较强，倾向实体与科技领域

基于自身发展壮大需要，民营企业对参与重大项目建设表现出较强意

愿。57.3%的受访企业对未来预期有信心，表示将扩大投资规模；33.3%的受访企业出于谨慎心理，将维持现有投资规模；仅有9.4%的受访企业计划缩小投资规模。

从投资愿景看，67.7%的受访企业愿意投资实体经济，其次是科技创新项目，占受访企业的50.0%。乐于投资基础设施和社会公共事业项目的受访企业分别占37.5%和27.1%，仅有6.3%的受访企业愿意投资金融服务项目。

（四）民间投资环境整体看好，政策落地效果比较好

近年来，从中央到地方各级政府相继出台了一系列促进民间投资的支持政策措施，为民间投资"保驾护航"。例如，2023年国家出台了"民营经济31条"，河南出台了《关于进一步优化政策环境加大力度支持民间投资发展的若干政策措施》《河南省实施扩大内需战略三年行动方案（2023~2025年）》，2024年河南又出台了《中共河南省委 河南省人民政府关于促进民营经济发展壮大的实施意见》。本次调研结果显示，56.3%的受访企业认为当地民间投资环境"好"，28.1%的受访企业认为"较好"，15.6%的受访企业认为"一般"。

从政策实施效果看，90.0%以上的受访企业对支持民间资本参与重大项目相关政策实施效果表示满意，其中44.8%的受访企业表示很满意。

（五）项目信息获取渠道较多，相关政策知晓度较高

从获取项目信息的渠道看，政府宣传推介会是受访企业获取项目信息的主要渠道，占受访企业的79.2%；其次是政府官方网站、人脉资源、微博等新媒体以及其他，依次占受访企业的62.5%、32.3%、25.0%和4.2%。

民营企业、民间投资者对政府出台的相关政策措施知晓度较高。依据调研结果，70.8%的受访企业表示了解鼓励民间投资政策，其中34.4%的受访企业非常了解，36.4%的受访企业比较了解，另有29.2%的受访企业表示不太了解。

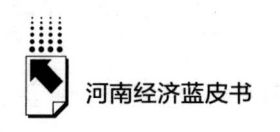

三　民间资本参与重大项目建设存在的难点堵点

通过调研了解到，受主观、客观多种因素影响，民间资本参与重大项目建设仍然存在一些亟待解决的问题。

（一）"准入不畅"是民间资本参与重大项目建设的主要障碍

一方面，政府主导的市场前景及盈利预期较好的重大项目，在融资环节开放性不足，市场准入条件设置相对严格，民间资本参与的难度较高。大部分受访企业建议"建立完善民间资本与国有资本平等竞争的机制及法律保障"。

另一方面，在向民营企业开放投资的有限项目中，还存在各种"玻璃门""弹簧门"等隐性壁垒阻碍民间资本实际参与。受访民营企业普遍反映，与国有、外商投资企业相比，在申报具体项目过程中待遇有不同程度差异，往往处于劣势。

调研结果显示，重大项目需要企业具备较高资质，因此在项目申报所需材料方面不仅具有一定"门槛"，更需要多项佐证材料以及相关部门出具的资质认定文件，所需材料较多，前期审核时限易拉长。超过30.0%的受访民营企业认为隐性壁垒较多且参与方式选择不多，28.1%的受访民营企业认为在参与重大项目建设中存在政策信息不畅通的问题，25.0%的受访民营企业认为民间资本参与重大项目建设过程中存在行政审批时间较长的问题。在调研某地经济产业园时，企业负责人提出希望政府重大项目建设在前期有更多公开披露，对民间资本的参与方式、注资渠道、合作内容、准入门槛、保障机制等内容有更多宣讲，以便企业及时、准确地了解更多政策信息，提升参与重大项目的积极性。

（二）"收益不稳"抑制民间资本参与重大项目建设的积极性

一是部分垄断领域放开不彻底、制度不配套。民间资本对具有一定垄断属性的基础设施投资有较高积极性，但一些垄断领域增量开放后，由于上游企业处于自然垄断地位，具有控制权，加上相关配套改革不到位，民间资本投资建设相关项目后运营难、结算难、盈利难。

二是重大项目市场化收入机制不完善，尤其是提供公共服务的建设项目缺乏市场化的收入机制，财务投资回报不够。一些民营企业参股参与重大项目后，既得不到经营权，也得不到话语权，仅能作为长期得不到分红的财务投资者存在。

三是重大项目大多回报周期较长，盈利存在一定风险，建成后民间资本要退出主要有到期移交、政府回购和项目转让等方式，很难实现中期退出。专项调研结果显示，有66.7%的受访民营企业因投资回报周期长、回报率低，缺乏稳定退出机制决定缩小投资规模。部分受访民营企业谈及，在民间投资中，希望有与项目投资周期相匹配的长期资本，也希望有高效和低风险的退出机制。

（三）"信任缺失"导致民间资本参与重大项目建设顾虑重重

在调研座谈中了解到，部分重大项目存在政府支付责任不履行、拖欠工程款等突出问题，破坏了政府的公信力，造成民营企业对重大项目投资产生抵触情绪。由于部分项目建设往往需要政府长期的稳定政策，企业和政府之间要签订长达数十年的协议约定，民营企业通常会担心"招商引资后续配套不完善""新官不理旧账""回款难"等问题。在调研中发现，某些企业参与的政府项目，由于政府债务负担重、项目周期长、经济下行压力大等客观原因，企业回款极其困难。

（四）"融资困难"是民营企业最堵心最渴望解决的问题之一

民营企业参与重大项目建设大多是自筹部分资金，其余靠银行贷款解决。相较于国有企业、外资企业，民营企业因规模较小、经营业绩不稳定、信用评级低，银行对无国资无政府背景合作的民营企业无论是抵押贷或者是信用贷，往往都存在审批额度、比例低，贷款周期短等现象。而且，民营企

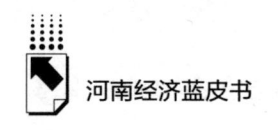

业贷款利率均高于国有企业，同时在经营过程中抽贷、压贷情况时有发生，企业现金流压力较大，项目进展也随资金情况波动较大。超过50.0%的受访民营企业普遍认为长期以来融资渠道不畅通，申请银行贷款难以足额到位，惜贷、抽贷、压贷情况普遍存在。

（五）"负债经营"对民间资本参与重大项目建设是把双刃剑

民间资本参与政府重大项目建设仅依靠自有资金积累难以满足资金需求，为了扩大规模抢抓机遇，很多民营企业选择负债经营这一方式。在市场形势好的前景下，负债经营自然可以实现良性循环，可一旦经济形势走弱，企业则面临较高的流动性风险，陷入债务危机，甚至倒闭破产。民营企业负债经营的必要性源于其自身特点和发展需求。负债经营可以帮助解决资金短缺问题，优化资本结构，并利用财务杠杆提高权益资本的报酬率。然而，这也可能导致破产机会的增加和每股收益变动性的增加。面对当前不确定因素增多的市场行情，降低负债、稳定资金链成为民营企业的重要任务。

四 破解民间资本参与重大项目建设梗阻堵点的对策

（一）加强政策宣传，引导民间资本参与重大项目建设

一是加大民间资本参与重大项目建设的推介力度。依托民间资本参与重大项目推介平台、政府官网、"两微一端"以及召开民间资本参与重大项目推介会等多种渠道，加大项目信息的发布和引导力度，选取成熟度高、投资回报机制明确的优质项目进行推介。

二是充分利用新媒体，将重大项目的申报条件、办事流程、具体内容和相关要求等进行重点说明，纳入政府主动信息公开范畴，定期在微信公众号、官网更新发布，设置"政策信息公开"等栏目，方便符合资质的企业查阅政策文件，也可以在线上建言献策。

三是常态化开展以民营企业为主体的"入企送政策"活动，定期举办

免费培训班，向有意向、有资质参与重大项目的民营企业、行业商协会进行重点推介，并宣讲相关政策，增强推介的针对性和精准性。

（二）完善融资制度，帮助民营企业解决资金瓶颈之忧

建议相关部门联合建立企业白名单，优化该类企业融资流程及门槛。

一是改进专项债券资金使用和管理方式，减少完全由地方委办局、城投、建投公司来实施专项债项目的格局，让民间资本能够参与到专项债项目中。

二是加强政策性银行对民间投资基础设施的信贷支持，加强对民间资本参与政府有关项目信贷总量的支持，维持良好的行业融资环境，创新应用政策性金融工具。

三是针对民间资本参与的大型基础设施，鼓励商业银行在提供信贷时，更注重项目主体的财务状况，而非必须由母公司担保。通过投资补助、贷款贴息等方式，支持符合申报条件的企业积极进行项目申报，支持参与基础设施投资的民营企业在债券市场上融资。

（三）优化营商环境，助推民间资本涉足更多更广领域

一是完善和规范招投标制度。在招投标过程中，破除不合理限制身份差别、地方保护等隐性壁垒，消除民营企业公平参与招标活动的障碍，确保招投标公平、公开、公正，避免招投标时出现"隐性歧视"行为。

二是将重点领域项目向民间资本实质性开放。例如，遴选一批经营性的政府重大工程项目，如部分铁路、高速公路、港口设施等交由市场竞争，让有实力的民营企业参与投资建设，发挥示范带动效应。对于新型基础设施，如数据中心、智慧能源和智慧交通等重大项目应主要采取市场化机制，充分利用民间资本机制灵活、创新强、效率高、调整快等优点，鼓励民间资本广泛参与。

（四）注重科技创新，促进民营企业内涵式可持续发展

一是加大对民营企业科技创新的资金支持力度。加大财政专项资金投

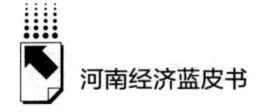

入，提高使用效率。改革企业创新资金审批制度，组织对申报项目进行专家论证，对企业科技资金审批进行立项、验收。

二是加大对民营企业的智力扶持力度，深入推进科技特派员制度，针对企业需求，积极推进科研院所、高等院校的专家学者带项目、带资金、带技术支持民营企业，开展定向帮扶。引导民营企业不断完善管理方式、运行机制及内部治理结构。

三是加大对民营企业科技创新的政策扶持力度。进一步健全完善支持企业开展技术成果转化、技术改造的激励机制，把支持民营企业创新的奖励和税收优惠政策落实到位。

（五）实施人才战略，提升民营企业市场竞争智慧动力

一是建立多层次、多类型的人才培养体系，加强"政企校"协作交流，加快构建政府推动、企业主体、院校依托的政企校合作体系，立足在豫本地院校，针对集群化高技术产业，培养一批专业高技术人才。

二是搭建多种招聘求职渠道，建立线上线下人才对接平台，不断加强劳动力供需双方的信息对接，通过发布招聘信息、举办各种类型的招聘会，实现人才和企业的精准匹配。

三是加大对优秀民营企业家和高层次人才的表彰力度，营造全社会尊重民营企业人才、支持民营企业高质量发展的浓厚氛围。

（六）促进项目落地，完善民间资本参与项目长效机制

民间资本参与重大项目建设，重在落实，难在长效。一方面要常态化发布推介项目清单，便于符合资质的民营企业及时了解项目的基本情况，从而积极参与项目投资；另一方面对于已公开推介的项目，要明确支持措施，持续做好跟踪调度和后续服务，在项目落实中发现问题及时跟进、及时处理，促进项目有效落地实施。在调研中，受访的民营企业期盼政府至少在保持政策稳定性连续性、放宽投资领域、及时全面公开项目信息、提升收益回报预期、加强政策宣传和指导、清除歧视性准入条件、及时保障要素供给、丰富

投资参与方式、建立可靠退出机制等九个方面建立切实可行的长效机制，并切实安排专班及时跟踪政策措施落地执行情况，为民间资本参与重大项目建设铺路架桥，为民营经济高质量发展保驾护航。

注：本报告数据、图表资料来源于《河南省统计年鉴》和专项调研，特此说明。

B.22
河南省内河航运高质量发展策略研究

杨朝晖 张仲鼎 付孝银 任 静 王占伟 王纪锋*

摘 要： 河南省委省政府高度重视内河航运发展，2023年9月，省长王凯在周口调研时作出内河航运"其时已至、其势将起"的重要判断，要求举全省之力加快内河航运高质量发展。本文从宏观与微观的角度，从发展机遇、要素条件、发展需求、产业条件、竞争优势五个方面深入分析了河南省内河航运发展的形势，指出目前面临的基础设施、经营发展、政策供给等关键问题，提出加快项目建设、提升运营水平、发展临港产业、优化营商环境、破解要素制约等可实施性建议，为加快推动河南省内河航运高质量发展提供思路和实施路径。

关键词： 内河航运 营商环境 比较优势 河南省

党中央、国务院高度重视内河航运发展工作，习近平总书记强调，经济强国必定是海洋强国、航运强国。2024年2月23日，习近平总书记在中央财经委员会第四次会议上指出，降低全社会物流成本是提高经济运行效率的重要举措，要优化运输结构，强化"公转铁""公转水"，优化主干线大通道，大力发展临港经济。习近平总书记的重要指示，党中央、国务院的重大决策部署，为河南省推动内河航运高质量发展指明了方向，提供了根本遵循和十

---

* 杨朝晖，河南省交通运输厅综合规划处处长；张仲鼎，河南省交通运输厅综合规划处副处长；付孝银，河南省交通运输厅综合规划处一级主任科员；任静，河南省交通运输厅综合规划处干部；王占伟，河南省中工设计研究院集团股份有限公司水运水利规划设计院工程师；王纪锋，河南省交通事业发展中心港航处副处长。

分难得的历史机遇。2023年9月，王凯省长在周口召开内河航运高质量发展推进会，做出了河南省内河航运"其时已至、其势将起"的重要判断，要求加快实施内河航运"11246"工程，举全省之力加快推动内河航运高质量发展。

一 河南省内河航运高质量发展形势分析

（一）从发展机遇看

习近平总书记在河南考察时指出，河南要建成连通境内外、辐射东中西的物流通道枢纽，为丝绸之路经济带建设多作贡献。2024年3月20日，习近平总书记在湖南主持召开新时代推动中部地区崛起座谈会，要求加强中部地区现代化交通基础设施体系建设，强化中部地区的大通道格局。2024年5月27日，中共中央政治局召开会议审议通过《新时代推动中部地区加快崛起的若干政策措施》，提出"支持湘鄂赣、湘赣边、豫皖、晋豫等深化省际务实合作，拓展合作领域和方向""共建互联互通现代化交通基础设施体系，畅通长江干线、江淮干线、淮河、沙颍河等航道，强化公转铁、公转水，实施内河水运体系联通工程，构建便捷的水运出海通道"。河南省委省政府贯彻落实国家战略和政策要求，出台了水运发展相关的系列政策和规划，谋划新的水运政策和战略规划，政策环境将会持续优化，进一步推进内河航运高质量发展。2023年7月16日，江淮运河试运营，沟通长江和淮河，联通了国家高等级航道网骨干"横一长江干线通道"和"横三淮河干线通道"，重构了河南省内河航运格局，打通了长三角与中原经济区之间的水运大动脉，形成了平行于京杭大运河的第二条南北水运大通道，改变了淮河中上游地区与长江中上游地区水运绕道京杭大运河的现状，缩短约200~600公里运输航程，必将直接推动沿淮地区水运加速发展，为河南省水运发展带来新的重大机遇。

（二）从要素条件看

河南省地处中原，承东启西，连南贯北，交通区位优势突出，已初步形

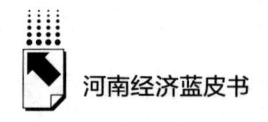

成"米+井+人"的综合交通运输网络体系，具备承接产业转移的基础优势，也是全国唯一地跨长江、淮河、黄河、海河四大水系的省份，多年平均降水量771.10毫米，流域面积超过1万平方公里的河流有11条，区域分布呈现南部多于北部的特征。按照交通水利联合调度、水运和水利工程统筹实施、把水运用水纳入水资源分配体系等工作原则，持续强化通航水资源保障，谋划的航道分布于南部、东部等水资源较为充沛的地区。例如，沙颍河、淮河、唐河近20年平均径流量分别为26.27亿、52.32亿和13.79亿立方米，通航水资源在有条件的地区有一定保障；沱浍河近20年平均径流量为0.43亿立方米，通航水资源相对不足，可通过省水船闸、翻水泵站等工程措施，以及水资源综合调配保障通航用水。随着河南水网建设不断推进，水资源综合调控能力将进一步增强，能够满足航运需求。

（三）从发展需求看

2024年河南省货物运输总量29.17亿吨，其中，公路25.88亿吨，占比88.7%，水路2.13亿吨，占比7.3%。目前，全省内河航道通航总里程1825公里，淮河、沙颍河通江达海航道里程399公里，具备常年通航千吨级单船、万吨拖队能力。以周口港、信阳港为主的港口布局初步成形，全省码头泊位共228个，设计吞吐能力7524万吨；全省集装箱航线达到39条。2024年，全省港口吞吐量6085.05万吨，同比增长29.8%；完成集装箱吞吐量10.89万标箱，同比增长20.4%，运输需求强劲。河南省作为全国重要的交通枢纽，是"西煤东运""北粮南运"的重要通道，且具有内河航运"起点"优势，是西北地区煤炭下水的"桥头堡"，河南亟须加快内河航运基础设施建设，促进运输结构优化调整，极大推动大宗物资"公转铁、公转水"进程，不断提升多式联运水平，促进河南省港口吞吐量和水路运输量持续保持较快增长。

（四）从产业条件看

河南省已建成制造业开发区184个、国家级物流园区1个、省级物流示范园区 42 个、综合保税区 5 个。周口市整合成立临港开发区，已形成生物经济、临港制造、高端食品加工、生产性服务四大支柱产业，益海嘉里、豫东能源储备中心、河南国际农产品进出口物流园、安钢周口钢铁等一大批重点项目签约落地，船公司、箱公司、货贷公司等 30 多家临港贸易企业投资落户，截至 2023 年底，临港产业规模达到 219 亿元。信阳市围绕建材、粮食、户外家居等多类型临港产业持续开展项目招引。漯河、平顶山等市加速推进现代物流、食品加工、新型建材、船舶制造等临港产业向港口布局，农产品、纺织服装、面粉、食品等通过水运出海的产品种类不断丰富。河南省制造业发展规模逐步壮大，新兴产业发展迅速，对外出口运输需求强劲，煤炭、钢铁、水泥、粮食等传统大宗物资运输依托水运供给充足、优势明显，船舶工业和新能源船舶的发展，也将为水运发展提供支撑。

（五）从竞争优势看

水路运输成本是公路的 1/7、铁路的 1/3，加之长江江海联运、未来淮河入海河海联运、江淮运河缩短运距、铁水联运集约经营等因素，进一步形成了降本提质增效的比较优势，有利于水运产业的可持续发展。水运不仅运能大，适宜中、长距离运输，还能完成高速公路、铁路无法实现的超长、超宽、超重等特大货物运输。内河航运污染小，造成的环境污染仅是铁路运输的 1/3 和公路运输的 1/15。且内河航运占地较少，四车道高速公路约占用土地 110 亩/公里，国家一级双线铁路约占用土地 90 亩/公里，内河航运除港口码头建设外，主要依靠天然河流和岸线，占用的土地资源更为有限。水运在综合运输结构中具有不可替代性。

二 河南省内河航运发展面临的问题

（一）基础设施能级较低

一是通过能力不足。目前，全省无可通航 1000 吨级船舶的三级以上航

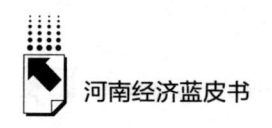

道,沙颍河周口、大路李等船闸设计标准为500吨级,航道等级低,难以适应船舶大型化趋势、有效发挥航运效益。

二是港口能级不高。港口量能比(吞吐量/设计通过能力)较低,仅周口、信阳、漯河3个港口通航运营,2024年港口吞吐量分别为5205.64万吨、544.07万吨、253.55万吨,其中,信阳港、漯河港量能比分别为0.65、0.75,对比安徽芜湖港1.4亿吨左右的吞吐量差距较大。且港口管理专业化、智慧化水平不高,港区堆场、仓储等设施规模较小,缺少专业化、自动化换装转运设备。

三是联运效能较低。铁水联运枢纽数目较少,仅周口港沈丘港区刘湾、刘集2个作业区实现了铁路进港,周口中心港区、信阳淮滨港区承接的铁路下水货物,分别需要公路短驳10~20公里。

(二)经营发展层级较低

一是经营水平有待提升。港口生产经营单位尚未形成专业化、协同化分工机制,集货服务意识不强,缺乏水路运输信息共享平台,港口、航道、铁路、海关、商检、企业等各系统之间相关业务信息不能共享,难以提供一站式服务。

二是物流组织水平有待提高。内河水运龙头骨干企业数量少、能力弱,一体化运营组织水平不高,港口枢纽能级不强,集装箱周转服务能力有待进一步提高,铁水联运潜力仍需充分挖掘。

三是产业集聚效应仍需加强。传统优势产业创新能力薄弱,临港产业关联度大、技术含量高的龙头带动型项目偏少,大多属于单体发展状态,产业链尚未形成,临港产业培育发展缓慢。

(三)政策供给不够充分

一是区域协调联动有待加强。跨区域协调联动会商等常态化机制尚未建立,重大事项跨区域协同推进力度有待进一步加大,省际政策协同配套还存在不足。沙颍河安徽境阜阳一线船闸现状等级较低,沱浍河安徽境临涣至省界段航道、涡河安徽境涡阳至省界段航道预计2027年建成通航；唐白河湖北段航道预计2026年底建成。

二是航道建设资金缺口大。按照内河航运"11246"工程安排，至2027年，河南省预计将完成17个航道整治项目，总投资958.36亿元，除交通运输部补助外，仍有722.30亿元需要省市筹集，其中省级财政需要提供53.50亿元，按目前省级财政每年补助约5亿元计算，至2027年共补助约15亿元，资金缺口达38.50亿元。与兄弟省份横向比较，河南省财政每年安排水运建设和养护资金远低于水运较为发达的江苏省、浙江省，也低于水运发展水平与河南省接近的湖南省、安徽省、江西省。

三是政策支撑力度不足。河南省船闸不能收费。周口、信阳内河航运集装箱专项资金支持政策存在补贴资金下发不及时、不到位的问题，部分货源企业又转向公路、铁路运输，周口港至太仓、连云港的集装箱航线陆续停航。

三 加快内河航运高质量发展的对策建议

随着中国特色社会主义进入新时代，经济发展由高速增长迈入高质量发展的新阶段，水运发展建设即将进入深化结构调整和高质量发展的10年左右建设"窗口期"。河南在中部地区崛起战略中扮演着重要角色，建议河南省积极联动山西、陕西等资源富集地和安徽、江苏、浙江等长三角省市，以畅通道、调结构、降成本、促绿色、聚产业为主线，以京广、陇海、京九等铁路和沙颍河、淮河、江淮运河、长江干线等高等级内河航道为依托，充分发挥中原地区内河港口、航道作用，构建以铁水联运为主要运输方式的中部多式联运出海大通道，进一步推动陆海内外联动、东西双向互济，形成一条链接东西、贯通南北新的物流通道、产业通道、生态通道。

（一）加快项目建设，提升服务能级

一是提升水运通道能力。加快沙颍河、淮河、沱浍河、唐河等"一纵

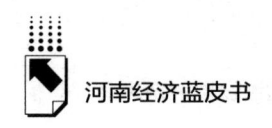

三横"骨干航道项目建设,确保常年通航1000吨级以上船舶,加快电子航道图建设,推动贾鲁河、唐河沙河联通工程等前期工作,提升航道通行能力。

二是提升港口服务能级。推进周口港、信阳港、漯河港扩容增效和智能化改造,加快南阳港、商丘港建设,提升专业化、智慧化水平,把周口中心港区打造为对外开放水运龙头,打造层次清晰、功能明确、结构合理、协调发展的港口格局,争取2025年港口吞吐量达到1亿吨。

三是完善集疏运体系。重点推进周口、信阳等主要港口疏港公路建设,加快推进周口港中心港区、信阳港淮滨港区、漯河港中心港区铁路专用线建设,积极推动水运与铁路、公路等运输方式高效衔接,形成联通中西部省份和长三角地区的多式联运运输通道。

(二)提升运营水平,打造港航品牌

一是培育联运市场主体。着力推动河南交投集团、中豫港务集团提升服务能级,积极发展全程物流、供应链管理,提升一体化服务能力,打造具备较强竞争力的"豫军"企业。

二是提高运营管理水平。充分发挥企业的内生动力,搭建重点企业沟通交流平台,针对年货运量在50万吨以上的企业,"一企一策"制定货物水运方案、工作措施,促进企业规模化、集约化经营,不断增强河南港口对货源的吸引力、集聚力。

三是打造联运精品线路。开辟山西、陕西、内蒙古等煤炭主产区至周口港、信阳港等港口的直达班列,加密至合肥港、芜湖港、蚌埠港等港口集装箱航线,提升周口港、信阳港等港口铁水多式联运服务水平,打造铁水联运精品线路。

(三)发展临港产业,促进港产城融合

一是优化临港产业布局。以"1+3"(1是周口,3是信阳、漯河、平顶山)分层次港口为支点,以"一纵三横"(一纵是唐白河,三横是沱浍河、

淮河、沙颍河）骨干航道为骨架，结合全省产业布局，总体构建"一核引领（周口港）、五带协同（沙颍河、淮河、贾鲁河、唐河、沱浍河）"的临港产业发展格局。

二是壮大临港产业规模。统筹航道、港口岸线等资源，强化港产城总体规划，实现内河航运各项基础设施整体推进、同步建设、协调发展。以周口港为载体，打造临港产业发展先行区，引导现代物流、钢铁、先进装备、船舶制造、粮油加工、新材料、港航服务、流通贸易等产业向港口集聚发展。积极争取长三角产业向通道沿线有序转移，形成一批具有较大规模效益和较强辐射带动作用的特色产业集聚区。

三是加快港口主业发展。大力发展口岸物流、保税物流、船舶维修制造、国际货运代理等，提高周口港综合交通枢纽功能地位。漯河港作为周口港的协同港，承接中西部煤炭、矿石、建材等大宗物资。信阳港聚焦船舶制造、食品、新能源、纺织服装等规模化、集约化发展。

（四）优化营商环境，建立协同机制

一是加强省际联动。贯彻落实中部地区崛起等国家重大战略，积极对接安徽、湖北等省份，做好上下游航道建设时序与规划建设等级的衔接工作，加快沙颍河、沱浍河等省际航道建设；强化运营管理合作，提升通航便利化水平，保障船舶安全高效通行。

二是坚持高位推动。进一步加强内河航运高质量发展工作专班力量，发改、水利、自然资源、生态环境、林业等部门共同发力，建立流域水资源保障机制，水网赋能航运网，推动防洪兴利航运融合发展。

（五）破解要素制约，加强政策供给

一是拓宽投融资渠道。积极争取国家资金支持，统筹水利水运资金，积极争取超长期国债、专项债券等国家政策资金支持。创新政府和社会资本合作模式，引导和鼓励社会资本积极投资水运基础设施，加强水运建设资金保障，增强水运可持续发展能力。推动砂石资源综合利用、临港土地配套开发

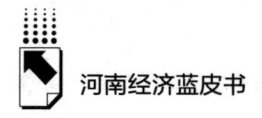

等政策落地，推动船闸收费政策尽快出台，有效破解融资难题。

二是加快制定支持政策。落实现有奖补政策，及时足额发放奖补资金。引导货代企业、船公司巩固老航线、拓展新航线，不断提升水路货运量。研究港口集疏运车辆高速公路通行费优惠政策。加快研究制定出台全省港产城融合发展指导意见，推动宜港产业向港口集聚。

参考文献

河南省人民政府：《关于印发河南省"十四五"现代综合交通运输体系和枢纽经济发展规划的通知》（豫政〔2021〕57号），2021年12月31日。

河南省人民政府办公厅：《关于印发河南省通用机场中长期布局规划（2022~2035年）和河南省内河航道与港口布局规划（2022~2035年）的通知》（豫政办〔2022〕52号），2022年5月30日。

河南省人民政府办公厅：《关于印发河南省四水同治规划（2021~2035年）的通知》（豫政办〔2021〕84号），2021年12月31日。

贾大山、纪永波、焦芳芳：《内河优势战略》（第2版），人民交通出版社，2022。

B.23
河南省消费扩容提质转型研究

张 静 雷茜茜 施 薇*

摘 要： 消费作为拉动经济增长的"三驾马车"之一，是推动我国经济高质量发展的重要动力源。党的十八大以来，河南省主动适应和把握经济发展新常态，加快推进供给侧结构性改革，不断推动商贸流通产业改革，居民消费水平稳步提高，消费品市场蓬勃发展。本文基于党的十八大以来河南省消费领域数据，深入分析河南省消费市场的发展现状、结构特征和发展趋势，探讨经济社会发展过程中制约消费扩容提质的因素，并提出消费扩容提质的几点建议：增强消费能力，激发消费潜力；优化消费结构，培育壮大新型消费；优化消费市场环境，提振消费信心。

关键词： 消费品市场 消费扩容提质 消费转型 河南省

一 研究河南消费市场扩容提质的背景和意义

（一）消费扩容提质的界定

扩容提质涵盖范围较为广泛，总体来说，消费扩容提质是指在消费量不断增长的基础上，通过优化消费结构、提升消费品质，满足人民日益增长的美好生活需要。具体来讲，消费扩容意味着消费量的增长，包括消费在国民经济中的占比提高和对国民经济增长的贡献不断加大；消费提质则着重于消

---

* 张静，河南省统计局副局长、贸易外经统计处处长；雷茜茜，河南省统计局贸易外经统计处副处长；施薇，河南省统计局贸易外经统计处四级调研员。

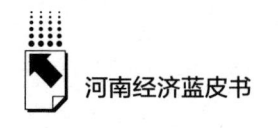

费结构和消费需求的优化，即消费结构从生存型向发展型的转变，消费需求从基本消费向改善型消费的转变。

（二）推动消费扩容提质的意义

消费是经济增长的压舱石，对我国经济增长有着重要的支撑作用，是保持经济平稳性、拉动国内经济增长的有力动力。国家统计局数据显示，2013~2021年，我国最终消费支出对经济增长的年均贡献率超过50%，消费成为经济增长的主要驱动力。2022年短暂下滑后，2023年贡献率达到82.5%，成为三大需求中拉动经济增长的领跑者。随着我国经济社会不断发展变化，消费作为畅通国内大循环的关键环节和重要引擎，作用日益凸显。当前和今后相当长的一个时期，消费需求仍将是拉动我国经济发展的重要因素。

推动消费扩容提质是河南发挥经济大省作用的内在要求。经过多年的积累和发展，河南在全国经济发展的大局中，已成为一个体量庞大的综合经济体，是促进全国经济高质量发展的主力军。同时，河南作为全国排名前3的人口大省，目前省域常住人口近1亿人，中等收入群体2200多万人，消费市场潜力巨大，消费市场扩容提质具有良好基础。推动消费扩容提质，充分释放内需潜力，不仅是河南经济高质量发展的必由之路，也是坚定扛稳河南经济大省挑大梁责任，为全国经济稳定健康发展作出更大贡献的内在要求。因此，研究消费扩容提质现状，提出河南省消费扩容提质路径，对全面推进中国式现代化建设河南实践具有重要意义。

二　河南省消费市场发展现状分析

（一）消费市场规模逐步扩大

党的十八大以来，随着供给能力显著增强和居民收入稳步提高，消费环境和人们的消费观念不断改善，消费市场日趋活跃，消费规模持续扩大。河南着力推进重点领域消费提档升级，聚焦居民消费升级需要，加快消费扩容提质，消费对经济增长的"稳定器"和"压舱石"作用不断增强。2012年，全省社会消费品零售总额迈上万亿元大关，达到10787.62亿元；2013年，实现零售总额达到12426.61亿元；2018年迈上2万亿元大关，达到20594.74亿元。2024年，全省社会消费品零售总额达27596.69亿元，是2013年的2.2倍，年均增长8.1%。市场规模的不断扩大，为有效推动河南省消费扩容提质打下了坚实基础。

（二）消费升级稳步推进

近年来，在消费潜力持续释放、民众文化自信提升和消费观念变化等多重有利因素作用下，传统产业加快向新型消费供给转变，绿色环保商品、智能产品等新型消费持续扩容并发挥出积极作用。2023年底举行的中央经济工作会议和2024年《政府工作报告》中两次明确提及"要激发有潜能的消费，积极培育国货'潮品'等新的消费增长点"。2021~2024年，全省照相器材、能效等级为1级与2级的家用电器和音像器材类商品，以及新能源汽车合计年均增长62.1%，高于全省批发和零售业限额以上零售额年均增速57.1个百分点；可穿戴智能设备、智能家用电器和音像器材、智能手机等智能产品限额以上零售额合计年均增长19.9%，高于全省批发和零售业限额以上零售额年均增速14.9个百分点。消费需求不断扩大和消费的持续升级促使供给端不断提升产品和服务质量以符合消费需求，推动国内企业市场竞争力不断提高，促进良好的国内大循环加快形成。如比亚迪、理想、蔚来、小鹏等国产品牌汽车企业越来越受到消费者认可和喜爱，自主品牌国内市场占有率提高，国内大循环良好发展势头已显现。2024年，中国品牌乘用车销量占乘用车销售总量的65.2%，占有率比2013年提升24.9个百分点。

（三）消费结构不断优化

随着升级类商品消费的快速增长，全省消费品市场的消费结构也随之变化。从内部构成看，满足基本生活需求的消费品零售额占全部零售额的比重下降，反映了消费升级的耐用品类零售额占比提升。2024年，在限额以上单位商品销售类值中，粮油食品饮料烟酒、服装鞋帽针纺织用品、日用品类商品占比24.5%，所占比重比2013年下降1.5个百分点；书报杂志类、电子出版物及音像制品类、通信器材类等升级类、享受类商品限额以上零售额占比3.4%，比2012年提升1.9个百分点。汽车类商品限额以上零售额占比33.7%，比2013年提高6.0个百分点；其中，新能源汽车零售额占比从2020年的0.7%提升至2024年的11.0%，提升10.3个百分点。

（四）消费方式创新发展

随着网购用户规模稳步扩大和物流配送体系不断完善，网上零售等新兴市场供给方式快速增长。在大数据、人工智能和移动互联网等新技术推动以及日益完善的物流配送体系支撑下，超市、专业店等传统业态积极拓宽销售渠道，新兴业态和传统业态融合发展成为当前消费方式多样化的重要体现。2024年，全省实现实物商品网上零售额4788.90亿元，是2013年的17.0倍，2014~2024年年均增长29.4%；实物商品网上零售额占社会消费品零总售额的14.2%，比2014年提高12.1个百分点，占比呈逐年上升趋势。

（五）消费需求持续扩容

2012年以来，河南进出口长期保持中部第一，尤其是近年来，以服务"一带一路"共建国家和地区为统领，以"空、陆、网、海"四条丝路为连接，贸易畅通循环能力不断增强。随着河南外贸大省地位的不断巩固，对外贸易已经成为全省经济社会高质量发展的突破口和新引擎，河南与世界深度交融，河南"智造"走向全球，世界商品走进千家万户，不断满足人民群众高品质的消费需求。2024年，全省货物出口额和进口额分别达734.47亿美元和418.16亿美元，分别是2013年的2.0倍和1.7倍；2013~2024年全省货物出口额和进口额年均增速分别为7.8%、5.5%。

三 当前影响河南省消费扩容提质的因素

（一）内需潜力释放受到抑制

随着经济恢复常态化，一系列扩内需促消费政策的出台对居民消费的增长形成正向利好，但由于受经济大环境影响，居民就业压力大，收入预期偏低，消费潜力的释放受到一定程度抑制。

一是人均可支配收入水平仍处于低位。2024年，河南居民人均可支配收入为31552元，同比增长5.4%，低于上年0.7个百分点。

二是居民消费意愿不高。河南省消费者信心问卷调查结果显示，2023年以来，全省消费者信心指数持续低于乐观区间临界点（100）。且总体呈现回落态势，2024年第四季度环比略有回升，但距临界点仍有一定距离，尚未恢复至乐观期间。

（二）居民储蓄意愿较强

收入压力增大导致居民收入预期不稳，存款储蓄意识增强。2018年以来，河南居民存款余额增速总体呈现上升趋势，2022年达到高点（16.3%），2023年增速连续三个季度超过15.0%，第四季度降至13.4%，2024年虽略有下降，但仍处于较高水平。河南省消费者信心问卷调查结果显示，受就业、收入预期不乐观以及房地产市场不景气、资本市场波动加大等多重因素影响，更多消费者倾向于选择储蓄。

（三）缺乏新的消费增长点

由于耐用消费品使用周期长，且产品同质化严重，高端高质产品开发不足，很难长期维持消费水平高增长，加之疫情冲击之后居民的收入预期降低，许多耐用品更新、更换的时间将会延长，导致部分耐用消费品市场饱和，需求不足。以汽车消费为例，目前国内中高端消费群体市场已趋于饱

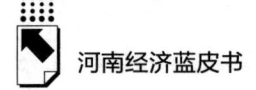

和，中低端消费群体受制于收入水平购买力下降，新能源汽车消费在短期内实现产销量的高爆发增长后，市场已逐渐进入平缓期。从数据情况看，除受疫情影响的月份外，2022年全年新能源汽车零售额均保持高速增长。而2023年以来，新能源汽车消费虽然仍是河南限上消费品市场的主要拉动力量，但增速已出现较大幅度回落。2024年，河南限上新能源汽车零售额增长30.8%，与2021年、2022年、2023年相比，增速分别回落62.1个、50.5个和33.4个百分点。

（四）发展进程相对滞后

河南在2018年实现了由"二三一"产业结构向"三二一"产业结构的历史性转变，虽然整个产业结构变迁进程基本符合世界产业结构演进规律，符合全国经济发展趋势，但这个时间与全国相比延后了6年，比广东、江苏延后3~5年，在中部六省中也比较靠后。当前河南第三产业已经初步显现活力，同时促进了第一产业和第二产业的协同发展，但与全国及其他省份相较而言，河南的城镇化率、人均GDP和第三产业发展水平不高，仍有较大的发展空间和潜力。对比第三产业增加值和批零住餐增加值在GDP中的比重可知，近30年内，河南批零住餐增加值在GDP中所占比重均低于全国平均水平2~3个百分点，发展水平与全国及发达省份相比持续处于低位。未来，随着河南经济发展和产业结构的升级转换，河南第三产业在服务生产、带动经济增长、扩大就业等方面作用将更加突出，为河南省加快产业结构优化和产业能级跃升提供重要支撑。

四 推动河南省消费扩容提质的对策建议

（一）增强消费能力，激发消费潜力

进一步保障和促进就业，多渠道增加居民收入，以收入增长带动消费增长，不断增强扩大消费的内生动力。

一是完善劳动者工资正常增长机制，加快构建以技能为导向的薪酬分配制度。鼓励企业创新发展，加强对困难企业的稳岗纾困帮扶，增加就业机会和职工收入，促进重点群体就业。

二是将促消费与惠民生相结合，重点加强对就业困难群体及低收入人口救助帮扶。适当提高退休人员基本养老金，提高城乡居民基础养老金，提高城乡居民医保财政补助标准。

三是加大惠民生财政补贴力度，通过发行超长期特别国债，通过个人补贴和减税增加居民收入，进一步完善社会保障体系，加强教育、医疗、文化等公共服务，增强中低收入群体的消费能力和意愿。

（二）优化消费结构，培育壮大新型消费

紧抓国家一揽子增量政策带来的发展机遇，积极探索内需增长的新领域，以丰富消费内容、提升消费体验、满足消费需求为目标，持续培育和壮大新型消费。

一是继续发挥"两新"对消费的拉动作用。继续加大消费品以旧换新政策力度，加大超长期特别国债应用于以旧换新的规模，同时进一步扩围以旧换新领域。将全品类家装家居、农机器具、手机和平板电脑等电子产品纳入消费品以旧换新政策，进一步扩大消费对经济增长的提振作用。

二是培育壮大新型消费。加快传统线下业态数字化改造和转型升级，支持行业龙头平台企业打造面向生活服务业的开放平台。

三是拓展传统消费新空间。推动商文旅融合，打造沉浸式、互动式、体验式消费场景。培育壮大夜购、夜食、夜游规模，打造多业态融合的夜经济场景，培育省级夜经济消费集聚区。

四是挖掘培育地方特色消费。结合中原地域特色，推出更多具有地方辨识度的产品和活动。大力推进豫菜振兴、豫酒振兴，推出一批融合中原文化与现代时尚审美的国货新品。打造"黄河之礼"文旅文创消费品牌，创新发展红色旅游、自驾游、康养旅游等业态。

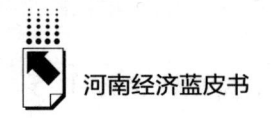

（三）优化消费市场环境，提振消费信心

完善消费保障措施，切实营造或优化让消费者安心、放心、舒心的消费环境。

一是强化市场秩序监管。加大消费品市场监管力度，探索实行"互联网+监管"模式，创新电子商务新业态新模式监管模式，细化新业态新模式行业管理办法和监管规则，规范直播带货、数字营销等行为。

二是畅通消费者维权渠道。加强线上线下消费者权益保护，完善消费者维权服务体系。降低维权成本。提升农村居民的消费维权观念，增强农村居民的消费维权意识和权益保护能力。

三是加快新型信息基础设施建设。鼓励和支持消费新产品、新场景、新业态、新模式向农村市场拓展。重点增加三线及以下城市的文化馆、图书馆、艺术馆等服务设施供给；精准配备加油站、加气站、充电站等便民服务设施，更好满足服务消费需求，提高居民消费满意度。

B.24
河南新质生产力发展研究

田钧 海向阳 蔡雪月 李艳培*

摘 要: 河南省作为中部崛起战略的核心区域,结合自身资源禀赋和发展实际,积极探索培育新质生产力的新模式和新路径,但在实践中也面临着一些挑战和问题。本文通过综合运用文献综述、案例分析等多种研究方法,全面分析了河南在发展新质生产力方面的现状、进展、存在的主要问题,力图揭示河南省发展新质生产力的关键因素,探索有效的政策工具和支持措施,并提出积极营造科研生态,鼓励企业开展技术研发;深化产学研合作,促进高校、科研机构与企业深度合作;强化人才队伍建设,提高劳动力素质,支撑产业转型;利用大数据、云计算等技术加速产业转型升级;拓展国际合作与技术交流机会;因地制宜发展新质生产力等相应的对策建议,以期为河南乃至其他地区的相关实践提供有益的参考和借鉴。

关键词: 新质生产力 产业转型 产学研合作 河南省

新质生产力是指依托于新技术革命和产业变革,通过创新驱动,实现生产效率和质量显著提升的生产力形态。加快发展新质生产力,是新时代新征程解放和发展生产力的客观要求,是推动生产力迭代升级、实现现代化的必然选择。近年来,河南坚定以习近平总书记考察河南重要讲话重要指示精神为总纲领、总遵循、总指引,锚定"两个确保",持续实施"十大战略",统筹推进"十大建设",用新的生产力理论指导河南发展实践,以加快发展

---

* 田钧,河南省统计能力建设中心高级统计师;海向阳,河南省统计能力建设中心主任;蔡雪月,河南省统计能力建设中心统计师;李艳培,河南省人民医院统计师。

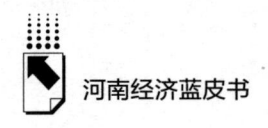

新质生产力为高质量发展塑造新动能新优势，奋力推进中国式现代化建设河南实践。

一 河南省新质生产力的发展态势分析

2023年9月，习近平总书记在黑龙江省调研时首次提出"新质生产力"的概念，并指出要"整合科技创新资源，引领发展战略性新兴产业和未来产业，加快形成新质生产力"①。党的二十届三中全会进一步对促进新质生产力发展作出部署，指出要"推动技术革命性突破、生产要素创新性配置、产业深度转型升级，推动劳动者、劳动资料、劳动对象优化组合和更新跃升"，要"加快形成同新质生产力更相适应的生产关系，促进各类先进生产要素向发展新质生产力集聚，大幅提升全要素生产率"。

（一）政策支持、政府关注为河南新质生产力发展奠定基础

1. 省委省政府高度重视发展新质生产力

坚定用新的生产力理论指导河南发展实践，先后出台《河南省扶持新型研发机构发展若干政策》《河南省"十四五"战略性新兴产业和未来产业发展规划》《关于加快构建一流创新生态建设国家创新高地的意见》《河南省创新驱动高质量发展条例》等政策措施，在科技创新、产业升级、人才培养等方面制订长期发展规划和短期行动计划，确保新质生产力发展的连贯性和有效性。

2. 各地认真贯彻落实省委省政府大力发展新质生产力战略部署

基于2024年各地政府工作报告内容，从中挖掘与新质生产力种子词汇一致或语义相近词汇出现的频数，通过词频分析法量化河南17个省辖市对

---

① 《黑龙江：变硬核科技为新质生产力》，中国政府网，https://www.gov.cn/lianbo/difang/202309/content_ 6905025. htm。

发展新质生产力的重视程度。参考肖有智等①的研究方法，引用其提出的涵盖新质生产力核心特征的16个种子词汇，分别是新质生产力、数字经济、数字化、智能化、网络化、先进生产力、信息技术、高科技、大数据、材料科学、能源技术、生物技术、科技创新、高新技术、高质量、高性能。

为确保测量精确性，相似词汇是指与种子词汇相似度超过0.85的词汇，为便于比较，将词频加一后取自然对数，筛选结果如图1所示。

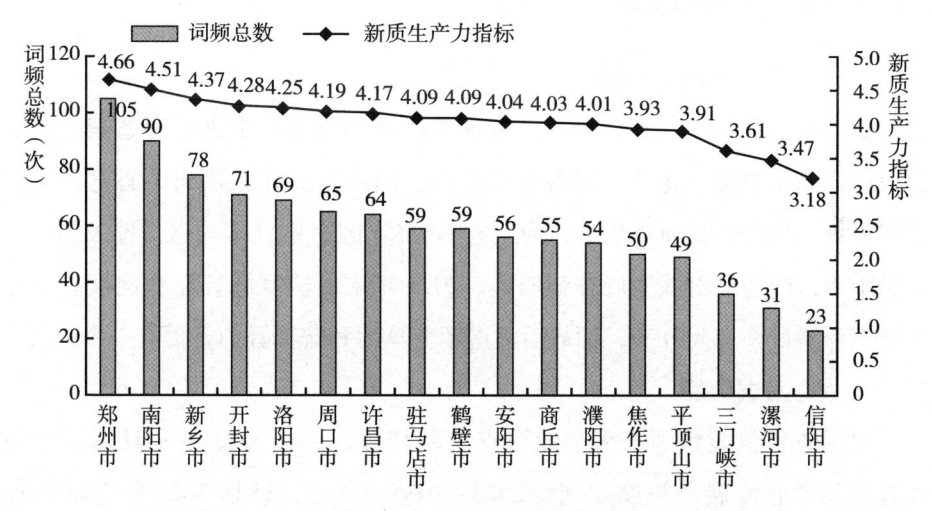

图1 2024年河南省17个省辖市政府发展新质生产力重视程度

3. 中心城市成为推动河南发展新质生产力进程的重要抓手

郑州作为国家中心城市、河南省会城市，对新质生产力重视程度最高，《政府工作报告》中体现发展新质生产力的种子词汇及相近词汇出现频数高达105次，南阳作为副中心城市，新质生产力指标为4.51，居全省第2位。同时，因地制宜发展新质生产力，是各地培育新动能、推动生产力发展的重要遵循，如郑州市作出了加快推进全省首个大科学装置超短超强激光实验装置、国家超算互联网核心节点项目、郑州联通人工智能计算中心、智能传感

---

① 肖有智、张晓兰、刘欣：《新质生产力与企业内部薪酬差距——基于共享发展视角》，《经济评论》2024年第3期。

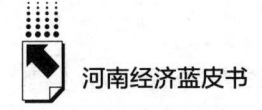

器中试平台项目等科技基础设施建设的行动部署；南阳提出要加快推进中欧、光电、食品、新材料等产业园建设，深入推进中医药"医、保、教、产、研、文、贸、养"八位一体创新发展，以期实现打造绿色食品、装备制造、光电信息、生物产业、新能源5个超千亿级产业集群的发展目标。

（二）河南在人工智能、氢能、新材料等领域构建产业生态体系，推动全省经济高质量发展

1. 抢占人工智能新赛道

近年来，河南在超算、智算、通算方面精心布局，引进培育超聚变、黄河信产、郑州浪潮、龙芯中科等重点企业，国家超级计算郑州中心已经支撑了国家级、省级项目400余个，为全省60多家国家重点实验室、省级实验室提供服务，产业集群式发展态势明显。2023年末，国家超算互联网核心节点建设工程项目在郑州开工，建成后河南超算算力和智算算力将提升一个能级。

2. 大力发展氢能

河南省将氢能作为未来产业重点发展领域之一，2022年9月印发《河南省氢能产业发展中长期规划（2022~2035年）》，计划2025年氢能产业总产值突破1000亿元，推广示范各类氢燃料电池汽车力争突破5000辆，建成3~5个绿氢示范项目，培育5个省级未来产业先导区，聚焦氢能与储能等领域。目前，河南正在建设加氢站等氢能基础设施，以支持氢燃料电池车的应用。

3. 新材料领域发展迅猛

河南省致力于将新材料产业打造成为万亿级的产业集群，从引进消化吸收向自主创新转变，从一般技术向核心技术发展，2018年至2020年，河南省新材料产业的工业增加值增速分别为9.0%、15.1%和2.4%，显示了快速增长的趋势，2024年7月河南新材料产业增加值增长率为8.3%。随着持续的技术创新和产业升级，预计河南新材料产业将持续壮大，并对经济增长作出更大贡献。

（三）河南大力推进科技创新，为发展新质生产力、推动高质量发展吸引和培养急需人才

河南把创新驱动、科教兴省、人才强省战略作为"十大战略"之首，坚持以体制机制创新促进科技创新，推动创新链和产业链深度耦合，在医疗、地质等领域实现关键技术突破，加速推进省市两级积极搭建一流创新平台，特别是省实验室和产业技术研究院建设，集聚高端创新要素，形成中原科技城、中原医学科学城、中原农谷"三足鼎立"科技创新大格局。河南实施高层次人才特殊支持计划、中原"百人计划"、"三个100"计划、设立专门人才编制等措施，加强优秀专业技术人才队伍建设，助推高层次人才培养和人才梯队形成。

近三年，河南引进一大批国内外顶尖人才、领军人才、青年人才，目前在豫两院院士46人，比2020年接近翻一番。新建20家省实验室、6家省产业技术研究院、41家省产业研究院、50家省中试基地、28家省创新联合体，超短超强激光、国家超算互联网核心节点项目启动建设。战略性新兴产业、高技术制造业增加值年均分别增长10.8%、14.6%。高新技术企业、科技型中小企业数量分别由2020年的6310家、11826家增至2023年的1.2万家、2.6万家；全省技术合同成交额从384.5亿元增至1367.6亿元，年均增速分别为58.36%、68.39%、33.4%；全社会研发投入强度由1.66%提高至2%。

二 全国省级新质生产力发展水平测度及河南发展比较优势分析

从全国层面看，立足新质生产力的基本内涵，参考现有文献及数据资源，本文从劳动者、劳动资料、劳动对象及其优化组合的跃升四个层面构建指标体系（见表1），对中国30个省（区、市）（西藏除外）的新质生产力发展水平进行测度。

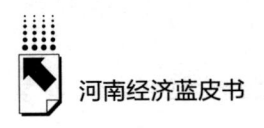

表1 中国30个省（区、市）新质生产力测度评价指标体系

一级指标	二级指标	三级指标	衡量方式	属性
劳动者	人力资源	人力资本规模	人均受教育年限	正
		人力资本结构	高等学历占比	正
	劳动者价值创造	平均工资	在岗职工平均工资	正
		人均GDP	人口/GDP	正
		人均消费	城镇居民人均消费性支出	正
	劳动者理念	创业活跃度	创业活跃度指数	正
		私营企业人员占比	私营企业人员/全社会就业人员	正
劳动资料	新型基建	互联网接入端口数量	互联网接入端口个数	正
		光缆线路长度	每平方公里长途光缆线路长度	正
		信息传输、软件和信息技术服务业固定投资	信息传输、软件和信息技术服务业固定资产投资/GDP	正
	科技支撑	研发强度	R&D/GDP	正
		专利授权数量占比	专利授权量/常住人口	正
		国家级科技企业孵化器数	国家级科技企业孵化器数	正
劳动对象	产业升级	新技术产品占比	技术市场成交额/GDP	正
		企业技术水平	企业数字化水平指数	正
		未来技术应用	机器人渗透率指数	正
	绿色发展	总体能源消耗	总能源/GDP	负
		可再生能源消耗	可再生能源/总能源	正
		环保支出占比	环保支出/GDP	正
		废水占比	废水/GDP	负
		废气占比	废气/GDP	负
优化组合的跃升	资源优化组合	劳动生产率	GDP/就业人员	正
		资本生产率	GDP/资本存量	正
		土地生产率	GDP/地区面积	正
		能源生产率	GDP/天然气消耗量	正
	生产组织优化组合效率	全要素生产率的变化率	DEA-malmquist生产率指数	正
	市场优化组合效率	社会商品零售额占工农业总值比重	社会商品零售额/工农业生产总值	正
		限额以上批发零售贸易企业个数	限额以上批发零售贸易企业个数	正

利用2023年数据，通过熵权法测算，全国新质生产力发展水平如图2所示。从结果来看，各省（区、市）经济发展模式正在逐步从传统的要素驱动模式向创新驱动模式转变，新质生产力不仅是推动各地高质量发展的强大内核和动力，也是各地在国际竞争中赢得持久性创新性优势的关键引擎。各省（区、市）新质生产力发展水平综合指数平均约为0.26，不同省（区、市）之间发展水平差别程度较大。发展水平综合指数遥遥领先的省（区、市）有北京（0.542）、上海（0.496）、江苏（0.328）、天津（0.319）、浙江（0.317）等发达地区，综合指数得分较低的省（区、市）有宁夏（0.120）、青海（0.123）、甘肃（0.137）等欠发达地区。其中，河南省新质生产力发展水平的综合得分为0.192，在全国排名第15，处于中等水平。

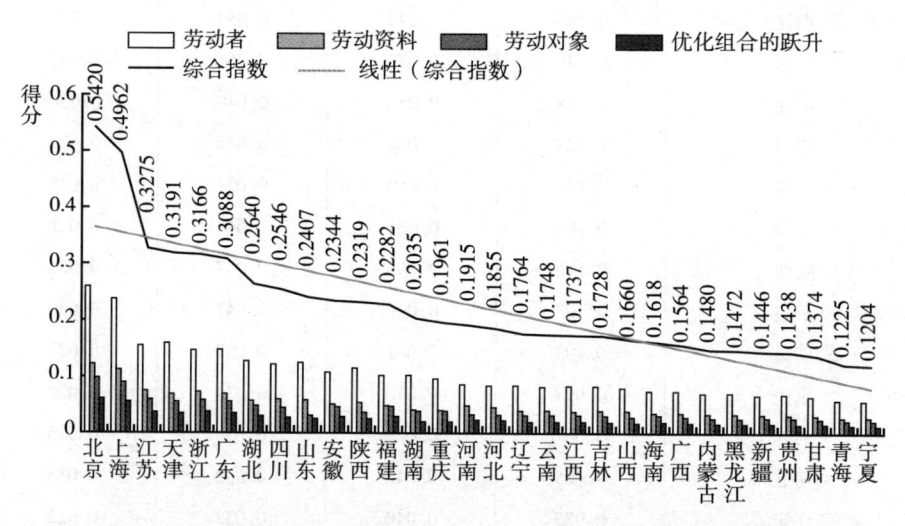

图2 2023年度中国30个省（区、市）新质生产力发展水平得分

从各分项指标得分情况看，测度河南省级新质生产力的新型劳动者得分为0.087，劳动资料得分为0.049，劳动对象得分为0.033，优化组合的跃升得分为0.023，均处于中等水平（见表2）。从河南省情实际出发，基于庞大的人口基数、丰富的自然资源以及深厚的文化底蕴等自身资源禀赋，结合河南作为国家粮食安全的基石、全国重要的综合交通枢纽、中部地区经济社会发展的重要力量以及在装备制造、食品加工、原材料供应等方面拥有较为

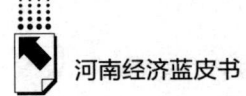

完备的工业体系等省域特色，河南提升新质生产力是增强本土企业国际竞争力、促进产业链供应链国际化、把握发展机遇的关键，也是实现经济结构优化升级、迈向高质量发展的内在要求，持续为河南新质生产力的新型劳动者、劳动资料和劳动对象注入新动能。

表2 30个省（区、市）新质生产力测度分项指标得分

省（区、市）	劳动者	劳动资料	劳动对象	优化组合的跃升
北京	0.260	0.123	0.098	0.061
上海	0.238	0.112	0.090	0.056
江苏	0.155	0.075	0.060	0.037
天津	0.159	0.069	0.056	0.035
浙江	0.147	0.073	0.059	0.038
广东	0.148	0.070	0.056	0.035
湖北	0.128	0.058	0.048	0.030
四川	0.122	0.060	0.045	0.027
山东	0.125	0.059	0.031	0.026
安徽	0.108	0.051	0.046	0.029
陕西	0.115	0.055	0.037	0.025
福建	0.103	0.049	0.047	0.030
湖南	0.103	0.041	0.039	0.021
重庆	0.097	0.040	0.039	0.020
河南	0.087	0.049	0.033	0.023
河北	0.085	0.046	0.032	0.023
辽宁	0.085	0.040	0.032	0.020
云南	0.083	0.040	0.032	0.020
江西	0.084	0.038	0.032	0.020
吉林	0.084	0.040	0.031	0.019
山西	0.081	0.039	0.029	0.018
海南	0.075	0.036	0.031	0.020
广西	0.075	0.035	0.028	0.018
内蒙古	0.071	0.034	0.026	0.017
黑龙江	0.072	0.034	0.026	0.016

续表

省（区、市）	劳动者	劳动资料	劳动对象	优化组合
新疆	0.068	0.033	0.027	0.017
贵州	0.069	0.032	0.027	0.016
甘肃	0.066	0.031	0.025	0.016
青海	0.059	0.027	0.022	0.014
宁夏	0.058	0.028	0.022	0.013

三 河南发展新质生产力的短板弱项

（一）在研发投入与科技创新方面仍存在差距

统计数据显示，2023年河南共投入研究与试验发展经费1211.66亿元，在全国排名第11，中部第4，比上年增加68.41亿元，增长6.0%。研究与试验发展经费投入强度（与地区生产总值之比）首度突破2%，达到2.05%，比上年提高0.09个百分点；连续三年研究与试验发展经费投入超千亿元，逐年递增。但从绝对数值和增长速度看，与发达地区相比仍有一定差距。研发经费投入相对较低，影响大中型企业应对市场竞争的能力和发展潜力以及新技术开发和产品创新速度。从长远看，基础研究需要长期稳定的资金支持，但河南研发投入、科技创新平台数量和质量与发达地区相比仍有差距，缺乏足够的科研投入和高水平科研成果，产业结构与创新生态之间不完全匹配，限制了科技创新效率的提升。

（二）高新技术企业培育力度有待加大

高新技术企业是发展新质生产力的重要主体。截至2023年底，河南省共有高新技术企业1.2万多家，远低于广东（76288家）、江苏（52110家）和浙江（42514家）等省份。河南产业结构相对传统，依赖能源原材料工业等传统产业，新兴产业和高技术产业发展仍不足，影响资源向高附加值领域

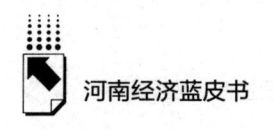

流动，在高端装备制造、信息技术等高新技术领域存在短板，而这些产业受国内外市场波动的影响较大。

（三）科研机构综合实力有待提升

相比沿海发达地区，河南的科研机构规模普遍较小，限制了大型科研项目和前沿技术的研发能力。实地调研和统计数据显示，河南科研机构的科技活动频率较低，可能导致科研产出和创新能力受限。部分科研机构的国际化合作与交流不够广泛，限制了获取国际先进科技信息和技术转移的机会，限制创新能力提升。缺乏有效的产学研合作平台，导致科研成果难以快速转化为现实生产力。

（四）数据要素市场有待完善

数据要素作为新型生产要素，是数字化、网络化、智能化的基础，通过与技术、资本、土地、劳动力等其他生产要素融合，有利于促进新质生产力的形成与发展。目前，河南数据要素市场规模与交易量较小，如郑州数据交易中心的交易额与深圳数据交易所、贵阳大数据交易所等相比仍有一定差距；场外交易不规范，缺乏有效的市场监管和技术支持，导致市场活力不足。数据要素活力指数不高，大数据产业发展全国排名第14，落后于安徽、湖北等地。高水平数商企业、研发机构相对较少，影响未来数据要素市场的整体质量和竞争力。

四 推动河南新质生产力发展的对策建议

（一）积极营造科研生态，鼓励企业开展技术研发

提供财政补贴、税收减免等激励措施，降低企业、科研机构等主体的研发运营成本，积极提供金融支持，帮助解决企业融资难问题；大力建设技术创新中心，强化动态管理和奖惩机制，激发企业创新活力，促进技术成果的

转化和产业化。如加强对科创企业和科技人员合法权益的执法司法保护，保障各类市场主体平等参与市场竞争、获取科技创新资源和生产要素的权利，以激发各类创新主体积极性；研究制定政府对企业研发费用的专项财政补助政策，鼓励企业建立研发投入预算备案，支持高新技术企业、科技企业孵化器和国家大学科技园发展、技术转让等享受一定的税收优惠。

（二）深化产学研合作，促进高校、科研机构与企业深度合作

河南要深化高校、科研机构与企业的合作，积极探索股权合作、技术入股等新的合作模式和机制，促进三者间优势互补、资源共享和技术转移，进而加速科技成果转化为实际生产力，形成紧密的产学研用协同创新机制。例如，河南大学、河南科技大学等高校利用自身科研优势，与企业合作开展技术研发、人才培养，加速科技成果转移转化；与中国科学院等"国家队"合作，推动高水平科技成果在河南落地应用；设立产学研合作示范区或基地，展示成功合作模式和经验。

（三）强化人才队伍建设，提高劳动力素质，支撑产业转型

河南要持续加大高层次人才培育力度。完善高层次专业技术人才的选拔标准和条件，实行分类评价，提高选拔培养的质量和效果；建立省市县三级上下衔接、梯次递进的高层次专业技术人才选拔培养体系；加大对国家级人才工程人选的推荐力度，遴选有发展潜力的领军人才。积极落实一揽子人才引进政策。探索柔性引才引智机制，展示河南招才引智决心和格局；出台以《关于加快建设全国重要人才中心的实施方案》为引领，涵盖引才措施、推进机制、服务配套等各环节的人才引进措施。加强职业教育和继续教育，推进信息技术与教育教学深度融合，促进优质教育资源的应用与共享。

（四）利用大数据、云计算等技术加速产业转型升级

要进一步细化省内数字化转型框架，深化服务业、农业、制造业、新能源汽车产业等领域智能化转型，加快5G网络、云计算等新一代信息技术应

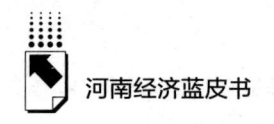

用；推动构建企业级数据中心和信息平台，提升数据处理和分析能力，不断发展新模式新业态；积极发挥郑州都市圈中心引领作用，强化南阳副中心辐射带动作用，推动其他地市"多点"融合创新发展。

（五）拓展国际合作与技术交流机会

河南要充分利用自由贸易试验区作为对外合作交流平台，加强与国际市场联系，促进与国外研究机构和高校合作开展联合研究项目，促进技术引进和输出；通过举办国际展览会、专业论坛等形式，创造交流合作机会，展示河南优势产业和技术成果，分享最新研究成果和实践经验；设立技术转移服务机构，为技术引进和输出提供支持和服务；鼓励在豫有条件企业成立海外研发中心，获取当地先进技术资源，同时也可作为吸引海外高端人才来豫工作的展示窗口。

（六）因地制宜发展新质生产力

习近平总书记强调："发展新质生产力不是忽视、放弃传统产业，要防止一哄而上、泡沫化，也不要搞一种模式。各地要坚持从实际出发，先立后破、因地制宜、分类指导，根据本地的资源禀赋、产业基础、科研条件等，有选择地推动新产业、新模式、新动能发展，用新技术改造提升传统产业，积极促进产业高端化、智能化、绿色化。"[①] 当前，河南经济发展已经站在新的历史起点上，正向着形态更高级、分工更优化、结构更合理的发展方向加速演进，但产业体系不优、市场机制不活、协调发展不足、开放程度不深仍是发展中存在的主要问题。面对新的形势任务，必须完整、准确、全面贯彻新发展理念，把发展新质生产力作为重要着力点，坚持创新是核心、产业是基础、绿色是本底，紧扣河南资源禀赋、产业基础、科研条件等，聚焦重点领域大胆探索实践，推动高质量发展不断取得新进展新成效。

---

① 蒋雪婕、祁嘉润：《根据本地资源禀赋、产业基础、科研条件等——发展新质生产力，从实际出发》，《人民日报》2024年3月10日。

参考文献

习近平：《发展新质生产力是推动高质量发展的内在要求和重要着力点》，《求是》2024年第11期。

楼阳生等：《在发展新质生产力上争先出彩 以创新之力跑出高质量发展加速度》，《新华每日电讯》2024年3月6日。

王中亚：《河南省培育发展制造业新质生产力的问题与对策》，大河网，https：//theory.dahe.cn/2024/07-22/1789799.html。

赵峰、季雷：《新质生产力的科学内涵、构成要素和制度保障机制》，《学习与探索》2024年第1期。

胡欢欢、刘传明：《中国新质生产力发展水平的统计测度及动态演进》，《统计与决策》2024年第14期。

肖有智、张晓兰、刘欣：《新质生产力与企业内部薪酬差距——基于共享发展视角》，《经济评论》2024年第3期。

B.25
河南省区域经济发展差异的表现特征、影响因素与协调发展策略研究

季红梅 张喜峥 赵国顺 张 艺 纪晓斐*

摘 要： 区域经济协调发展是实现经济高质量发展的重要支撑因素。习近平总书记强调，区域经济发展必须遵循客观经济规律，调整和完善区域政策体系，发挥各地区的比较优势，促进生产要素的合理流动和高效集聚。本文以河南省为研究对象，对全省区域经济发展差异的时间演变特征和空间分布格局进行了分析研究，并对造成区域经济发展差异的影响因素进行了理论和实证层面的探究，最后提出了促进河南省区域经济协调发展的政策建议：构建河南区域经济增长极，充分发挥其辐射带动作用；加强基础设施建设，打造良好的投资发展环境；立足比较优势，促进区域间分工协作，优化发展空间布局；积极发挥财政转移支付功能，加大对欠发达地区的帮扶力度；深化改革开放，增强发展动能，拓展发展空间。

关键词： 区域经济 协调发展 比较优势 河南省

一 研究背景及意义

党的十八大以来，以习近平同志为核心的党中央高度重视区域协调发展工作，区域协调发展的理念、战略和政策体系不断丰富和完善。2024年3

---

* 季红梅，河南省统计局副局长；张喜峥，河南省统计局核算处处长；赵国顺，河南省统计局核算处四级调研员；张艺，河南省统计局核算处三级主任科员；纪晓斐，河南省统计局核算处干部。

月，习近平总书记主持召开新时代推动中部地区崛起座谈会，强调要在更高起点上扎实推动中部地区崛起，提升区域协同发展水平。2024年中央经济工作会议提出"要加大区域战略实施力度，增强区域发展活力"，要求"发挥区域协调发展战略、区域重大战略、主体功能区战略的叠加效应，积极培育新的增长极"。

近年来，河南省积极优化产业布局，推动基础设施互联互通，促进要素资源高效配置，区域经济的协调性和竞争力明显提升。但由于地区间存在地理环境、资源禀赋和产业基础等方面的差异，全省经济发展水平的不平衡性仍较为明显。本文分别在时间和空间两个维度对河南省区域经济发展差异状况进行了统计测度与分析研究，从多个层面揭示了河南省区域经济发展差异的表现特征，并对河南省区域经济发展差异的影响因素进行了理论和实证层面的研究，对造成区域经济发展差异的机制进行了进一步的探究，并提出了相应的政策建议，对地方政府制定和完善区域经济发展政策、优化产业空间布局、推动区域经济协调发展进而实现高质量发展具有一定的参考意义。

二　河南省区域经济发展差异的时空特征

为充分了解河南省区域经济发展差异状况的表现特征，本节对各省辖市（示范区）间的经济发展差异程度进行了统计测度，并对其时间演变特征和空间分布特征进行研究。

（一）全省区域经济发展差异的时间演变特征

1. 绝对差异的时序分析

对全省各省辖市（示范区）2012~2023年的人均GDP分别测算极差、标准差等绝对差异指标，结果如图1所示。

由图1可知，2012~2023年河南省区域经济的绝对差异整体上呈现不断扩大态势。

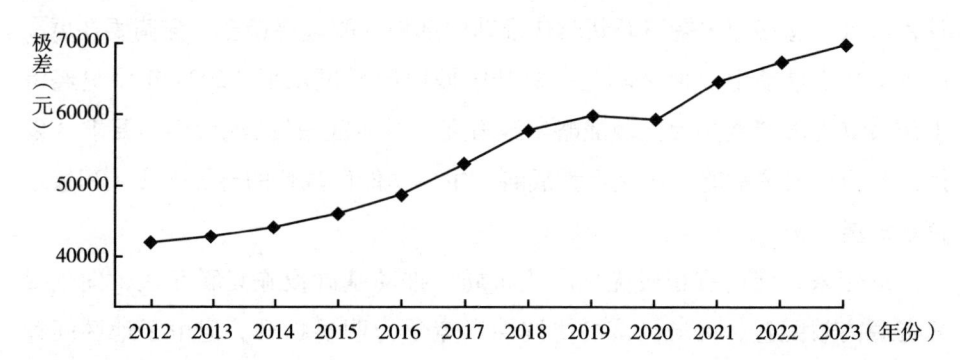

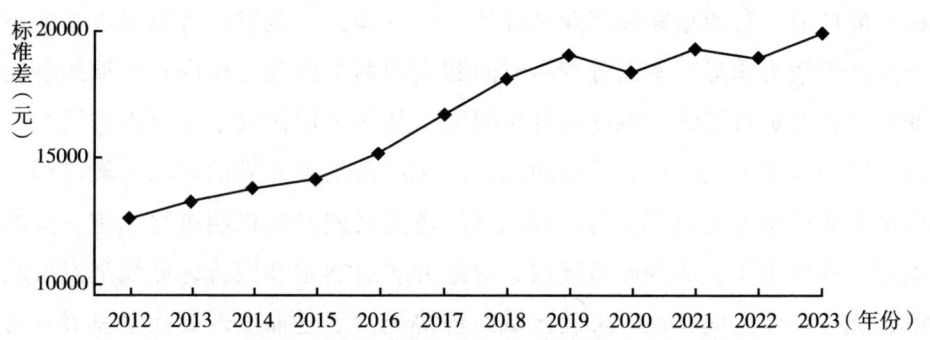

图1 2012~2023年河南省人均GDP绝对差异变化趋势

（1）2012~2023年河南省人均GDP极差持续增长

全省人均GDP极差由2012年的42067元上升到2023年的69820元，增长66.0%。这一方面反映了全省各地区经济总量在规模上的持续扩张，另一方面也表明了全省区域经济发展差异的长期存在。

（2）2012~2023年河南省人均GDP标准差增势趋缓

全省人均GDP标准差由2012年的12615元上升到2023年的19908元，增长57.8%。其中，2012~2015年人均GDP标准差缓慢上升，2016~2019年加速上升，2020~2023年呈现波动变化特征，增势逐渐趋缓。

2. 相对差异的时序分析

对全省各省辖市（示范区）2012~2023年的人均GDP分别测算极值差率、变异系数等相对差异指标，结果如图2所示。

由图2可知，2012~2023年河南省区域经济的相对差异整体呈现持续缩

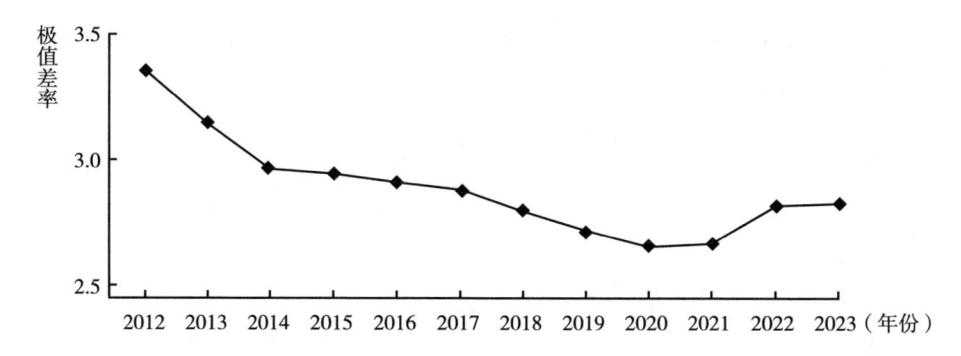

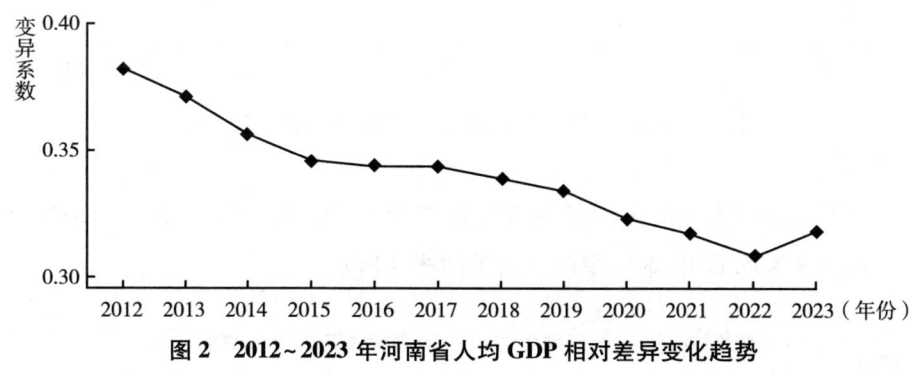

图2 2012~2023年河南省人均GDP相对差异变化趋势

小态势。

（1）2012~2023年河南人均GDP极值差率总体呈现下降趋势

2012~2014年人均GDP极值差率降低幅度最大，仅两年的时间由原来的3.36下降到2.97，减少了11.6%，2015~2020年人均GDP极值差率持续稳步下降，2021~2023年人均GDP极值差率有所回升。

（2）2012~2023年河南人均GDP变异系数表现出持续下降趋势

2012~2015年人均GDP变异系数降低幅度最大，从0.383下降到0.346，减少了9.7%，2016~2017年人均GDP变异系数基本稳定，2018~2022年人均GDP变异系数减少了10.5%，2023年人均GDP变异系数较2022年有所反弹。

3. 区域经济发展差异的来源分解

对全省各省辖市（示范区）2012~2023年的人均GDP测算泰尔指数，将区域经济发展差异的来源进行组内和组间分解，结果如图3所示。

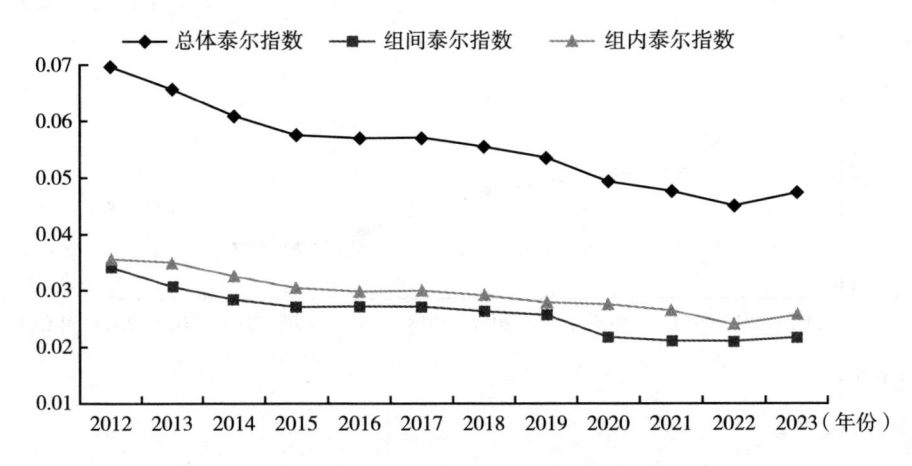

图3　2012~2023年河南省人均GDP泰尔指数及分解

为了考察四大经济区内部经济发展差异程度，分别计算2012~2023年四大经济区人均GDP泰尔指数，结果如图4所示。

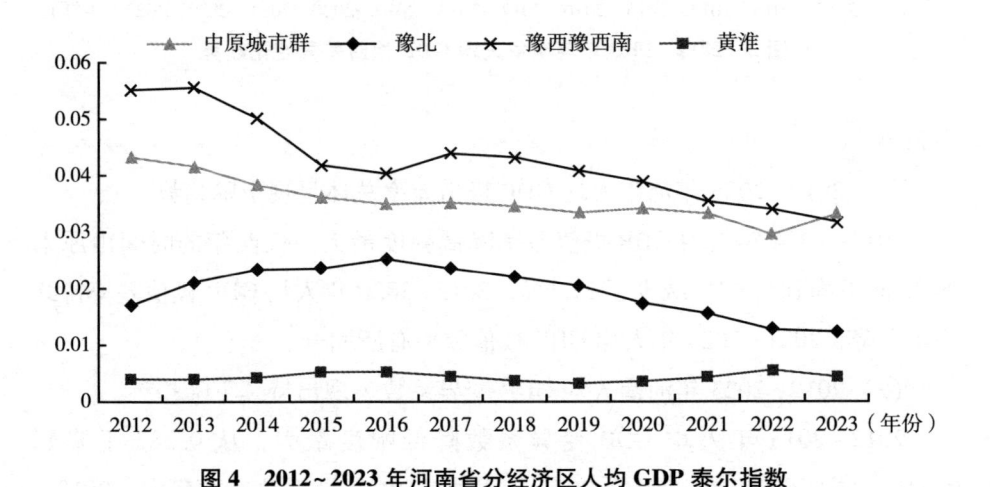

图4　2012~2023年河南省分经济区人均GDP泰尔指数

(1) 2012~2023年全省经济发展水平的不平衡程度持续降低

2012~2022年河南省人均GDP泰尔指数整体呈下降趋势，由2012年的0.069减小到2022年的0.045，下降35.4%；2022~2023年河南省人均GDP泰尔指数有所回升，由2022年的0.045增加到2023年的0.047，上涨5.1%。

（2）2012~2023年河南省区域经济差异主要来源于各经济区内部

2012~2023年河南省人均GDP的组间和组内泰尔指数均呈下降态势，但组内泰尔指数的贡献率始终在51%以上，且组内泰尔指数长期高于组间泰尔指数，说明各经济区区域内差异对全省区域经济差异的影响更大。此外，在此期间河南四大经济区区域间差异和区域内差异波动减小，组内泰尔指数从2012年的0.036下降到2023年的0.026，下降27.9%；组间泰尔指数从2012年的0.034下降到2023年的0.022，下降36.4%，可见区域间差异的下降对全省总体差异下降的带动作用更明显。

（3）2012~2023年全省四大经济区中豫西豫西南地区内部差异最大，中原城市群次之

豫西豫西南地区内部泰尔指数均值为0.043，居四大经济区之首，区域内经济发展差异最大。除2013年和2017年泰尔指数增加之外，2012~2023年整体趋势为下降，说明豫西豫西南地区内部经济发展不平衡性正在逐步缩小。中原城市群次之，泰尔指数均值为0.036。除2017年、2020年和2023年泰尔指数增加之外，2012~2023年整体趋势为下降，下降趋势较豫西豫西南地区相对平缓。豫北地区排名第三，泰尔指数均值为0.019。2012~2016年豫北地区内各地之间经济发展差距不断扩大，直到2016年到达顶点后经济发展差异开始缩小。黄淮地区内部经济发展差异最小，其泰尔指数均值为0.004，整体较为平稳。

（二）区域经济发展差异的空间分布特征

本节通过各省辖市（示范区）人均GDP划分等级类型探究河南空间分布特征，同时选取相对发展速度来反映河南区域经济增长情况的地区差异。

1. 全省区域经济发展差异的空间格局

本文选取2012年、2017年和2023年三个时间截面，按照全省人均GDP的75%、125%、175%将经济发展水平分为四个类型区域，即一类区、二类区、三类区和四类区。其中，一类区人均GDP最高，四类区人均GDP最低。

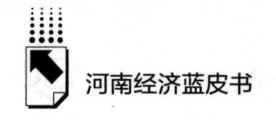

（1）2012~2023年河南经济发展由低水平协调向高水平协调过渡

与2012年相比，2017年河南各省辖市（示范区）人均GDP分等的空间格局有所优化：一类区和二类区地区保持不变，三类区占比提高，濮阳和信阳从原来的四类区上升为三类区。与2017年相比，2023年河南各省辖市（示范区）人均GDP分等的空间格局变化明显：一类区地区保持不变，四类区占比下降，南阳和驻马店由四类区上升到三类区。

（2）中原城市群经济发展水平最高，黄淮地区经济发展水平最低

中原城市群是河南经济发展高地，进入一类区的有2个，分别是郑州、济源，进入二类区的只有洛阳，进入三类区的有6个，分别为开封、新乡、焦作、许昌、平顶山、漯河。但中原城市群域内经济发展差异较大。豫西豫西南地区中三门峡进入二类区，南阳进入三类区，此外该区域2023年人均GDP极差为32029元，位居四大经济区第二，这意味着豫西豫西南地区区域内经济发展水平分化明显；豫北地区各地均位于三类区，从侧面反映了该区域整体经济发展水平较低，区域内2023年人均GDP极差为19738元，可以看出该区域经济发展较为均衡；黄淮地区中驻马店和信阳进入三类区，商丘和周口进入四类区，2023年该区域人均GDP极差仅为10325元，可见该区域各市经济发展最为均衡。

2. 区域经济相对发展速度空间分异

本节以2017年为节点，将河南各省辖市（示范区）经济增长过程划分为2012~2017年和2017~2023年两个阶段，分别计算2012~2017年、2017~2023年河南各省辖市（示范区）人均GDP的相对发展速度。

（1）2012~2017年河南省东南部地区与西北部地区发展速度呈两端分化格局

Nich值最大的许昌达到了1.607，而南阳最小，只有0.677，前者为后者的2.37倍。此外，Nich值低于1的有9个，分别为平顶山、安阳、新乡、濮阳、南阳、商丘、信阳、周口和驻马店，主要集中在河南省东南部，占全部省辖市（示范区）数量的50%，即有一半地区经济发展速度低于全省平均水平，说明全省区域经济发展速度的分化较为明显。

（2）2017~2023年河南省各省辖市（示范区）人均GDP相对发展速度有所加快

相对发展速度最快的济源（Nich=1.907）接近全省平均发展速度的2倍，相对发展速度最慢的焦作为-0.196。此外，Nich值大于1的有10个，分别为郑州、洛阳、平顶山、新乡、濮阳、漯河、三门峡、南阳、驻马店和济源，占全省各省辖市（示范区）数量的55.6%，表明河南有超过一半的省辖市（示范区）经济发展速度高于全省平均水平，实现了经济发展水平的较快增长。

三 河南区域经济差异的影响因素分析

2012年以来，全省经济总量稳定增长，产业结构持续优化，但全省各地区之间还存在较为明显的发展差距。为深入探究河南省区域经济发展差异的形成原因，本文对河南省区域经济发展差异的影响因素进行了进一步的分析。

（一）影响因素的理论分析

1. 自然地理条件

一个地区的自然地理条件包括地形地貌、气候条件、水文特征、自然资源以及地理位置等方面的内容，是区域经济发展的基本条件，是区域经济发展空间格局赖以形成的基础性因素。区域内的自然资源禀赋构成了区域经济发展的物质基础，其分布和种类甚至会对一个地区的产业结构产生决定性的影响。

2. 交通基础设施发展水平

交通基础设施作为现代社会经济发展的一项重要支撑系统，涵盖如公路、铁路、航空、水运和管道等多种方式，构成了区域经济活动的基本网络结构，是实现内外联通交流的重要方式。良好的交通运输条件可以促进各种生产要素的高效流通，推动区域经济的布局优化和协调发展。

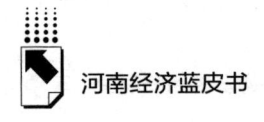

3. 城镇化水平

城镇化是指人口从乡村地区向城市区域的迁移过程。在此过程中，人口和经济活动向城市集中，产业结构从以农业为主逐渐转向以工业和服务业为主，城市成为经济发展的核心区域，与之伴随的是生产方式、生活方式和社会结构的升级转变。城镇化作为一种复杂的社会经济发展过程，可以通过多种方式和路径对区域经济的发展产生促进作用。

4. 承接产业转移

地区间产业转移是指由于受到技术升级、市场变动和政策调整等因素的影响，某些产业从一个地区转移到另一个地区的经济行为和过程。在此过程中，通常伴随着资本、技术等生产要素的区域间流动，是地区间产业分工形成的重要因素，也是转移地区与承接地区产业结构调整和产业升级的重要途径。

5. 信贷支持力度

随着经济市场化程度的逐步提高，经济的货币化程度也逐渐加深，货币资金在经济发展中的重要性日益凸显，成为实现各种生产要素配置和组合的重要媒介。投资扩张、技术创新和基础设施建设都依赖于大量货币资金的投入，而银行信贷作为经济活动中一项重要的资金来源，在经济的发展中发挥着至关重要的作用。

6. 地方财政支出规模

地方财政支出是指地方政府为了实现公共管理和服务职能，通过预算安排，将筹集到的财政资金进行有计划、有目的的分配使用的过程。财政支出项目可以分为两大类，包括经常性支出和资本性支出。它体现了地方政府的活动范围和方向，并直接反映了财政资金的分配关系，是地方政府履行职能、调节经济和促进社会发展的重要工具。

（二）影响因素的实证研究

基于前文关于区域经济发展差异影响因素的理论分析，本节选取地区人均GDP作为被解释变量，代表不同地区的经济发展水平。考虑到影响因素的可量化性，选取交通基础设施发展、城镇化水平、信贷资金供给、承接产业转移规模、地方财政支出力度五个因素作为解释变量，开展实证分析研究（见表1）。

表1 变量定义与说明

变量属性	变量含义	变量符号	指标定义
被解释变量	经济发展水平	Y	地区人均GDP
解释变量	交通基础设施发展	X1	单位面积内公路里程
	城镇化水平	X2	城镇化率
	信贷资金供给	X3	人均贷款余额
	承接产业转移规模	X4	人均利用省外资金
	地方财政支出力度	X5	人均财政支出

1. 变量的描述统计量

本文研究样本的空间范围为各省辖市（示范区），时间范围为2013～2023年，数据来源为历年《河南统计年鉴》，各变量的描述性统计量如表2所示。

表2 变量的描述性统计量

变量符号	单位	均值	标准差	极小值	极大值
Y	元	50884.92	19565.65	20046.28	107954.80
X1	km/km^2	1.66	0.34	0.96	2.35
X2	%	52.06	9.62	33.37	80.00
X3	元	42847.61	40665.34	7750.11	283227.90
X4	元	11811.49	6660.27	2662.92	37190.15
X5	元	7772.76	2323.55	3905.39	15661.25

2. 面板回归分析

鉴于本文样本数据是面板数据，如果使用简单线性回归，不仅无法充分有效利用面板数据蕴含的丰富信息，甚至会产生误导性的结论。而面板模型能够全面考虑数据的结构和特点，尤其是在存在遗漏变量的情况下，通过控制个体异质性，可以提供更准确有效的分析，其参数估计结果如表3所示。

表3 面板模型（随机效应）参数估计结果

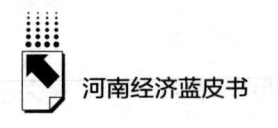

解释变量	被解释变量:地区人均GDP			
	参数估计值	标准误	Z值	p值
Intercept	-19517.3598	5611.9928	-3.4778	0.0005
X1	1766.0140	2368.2082	0.7457	0.4558
X2	799.2295	145.4446	5.4951	<0.0001
X3	0.1337	0.0176	7.5705	<0.0001
X4	0.9213	0.1657	5.5601	<0.0001
X5	1.1901	0.2997	3.9704	<0.0001
R^2				0.9026
Adj. R^2				0.9001
F统计量	1779.24	$df=5$		$p=0.0001$

从参数估计的结果来看，回归方程调整前后的拟合度分别达到0.903和0.900，说明本文选择的5个解释变量对地区人均GDP的解释程度较高，且方程整体通过了1%显著性水平下的F检验。从各解释变量的参数估计结果来看，除了单位面积内公路里程未通过显著性检验外，其他解释变量都通过了1%水平下的显著性检验。其中，城镇化率的回归参数估计值为799.23，表明城镇化率每提高一个百分点，会带动人均GDP平均提高799.23元。人均贷款余额、人均利用省外资金和人均财政支出的回归系数均为正，说明这三个解释变量对人均GDP均存在正向带动作用。其中财政支出对人均GDP的带动作用最强，为1.19，说明地区人均财政支出每增加1元，会带动地区人均GDP平均增加1.19元。人均贷款余额对人均GDP的带动作用较弱，人均贷款余额每增加1元，仅带动地区人均GDP平均增加0.134元。人均利用省外资金的参数估计结果为0.921，说明地区人均承接产业转移规模每增加1元，会带动地区人均GDP平均增加0.921元。

3.稳健性检验

考虑到公路交通基础设施发展对地区人均GDP的回归系数未通过显著性检验，本小节考虑对其进行剔除，基于其他四个变量重新进行参数估计，并进行固定效应面板模型的参数估计,以考察模型实证研究结果的稳健性,结果如表4所示。

表4 稳健性统计检验

	被解释变量:地区人均GDP			
	随机效应		固定效应	
	(1)	(2)	(3)	(4)
X1	1766.014 (2368.208)		2233.318 (2717.437)	
X2	799.230 *** (145.445)	817.128 *** (142.695)	815.766 *** (156.745)	845.342 *** (152.417)
X3	0.134 *** (0.018)	0.135 *** (0.018)	0.134 *** (0.018)	0.136 *** (0.018)
X4	0.921 *** (0.166)	0.921 *** (0.165)	0.896 *** (0.189)	0.891 *** (0.189)
X5	1.190 *** (0.300)	1.214 *** (0.298)	1.151 *** (0.319)	1.174 *** (0.318)
Constant	-19517.360 *** (5611.993)	-17754.490 *** (5089.571)		
样本量N	198	198	198	198
R^2	0.903	0.902	0.905	0.905
Adj. R^2	0.900	0.900	0.893	0.893
F统计量	1779.243 ***	1779.200 ***	333.721 *** (df=5;175)	417.753 *** (df=4;176)
显著性标注	* p<0.1, ** p<0.05, *** p<0.01			

从表4可以看出,虽然在省辖市层面各个地区的公路交通基础设施发展情况与人均GDP存在明显的正相关关系,但是在随机效应模型和固定效应模型下,公路交通基础设施发展整体上未通过显著性检验。其主要原因是公路交通基础设施发展情况对地区自然地理环境的依赖性较强,地势平坦的地区有利于公路交通路网的建设布局,如商丘、周口等地的单位面积内公路交通里程均居全省前列,但由于偏重于第一产业,经济发展水平并不高。而一些山地丘陵地区虽然公路交通路网密度较低,如三门峡、济源等地,但由于

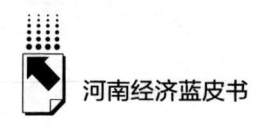

其矿产资源的存在，形成了良好的工业产业基础，反而具备了更高的经济发展水平。因此，相较于其他影响因素，公路交通基础设施发展从全省层面来看对人均GDP的影响不显著。

而城镇化水平、信贷资金供给、承接产业转移规模和地方财政支出力度其他四个影响因素，无论是在随机效应模型还是固定效应模型中，其回归系数估计的正负方向和数值大小都没有发生明显变动，说明了本文的实证研究结果具备较好的稳健性。

四 政策建议

（一）构建河南区域经济增长极，充分发挥其辐射带动作用

依据区域经济学中的增长极理论，构建增长极是促进区域经济发展的有效策略。对河南经济而言，要持续提升郑州的核心增长极地位，增强其区域经济中心地位，并推动郑开同城化发展，加强与洛阳、南阳等副中心城市以及周边城市的联动发展，扩大郑州的辐射带动作用。同时，按照核心增长极、次级增长极和区域节点城市的层次结构来规划和建设多层级的区域增长极体系，在省内一些重要区域节点位置，选择一批发展基础好、带动能力强的城市，推动这些地区实现快速发展，形成对周边地区的辐射带动作用。

（二）加强基础设施建设，打造良好的投资发展环境

基础设施是经济发展的基石，便利的交通、能源和通信基础设施能够促进资源的高效配置，提升生产效率和降低交易成本。为推动河南省区域经济的均衡发展，加强基础设施建设是一个关键举措。要优先发展交通基础设施，构建高效便捷的综合交通网络，破解不同地区之间的交通瓶颈，促进区域间的协同发展。加强能源基础设施建设，完善电网、油气管网等能源输送设施，确保能源供应的安全稳定。加快5G、光纤宽带等新型通信基础设施建设，为数字经济发展提供有力支撑。

（三）立足比较优势，促进区域间分工协作，优化发展空间布局

河南省各地区应充分研究自身各方面的比较优势，立足资源禀赋，制定差异化的发展战略。对于经济发展水平较高、产业结构较为先进的地区，可以依托其现有的工业基础和技术优势，重点发展高新技术产业、现代服务业和先进制造业。对于经济发展水平相对较低的地区，可以立足其农业资源丰富的特点，发展现代农业和农产品加工业，提高农产品的附加值。同时，也可以积极承接产业转移，引进一些适合当地发展的劳动密集型产业。此外，各地区还应充分考虑自身的文化、历史和地理等特色，打造独具特色的地方产业和品牌。

（四）积极发挥财政转移支付功能，加大对欠发达地区的帮扶力度

财政转移支付带来的资金注入可以有效改善地方政府的公共服务能力，提升地方招商引资竞争力，缩小区域间的发展差距，推动各地区协调发展。要综合评估各地区的经济社会发展状况，确定帮扶对象，明确帮扶目标和重点，聚焦基础设施建设、产业发展、公共服务提升等关键领域，避免资金使用的浪费，确保资金能够真正落到实处，发挥最大效益。探索建立横向财政转移支付机制，鼓励发达地区对欠发达地区进行对口支援和帮扶，通过产业转移、技术合作等方式，推动欠发达地区产业升级和经济发展。

（五）深化改革开放，增强发展动能，拓展发展空间

进一步深化改革开放有助于优化资源配置，激发市场活力，推动产业转型升级，为河南省的经济发展注入新的动力。要持续推进实施制度型开放战略，提高政务服务效率，营造更具吸引力的营商环境，吸引高端生产要素的集聚。强化创新引领，加快体制机制创新，建设高水平创新驱动支撑体系，培育经济发展新动能。加强对外开放，拓展发展空间，积极参与"一带一路"建设，推动河南企业拓展国际市场。加强与长江经济带、京津冀、粤港澳大湾区等区域的合作，积极承接先进地区的产业转移项目。

B.26 河南省疏通堵点加快推进工业设备更新研究

赵 杨 王一嫔 赵翠清 李 玉 武明光*

摘 要： 工业是推进大规模设备更新和消费品以旧换新的重要领域，既是设备更新的需求方，也是设备和消费品的供给方，积极引导和推动工业企业加快实施设备更新和技术改造对拉动经济增长意义重大。本文总结概括了河南工业领域大规模设备更新现状，深入剖析了存在的资金、政策落实等制约企业设备更新的堵点痛点，针对性地提出推动工业设备向"新"而行的相关建议：加力政策措施宣贯，加大要素保障力度，着力完善金融服务，健全回收利用体系，持续营造良好环境。

关键词： 工业 设备更新 技术改造 河南省

推动工业领域大规模设备更新，有利于扩大有效投资，有利于推动先进产能比重持续提升，对加快构建现代化产业体系具有重要意义。为了解全省工业领域大规模设备更新情况，剖析制约全省工业领域设备更新的深层次原因，河南省统计局在全省范围内开展了专题调研。调研结果显示，随着河南工业领域设备更新工作稳步推进，政策支持体系加快构建，激发了企业更新潜力，有效释放了更新需求，设备更新工作取得了良好开局，但存在资金紧张、政策还需落实落细、金融服务保障不足等因素制约企业设备更新动力，疏通堵点、向"新"而行还需精准施策。

---

* 赵杨，河南省地方经济社会调查队队长；王一嫔，河南省地方经济社会调查队副队长；赵翠清，河南省地方经济社会调查队快速调查室主任；李玉，河南省地方经济社会调查队快速调查室副主任；武明光，河南省地方经济社会调查队快速调查室。

一 充分认识推动大规模设备更新的意义

大规模设备更新，既能促进消费、拉动投资，也能增加先进产能、提高生产效率，对于加快建设现代化产业体系、推动高质量发展具有重要意义。习近平总书记指出："加快产品更新换代是推动高质量发展的重要举措，要鼓励引导新一轮大规模设备更新和消费品以旧换新。"[①] 2024年3月，国务院印发了《推动大规模设备更新和消费品以旧换新行动方案》，对"两新"工作全面系统部署，工业和信息化部等部门、各地区陆续出台了配套政策，推动实施大规模设备更新工作落地见效。

（一）实施大规模设备更新是扩大投资规模、优化投资结构的必然选择

投资、消费与净出口是拉动经济增长的"三驾马车"。推动大规模设备更新，是扩大有效投资、拉动经济增长的重要举措。实施大规模设备更新，将推动企业大规模投入资本，政府增加公共投资，带动社会资本加大投入，刺激全社会投资增长。2023年，中国工业等重点领域设备投资规模约4.9万亿元，随着设备更新需求不断扩大，预计将形成一个年规模5万亿元以上的巨大市场。围绕新型工业化推进重点行业设备更新改造，围绕新型城镇化加快基础设施领域设备更新，大力促进农业、交通运输、物流、教育、文旅、医疗等领域设备更新，既有利于扩大有效投资规模，又有利于优化投资结构，促进先进产能比重持续提升。随着"两新"政策的进一步落地落细，政策覆盖面和知晓度进一步扩大，政策效能有望进一步得到提升，将会对扩大国内需求、促进新动能成长起到助推作用。

（二）实施大规模设备更新是加快培育发展新质生产力的迫切需要

马克思把生产工具叫作机械性的劳动资料，称其总和为生产的骨骼系统

[①] 王珂：《推动以旧换新，助力高质量发展》，《人民日报》2024年6月11日。

和肌肉系统。生产工具是生产力发展水平的标志，是推动社会进步的强大力量。新质生产力是符合新发展理念的先进生产力质态，由技术革命性突破、生产要素创新性配置、产业深度转型升级而催生，以劳动者、劳动资料、劳动对象及其优化组合的跃升为基本内涵。中国传统产业体量大，在制造业中占比超过80%。大规模设备更新，将加快老旧设备淘汰、先进设备应用、工艺流程优化，推动技术升级、产能优化、结构调整、创新变革，促进制造业高端化、智能化、绿色化发展，这将推动新型劳动对象和新型劳动资料不断涌现，为培育发展新质生产力提供有力支撑，进而推动经济高质量发展。

（三）实施大规模设备更新是推进节能减排、实现"双碳"目标的重要保障

实现碳达峰碳中和是中国对国际社会的庄严承诺，也是一场广泛而深刻的经济社会变革。中国是世界第一制造业大国，工业用能约占全社会用能的70%，工业碳排放约占全社会排放总量的一半以上。工业领域是节能降碳的主战场，对于实现"双碳"目标至关重要。提高设备在能耗、排放等方面的应用标准，淘汰污染型、高耗能旧设备，引进数字化、智能化、绿色化、集约化的新型设备，是本次大规模设备更新的一个重要目标。通过大规模设备更新，积极推进绿色产能代替落后产能，持续提升先进产能、高效产品占比，将从源头上促进节能降碳水平不断提高，推动完善绿色制造体系，增强工业绿色转型动力，加快实现产业结构绿色低碳转型，助力"双碳"目标实现。

二 河南工业领域大规模设备更新现状

为推动工业领域设备更新，河南持续完善顶层制度设计，建立省级协调推进机制，加快构建政策支持体系，强化部门联动，积极筹措财政资金，突出标准牵引，强化宣传引导，狠抓工作落实，工业领域设备更新政策效应初步显现。

（一）政策支持体系加快构建

为塑造产业新动能，拓展消费新空间，推动经济社会高质量发展，2024年4月，河南省人民政府印发实施《河南省推动大规模设备更新和消费品以旧换新实施方案》，对接国家政策要求，提出突出标准牵引、强化供给支撑、完善财税政策等6个方面保障措施。结合该实施方案，工信、财政等部门陆续出台《河南省推动工业领域设备更新实施方案》《河南省推动大规模设备更新和消费品以旧换新若干财政政策》，加快制造业高端化、智能化、绿色化发展，形成技改后补助、贷款贴息、融资租赁补贴、政府基金投入等组合式支持，打出政策"组合拳"。政策体系的加快构建为全省推动工业领域设备更新，加快发展新质生产力提供了坚强的制度保障。

（二）激发潜力释放更新需求

河南工业领域传统产业占比较高，存量设备量多面广。调研显示，50.8%的企业目前生产经营主要设备的使用年限在10年以上，其中13.2%的企业主要设备使用年限达20年以上，设备更新潜力大。在各级政策落实推进的有力带动下，一批工业企业已经主动抢抓政策机遇，瞄准高端、智能、绿色、安全方向，加快实施设备更新和技术改造。据调研了解，28.5%的企业已开始更新设备，53.3%的企业有设备更新计划，仅18.2%的企业不准备进行设备更新。已开始或计划更新设备的企业中，设备更换比例在30%以内的占比最高，为73.5%。30%~80%区间的占比26.1%，80%以上的占比0.4%。85.7%的企业在推动设备更新的同时，计划进行软件系统更新。

（三）设备更新政策效应初显

全省找准"两新"等国家重大决策落地转化的着力点、突破口，把政策机遇落到项目上、落到企业上，牢牢把握经济发展主动权。坚持鼓励先进和淘汰落后相结合，围绕供给侧和需求侧两个方面，建立淘汰落后清单、设备更新需求清单、优势装备（产品）供给清单3个清单。共排查出淘汰类

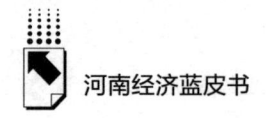

落后生产工艺装备5292台（套）、需淘汰主要用能设备3256台（套），梳理出全省工业企业2024~2027年拟实施设备更新项目共有4846个，总投资3.11万亿元，征集省内具有优质供给能力的装备（产品）1286种。在各方共同努力下，随着各项政策的推动落实，2024年前三季度，全省工业投资同比增长21.8%，高于全国9.5个百分点，工业企业技术改造投资同比增长7%，占工业投资的比重为21.9%。全省规上工业增加值同比增长7.7%，高出全国1.9个百分点，较上年同期高3.7个百分点。

总的来说，全省上下坚决贯彻落实党中央、国务院决策部署，围绕推进新型工业化，以大规模设备更新为抓手，持续推动工业领域设备更新，拉动制造业投资，扩大内需，同时加快培育和壮大新质生产力，带动了河南制造业整体竞争力提升。

三 制约工业设备更新的因素

随着工业领域大规模设备更新一揽子政策效应逐步显现，市场需求正在加速释放。但在资金、政策落实等方面还存在一些短板和问题，束缚了企业更新改造的动力。

（一）资金紧张问题突出

工业属于重资产行业，大规模设备更新需要投入购置新设备、改造生产线、培训技术人员等各方面的费用，资金投入普遍偏高。比如，建材、耐材、铝加工等传统产业受行业整体形势影响利润降低，流动资金普遍不足。尤其对于中小企业来说，设备更新投入会造成很大的经济压力，为"保生存、保生产"，设备更新和技术改造等可选投资只能选择取消或延后了。调研显示，近六成的企业认为自有资金不足是制约企业设备更新改造的重要瓶颈。调研中，焦作某碳素有限公司更新的设备是专用设备，采购价格较高，相应的税费也较高，虽然设备增值税（税率为13%）后期可以作为进项税进行抵扣，但占用流动资金时间较长，影响企业经营。

（二）政策亟待落实落细

当前，全省工业领域大规模设备更新政策体系基本构建，但政策红利没有应享尽享，从"纸面"落到"地面"仍有差距。调研显示，47.7%的企业认为政策落实过程中精准度有待提升，需进一步出台实施细则；42.3%的企业未享受任何财政支持政策；34.9%的企业认为奖补政策兑现周期较长，影响企业参与设备更新的热情；31.0%的企业认为目前政策宣传解读和培训还不到位。调研中，济源某金铅集团负责人表示，由于有色行业属于重资产行业，设备更新改造需做充分的项目论证、立项等大量工作。该公司刚立项2个工业领域设备更新改造项目，计划分别于2024年10月、12月开工建设，周期为3年。但目前来看，项目刚开始政策就已到期，对于12月31日之后，此政策企业能否享受、是否延续、如何延续等情况尚不清楚。

（三）人才技术支撑不足

设备更新不是简单地更替先进设备，其不仅需要具备相应技能的一线工人来操作和维护，还需要既懂制造又懂新兴技术的复合型人才对生产线进行精准判断，推动生产能力整体升级。加之有的企业部分高端设备难以在国内采购，依赖进口不仅带来成本增加和供应链不稳定，也对企业技术、人才等综合实力提出更高要求。调研显示，40%的企业反映缺乏技术和人才的支持，束缚了设备更新的内生有机力。调研中，洛阳某金属材料公司负责人表示，新购入先进设备需要经验丰富的高级技工，特别是主操作工尤其难招，企业只好到其他工业企业高薪挖人。

（四）金融服务尚存短板

因银行需要自担风险，即使工信部通过的项目，银行还需要按照贷款流程进行审查，审批上比较审慎，如对符合贴息政策申报条件的企业，银行要求提供高于贷款需求双倍的固定资产抵押物，以及要求出示土地证等手续，多数企业很难做到。从全省工业项目资金来源来看，企业自筹资金占比

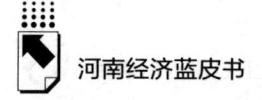

87.5%，而预算内资金和银行贷款仅分别占比4.4%、4.5%。调研显示，27.0%的企业认为当前设备更新和技术改造相关金融服务不完善，造成设备更新计划放缓。同时，金融机构适配的专项金融产品较少，和企业融资需求不对称，进一步影响和阻滞了企业设备更新的意愿。调研中，焦作某耐火材料有限公司负责人表示，公司计划更新生产线，需资金1200万元，只能依靠银行贷款，但银行贷款门槛较高，不仅需要第三方对资产进行鉴定，且授信额度偏低。

四 推动工业领域设备更新的几点建议

坚持尊重市场规律、更好发挥市场作用，引导企业在"加快改"的同时实现"改得好"，激励更多企业实施设备更新，塑造发展新优势新动能。

（一）加力政策措施宣贯

充分发挥省推动大规模设备更新和消费品以旧换新工作专班作用，压茬推进、狠抓落实，细化政策措施，明确支持范围、支持标准和补贴流程，推动各项政策举措以更快速度落地，加强政策宣传，掀起"两新"热潮。同时，结合不同类型项目特点，综合采取"打捆申报、打捆下达"等方式，简化项目申报和审批流程，切实提高办事效率，推动加力支持工业设备更新的政策措施尽快落地见效，让企业切实感受到政策实效。

（二）加大要素保障力度

一方面，围绕设备更新改造衍生的复合型技能岗位需求，强化专业技能人才培养和企业职工岗位技能提升培训；引导校企合作，定向培养先进设备操作与维护人才，实现人才培养与市场需求的有效对接。突出"靶向式"引才，建立先进设备技术人才库，为企业提供人才推荐和引进服务。

另一方面，工业企业技术改造项目实施涉及用地、规划、环评、能评、安评等多个环节，离不开土地、能源等要素支持，将技术改造项目涉及用地、用能等纳入优先保障范围，能够有效保障重大项目建设。此外，对于不新增土地、以设备更新为主的技术改造项目，也要简化前期审批手续，这将进一步减轻企业负担，激发市场活力，加快技改项目落地见效。

（三）着力完善金融服务

制定更加精准有效的政策措施，如加大设备更新补贴力度、提供税收减免优惠等，降低企业设备更新成本。积极搭建政银企对接平台，优化信贷审批流程，降低企业融资门槛。利用好技术改造和设备更新项目再贷款政策，创新推出更多适配度高的金融产品和服务，满足企业设备购置的资金需求。统筹用好补助资金、财政贴息、政府采购等多种工具，认真履行项目和资金管理的主体责任，切实管好用好补贴资金，确保"真金白银"直达快享，最大限度激发企业设备更新的积极性。

（四）健全回收利用体系

坚持系统观念，顺应产业发展趋势和特点，结合产品设备更新潜力、废旧设备利用途径等，完善产业链条，实现设备生产、更新、回收、再制造等全流程市场化运行，强化资金、政策、标准、技术、监管等全方位支撑保障，着力解决老旧设备处理难题。以资源循环利用为核心，有序推进老旧设备再制造和梯次利用，推广精细拆解、复合材料高效解离等技术，支持企业、高校和研究机构开发新的回收技术，鼓励公共资源交易平台搭建老旧设备交易专栏，提高老旧设备利用率，减少资源闲置和浪费。

（五）持续营造良好环境

要加强产品质量和价格监管，依法严肃查处不合格产品生产销售、价格欺诈等违法行为。加快建设大规模设备更新和消费品以旧换新网络平台，方便企业及时享受政策优惠。加强宣传引导，做好政策解读工作，及时回应社会关切，引导社会各界积极参与，营造良好的舆论环境和社会氛围。

B.27
河南省城乡居民医保参保情况研究

赵 杨 王一嫔 赵翠清 李 玉 魏 巍 武明光*

摘　要： 城乡居民基本医疗保险是党中央、国务院解决广大人民群众医疗保障问题，不断完善医疗保障制度的重大举措。近年来，河南省按照全覆盖发展目标，不断提升居民医保保障能力，为改善民生、稳定发展发挥了积极作用，但缴费标准连年上涨，各地不同程度地出现了参保意愿下降、选择性参保等问题，制约了居民医保的可持续发展。本文围绕河南省城乡居民医保参保专题调研结果，深入分析河南省城乡居民医保参保情况及存在的问题，并对进一步提升居民医保成效提出科学有效的意见建议：持续完善医保参保政策，持续优化医保报销措施，持续强化医保基层建设，持续加强医保政策宣传。

关键词： 城乡居民　医保参保　基本医疗保险　河南省

城乡居民基本医疗保险（以下简称"居民医保"）是基本医疗保障体系的重要构成部分，在保障非从业居民基本医疗需求、促进社会公平稳定等方面发挥着关键作用。党的二十届三中全会指出，要"健全社会保障体系""推进基本医疗保险省级统筹，深化医保支付方式改革"。为了解河南省居民医保参保现状及群众期盼，河南省地方经济社会调查队在全省范围内开展专题调研。调研显示，河南省居民医保服务能力不断提升，充分发挥了医疗

---

* 赵杨，河南省地方经济社会调查队队长；王一嫔，河南省地方经济社会调查队副队长；赵翠清，河南省地方经济社会调查队快速调查室主任；李玉，河南省地方经济社会调查队快速调查室副主任；魏巍、武明光，河南省地方经济社会调查队快速调查室。

保障兜底作用，但也存在着保费连年涨、报销比例低等问题，进一步完善居民医保政策体系仍需持续发力。

一 城乡居民医保的发展历程

我国居民医保制度经过20多年的实践历程，已经逐步构建了由基本医疗保险、大病保险、医疗救助三重保障制度组成的、面向城乡居民的医疗保障制度。1998年，以城镇职工基本医疗保险制度的建立为契机，我国医疗保障制度开启了新的变革。为实现医保更好地覆盖广大城乡居民，国家分别在2003年和2007年建立了新型农村合作医疗制度和城镇居民医疗保险制度，形成了由职工医保、新农合以及城镇医保共同组成的基本医疗保障体系框架。2016年，国务院出台了《关于整合城乡居民基本医疗保险制度的意见》，对新农合和城镇居民医保做了整合，制定了城乡居民基本医疗保险制度。各省市相继促进职工医保与居民医保并轨并行，为进一步完善全民医保体系夯实了基础。

城乡居民医保实行统一覆盖范围、统一筹资政策、统一保障待遇、统一医保目录、统一定点管理和统一基金管理的"六个统一"，精准涵盖了非城镇职工的其他所有城乡居民。自城乡居民医保试点运行以来，我国基本医疗保险参保的覆盖面已经基本保持在95%以上，基本实现了城乡居民所需要的基本医疗保障项目全覆盖，有效解决了"应保尽保"的问题。

二 城乡居民医保的重要意义

（一）实现全民健康覆盖，促进社会公平正义

城乡居民医保制度的建立，是落实"以人民为中心"发展理念的具体体现。它打破了城乡二元结构，实现了医疗保障制度的城乡一体化，让农村居民和城市居民在享受基本医疗服务上享有同等待遇，有效解决了长期以来

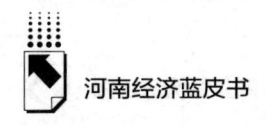

群众看病难、看病贵的问题。通过个人缴费与政府补助相结合的方式，城乡居民医保降低了参保门槛，提高了参保率，确保了广大人民群众的基本医疗需求得到满足，是实现全民健康覆盖目标的关键一环。同时，城乡居民医保制度的实施，有效减轻了参保居民的经济负担，降低了因病致贫、因病返贫的风险。这不仅保护了个人和家庭的生存发展能力，也促进了社会的公平正义，增强了社会的凝聚力和稳定性。

（二）优化医疗资源配置，完善医疗服务体系

城乡居民医保制度的建立，促进了医疗卫生资源的合理配置和有效利用。一方面，医保基金通过总额预付、按病种付费等多种支付方式改革，激励医疗机构提高服务效率，控制医疗成本，减少不必要的医疗浪费；另一方面，医保制度鼓励基层首诊、分级诊疗，引导患者合理就医，减轻了大医院的就医压力，促进了医疗资源的下沉和均衡分布。这既提高了医疗服务的可及性和质量，也增强了医疗体系的整体效能。通过更加规范科学合理的城乡居民医疗保障制度，实现了全民医疗保障的统一和管理的规范，为构建更加公平、可持续的多层次医疗保障体系奠定了坚实基础。在此基础上，国家还在积极探索发展商业健康保险、补充医疗保险等多种形式的医疗保障，以满足人民群众多元化、多层次的健康需求。这一系列的改革措施，逐渐形成了由政府主导、社会参与的多元化医疗保障格局，有力推动了医疗卫生事业的全面发展。

（三）提升全民健康素养，增强社会凝聚力

城乡居民医保制度的实施，不仅让广大人民群众关注疾病治疗，更强调预防保健，倡导健康的生活方式。通过医保政策的引导，鼓励居民进行定期体检、接种疫苗等预防措施，提高了全民的健康意识和健康素养。同时，城乡居民医保制度的实施，增强了人民群众对党和政府的信任和支持，提升了社会的凝聚力和向心力。当居民在面临疾病挑战时，能够得到及时有效的医疗救助，感受到社会的温暖和关怀，这有助于维护社会稳

定，促进经济社会的和谐发展。同时，健康的劳动力是经济发展的基础，城乡居民医保制度的完善，保障了劳动力市场的稳定，为经济持续健康发展提供了有力支撑。

三 河南省居民医保参保现状

为了解河南省居民医保参保现状及医保作用发挥情况，在全省17个省辖市、济源示范区开展了本次调研。调研对象从户籍看，城镇居民占比52.6%，农村居民占比47.4%；从年龄看，30岁以下占比17.2%，30~49岁占比56.5%，50~59岁占比18.5%，60岁及以上占比7.8%。

（一）医保参保率高，群众总体较为满意

近年来，河南省居民医保工作持续高质量发展，从"兜底""提质"到逐步"优化"，基本实现了"全民应保尽保、人人公平享有"的医疗保障目标。2023年，河南省参加基本医疗保险9931.56万人，参保率稳定在96%以上，其中参加居民医保8497.74万人，占参加基本医疗保险人数的85.6%，这一比例高于全国13.4个百分点，助推人口大省强化医疗保障兜底作用，切实增进民生福祉，群众满意度较高。调研显示，93.0%的群众对居民医保政策满意或基本满意。

（二）宣传提质增效，政策普及更加广泛

为真正将惠民、利民政策落到实处，提高群众对居民医保政策的知晓度、认可度，各地积极创新宣传形式，提升宣传实效。调研显示，96.3%的群众认为所在社区居民医保政策宣传效果较好，90.4%的群众对居民医保报销方式、比例等政策基本了解或非常了解。调研了解到，部分地区充分发挥互联网优势，通过官微、抖音平台等群众喜闻乐见的媒介，开展政策宣传宣讲，居民医保政策深入人心。

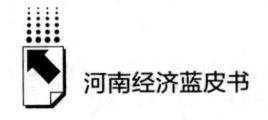

（三）优质资源下沉，就近就医成效显著

全省加快构建分级诊疗完善有序的就医格局，推动优质医疗资源向农村和基层延伸，群众就近就医更加方便。调研显示，81.9%的群众经常报销的医院为县（市、区）级医院或乡镇（社区）卫生院，32.5%的群众选择省辖市级医院，4.7%的群众选择省辖市以外的医院。部分地区开展了村（社区）卫生室医保结算试点，80.3%的群众在医治感冒、发烧等常见病时在家门口就医，打通了医疗保障服务的"最后一公里"。

（四）医保使用率高，费用结算方便快捷

全省医保经办服务体系不断完备，"一站式"结算质量持续提升，异地报销手续更加简化，居民医保使用率较高。调研显示，56.9%的群众近一年使用过医保报销，除部分跨省报销信息需审核，多数地区已基本实现"一站式"结算。从结算方式看，使用门诊统筹报销的为49.8%，使用住院报销的为25.7%，二者均使用过的为24.5%。从住院报销金额看，报销3000元以上的占比46.2%。调研中某群众反映，现在省内异地报销非常方便，线上办理好备案，结账时直接结算，与之前异地报销周期长、多跑路相比，真正为老百姓省了不少工夫。

四 存在的问题

居民医保作为民生工程，河南省各地按照全覆盖发展目标，不断提升保障能力，为改善民生、稳定发展发挥了积极作用。但随着居民医保缴费标准连年上涨，各地不同程度地出现了参保意愿下降、选择性参保等问题，制约了居民医保的可持续发展。数据显示，自2017年城乡居民医保实施以来，河南省医疗保险（含职工医疗保险与城乡居民医疗保险）参保人数波动较为明显，总体参保人数在2022年降至最低。从波动变化来看，在经历2020年小幅波动上升后，2021年、2022年参保人数连年下降，同比下降幅度分

别为 0.1%、2.4%（见图 1）。这其中既有人口结构变化、重复参保清理、参保类型转换等多重原因的影响，又存在着经济负担较重、参保意识薄弱等不利因素的制约。结合此次专题调研结果，对现阶段河南省城乡居民医保参保情况存在的问题进行综合分析。

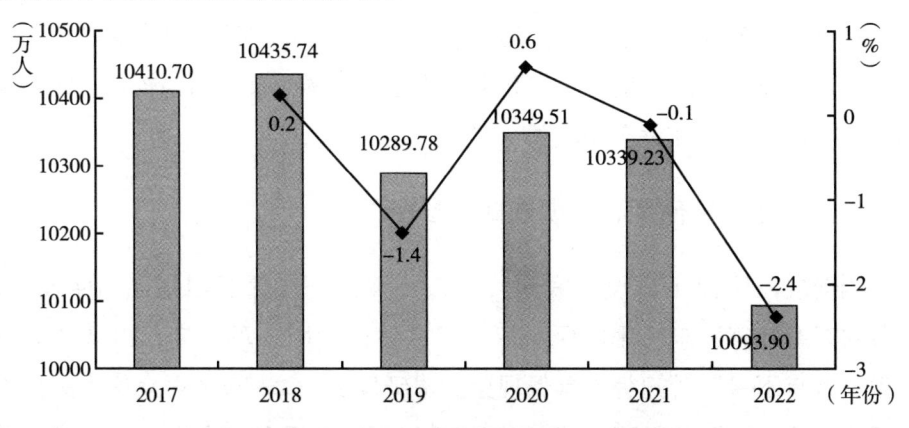

图 1　2017~2022 年河南省医保参保人数及增速

（一）保费连年涨，群众参保压力大

近年来，居民医保缴费标准持续提高，居民医保出现断缴现象。数据显示，个人缴费以每年 30~40 元的标准上调，从 2017 年的每人每年 150 元上涨到 2024 年的 380 元，年均增长 14.2%。特别是进入"300 元时代"后，收入低、人口多的家庭负担日趋加重。调研显示，43.9% 的群众认为居民医保费用标准持续提高是现阶段医保断缴的主要原因；在 2024 年度未参保群众中，70.6% 的是由于费用高、经济负担重；从 2025 年度参保意愿看，14.3% 的群众不愿参保的主要原因也是费用高。某群众反映，家中 7 口人，2024 年全家参保需 2660 元，家庭收入有限，无力全部负担，只能为两位老人参保，其他成员已断缴两年。

（二）报销比例低，看病负担仍较重

医保报销比例是群众最关心最现实的利益问题。受医院级别、起付标

准、部分药品未纳入报销名录等因素影响，医保报销比例有限。从实际报销比例看，52.5%的群众报销比例不足一半。从门诊统筹看，35.9%的群众认为门诊报销比例低、额度有限。群众普遍反映，目前检查、药品费用均较高，门诊报销上限较低，有时一次就花完了。从异地就医看，18.9%的群众认为在外地或省级医院报销比例偏低，对大病需异地就医的群众保障作用有限。某群众反映，因重病需在省级医院治疗，高额的自费药物较多，实际报销比例不足40%，家庭负担较重。

（三）缴费未使用，出现选择性参保

当前居民医保不再设置家庭（个人）账户，参保费用只能当年使用，部分农村青壮年因未使用医保而产生了"参保无用"的认知，出现"老幼参保、青年不保"等选择性参保现象。调研显示，23.7%的群众认为医保参保后未使用，实际获得感不强。在2025年不愿参保的群众中，超六成年龄在30~50岁，他们认为自己年轻力壮、不会生病，但这部分人群多为家庭经济支柱，没有医保保障，一旦生病会大幅影响生活质量，甚至可能因病致贫。调研中某群众30多岁，因往年参保未使用，2023年断缴，在2023年经查本人罹患白血病，看病花费20多万元却因未参加居民医保无法报销，导致家庭债台高筑。

（四）信息不通畅，影响工作效率

目前，居民医保信息平台建设不足、信息不通畅的问题较为突出。

一是医保跨省信息平台缺乏互联。河南是劳务输出大省，为保障群众基本医疗权益，全省大力推动外出务工人员医保应缴尽缴，但各省居民医保参保信息尚未实现互联，异地参保情况难以准确掌握，仅能从群众自述获取相关信息，一定程度影响了居民医保信息收集等工作效率。

二是部门间沟通协调不畅，特别是新增居民和流动人口信息由公安部门掌握，受保密工作要求，医保部门无法获取居民具体信息，增加了流动人口较多地区的医保征缴难度。

三是基层村（社区）卫生室医保信息平台尚未完全覆盖，除试点地区外，村（社区）卫生室不具备门诊统筹报销功能。

五　对策建议

河南作为人口大省和农业大省，居民医保直接关系广大群众的切身利益与福祉，要紧紧围绕习近平总书记赋予的"解除全体人民的疾病医疗后顾之忧"的重大政治使命，有效发挥居民医保的医疗兜底保障作用，守护好人民群众"病有所医，医有所保"的美好生活期盼。

（一）持续完善医保参保政策

优化参保标准和实行额度累计是目前群众对完善居民医保政策呼声最高的部分。从参保标准看，34.8%的群众认为需合理调整医保缴费标准，17.8%的群众认为可设置不同类型的医保参保标准。从额度累计看，41.3%的群众认为医保相关政策可推行累计制度，28.0%的群众建议对照职工医保设置个人或家庭账户。结合群众诉求，进一步优化居民医保政策，完善居民医保筹资动态调整机制，推动缴费调整与经济社会发展水平和居民人均可支配收入挂钩。参照外省先进经验，根据年龄、身体状况等差异化需求设置不同报销比例、不同病种覆盖范围的医保参保标准，探索参保年限与医保报销水平挂钩，激励群众连续参保。参照职工医保模式设置个人或家庭账户，对居民医保个人账户基金累计使用。

（二）持续优化医保报销措施

医保的核心在于通过发挥保障功能减轻群众经济负担。从群众对医保报销的呼声看，31.2%的群众认为需要适当提高住院及门诊的报销比例或额度，23.9%的群众认为需要降低住院及门诊的报销门槛，22.2%的群众认为需加大对重特大疾病异地就医的报销力度，20.3%的群众认为需加大对慢性病、特定病种的认定及医保报销力度。结合地区医疗保障实际，适当提高医保报销比例、降低报销门槛，进一步完善大病保险政策，优化医疗救助政策，提高重特大疾病综合报销比例。要继续做好慢性病、特定病种的认定，简化鉴定流程。进一步完善国家基本药物制度，将一些群众常用的、经济的药品纳入国家基本药物目录，提升基层卫生部门药品名录准入种类，纳入医保报销范围。

（三）持续强化医保基层建设

深化医保支付制度改革，提升医保基金使用绩效和公立医疗机构运行效率。加快基层卫生医疗机构医保统筹报销信息平台全覆盖，推进医保服务向基层延伸，多举措筑牢医保服务基层网络。加大对基层医疗卫生事业的投入，增强基层医务人员的业务水平和服务能力，提升基层医疗保障服务的效率和质量。加快构建省域、部门间的信息共享机制，提高信息互通效率，提升工作成效。持续完善分级诊疗制度建设，加快推进基层医保信息平台覆盖，努力构建"15分钟医保服务圈"，更好地充分发挥价格、医保报销制度对群众就地就近就医的杠杆引导作用。

（四）持续加强医保政策宣传

加大宣传力度，创新宣传形式，变"政策语言"为"百姓语言"，做好医保政策宣讲，认真解释费用上涨原因，把惠民成果讲到群众心坎，努力让群众听得清楚、记在心里。坚持以理动人、以例警示，加大对流动人口、农村地区青壮年、外出务工人员以及建档立卡脱贫户等重点人群的政策宣传力度，引导其树立医保"患病时有保障，无病时利他人"的正确导向，积极主动参保。科学修订考核方式，避免考核指标"一刀切"，有效减轻基层工作压力，激发干事创业内生动力。

B.28 高质量发展背景下河南省民营经济发展活力区域差异与时空演化研究

李波 石晓芳 肖康康 张瑜若 孟君旖*

摘　要： 本文基于2018~2022年河南省18个地市的面板数据，采用熵值法模型测度河南省18个地市的民营经济发展活力水平，并进行SWOT分析提出相关对策建议：加强区域间互联互通，深入推进区域协调发展；发挥郑州综合优势，链接域外高端资源要素；完善信用评价体系，丰富金融产品供给。

关键词： 民营经济　发展活力　协调发展　河南省

一　研究背景

习近平总书记高度重视民营经济发展，鲜明提出民营经济是我国经济制度的内在要素、民营企业和民营企业家是我们自己人，强调要坚持基本经济制度，坚持"两个毫不动摇"，促进非公有制经济健康发展和非公有制经济人士健康成长。民营经济是河南高质量发展的重要基础，是全面建设现代化河南的重要力量。据统计，民营经济贡献了河南省五成以上的GDP、八成以上的税收、九成以上的就业，已成为全省经济发展的生力军、科技创新的

---

* 李波，国家统计局河南调查总队党组成员、副总队长；石晓芳，国家统计局河南调查总队处长；肖康康，国家统计局河南调查总队四级主任科员；张瑜若，国家统计局洛阳调查队科长；孟君旖，国家统计局洛阳调查队一级科员。

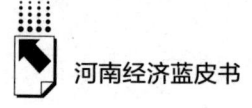

强引擎、对外开放的动力源、民生福祉的助推器。了解近年来河南省不同地区民营经济发展活力水平和时空演变情况，为河南省民营经济高质量发展提出政策建议，这既是地区均衡发展的需要，也是推动河南省民营经济高质量发展的科学前提。

二 河南省民营经济发展活力水平测度体系的构建与数据来源

根据相关文献中对民营经济评价模型中指标的选取，遵循科学性、独立性、可操作性、相对完备性以及数据可取得性原则，构建出符合河南省民营经济发展活力水平的指标评价体系，该指标体系主要包括一级、二级指标，从经济活力、发展环境、创新潜力、文化环境四个维度构建评价体系（见表1）。

表1 河南省民营经济发展活力测度指标体系

一级指标	指标解释	二级指标	性质
经济活力	民营经济总体规模 扩张升级能力 对经济发展的贡献率	民营经济增加值（亿元）	正向
		规模以上工业企业资产负债率（%）	负向
		规模以上服务业营业利润（亿元）	正向
		民营经济增加值与地区生产总值的比值	正向
发展环境	资源环境 政府支出 居民生活水平	人均用水量（立方米/人）	正向
		公共预算支出占GDP的比重（%）	正向
		居民家庭人均可支配收入（元）	正向
创新潜力	创新投入成果转化 企业创新潜力	研发投入与民营经济增加值比值（%）	正向
		R&D经费内部支出（万元）	正向
		R&D经费内部支出与有效发明专利数的比值（%）	负向
		科技从业人员（R&D研究人员）（人）	正向
		有效发明专利数（项）	正向

续表

一级指标	指标解释	二级指标	性质
文化环境	企业文化环境	每万人在校大学生人数（人）	正向
		每万人拥有藏书量（册）	正向
		城乡居民人均收入与文娱消费支出比（%）	负向
		教育及文化娱乐支出（元）	正向

注：选取河南省18个地市（17个省辖市、济源示范区）2018~2022年数据。

资料来源：《中国统计年鉴》《河南统计年鉴》历年统计数据，针对个别地区某些年份有关数据缺失值，采用插值法补齐。

三　民营经济发展活力综合评价

（一）评价方法

本文采用熵权-TOPSIS法测算综合指数。TOPSIS是一种常用的综合评价方法，能充分利用原始数据的信息，结果可以精确地反映各评价方案之间的差距。熵权法是一种客观赋权方法，可以减少主观赋值带来的偏差。熵权-TOPSIS法是一种融合了熵权法与TOPSIS法的综合评价方法，利用熵权法定权并通过TOPSIS法进行排序，使评价结果更加客观。

（二）评价结果

根据上述计算过程，得出2018~2022年河南省18个地市民营经济发展活力指数（见表2）。

表2　2018~2022年河南省各地市民营经济发展活力测度

地区	2018年	2019年	2020年	2021年	2022年	平均
郑州市	0.7234417	0.7563936	0.7639666	0.777307	0.52981	0.71621875
洛阳市	0.3635336	0.3633065	0.329913	0.2948534	0.2472174	0.325355067
济源市	0.2581359	0.3425005	0.296569	0.2506638	0.2386744	0.286440683
安阳市	0.2447947	0.2677254	0.2321842	0.206117	0.2396052	0.24135865

续表

地区	2018年	2019年	2020年	2021年	2022年	平均
三门峡市	0.2336731	0.2509156	0.240518	0.2085159	0.2062915	0.230138283
许昌市	0.2417119	0.2825062	0.248674	0.1856368	0.1699369	0.233495333
新乡市	0.2465678	0.2707866	0.2094294	0.2151222	0.1790294	0.230287
平顶山市	0.2060908	0.2625626	0.2272924	0.1979039	0.2001232	0.224422583
鹤壁市	0.2246366	0.2091904	0.1864999	0.1238221	0.336464	0.213300567
焦作市	0.2313685	0.273231	0.2034764	0.1517956	0.1432832	0.211064283
南阳市	0.317104	0.1968416	0.1510705	0.1835244	0.1518731	0.197875867
开封市	0.2343912	0.2073404	0.173706	0.212303	0.1357242	0.193467533
信阳市	0.2318019	0.1970141	0.1670139	0.1775275	0.1347139	0.182514233
商丘市	0.2189029	0.2237697	0.1356697	0.1310772	0.1568625	0.180008617
漯河市	0.2099998	0.1977881	0.1515925	0.1366814	0.0980799	0.163654967
驻马店市	0.18012	0.1651339	0.1703488	0.1451193	0.1210692	0.156154183
周口市	0.1886588	0.1889519	0.1404191	0.1299347	0.1137015	0.15676965
濮阳市	0.1918918	0.1797652	0.141592	0.1362003	0.1118077	0.155170367
平均	0.2637125	0.268651294	0.231640856	0.214672528	0.195237067	0.238760923

资料来源：《中国统计年鉴》《河南统计年鉴》历年统计数据，针对个别地区某些年份有关数据缺失值，采用插值法补齐。

基于测算结果表2绘制河南省各地民营经济发展活力平均水平图（见图1）。由图1可知，2018~2022年河南省各地市民营经济发展活力均值在0.195~0.269变动，均值为0.239，整体呈现先上升后下降的趋势，最高值出现在2019年。

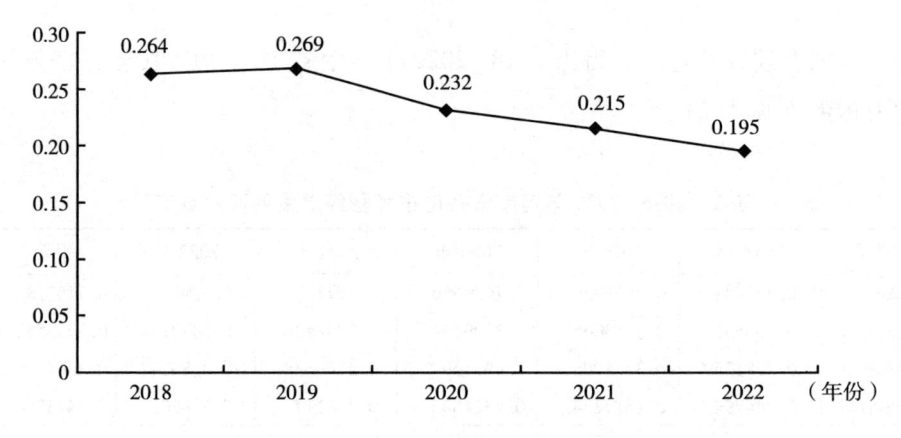

图1 2018~2022年河南省各地民营经济发展活力平均水平

四　结合实证结论对河南省民营经济发展的 SWOT 分析

（一）S-优势分析

1. 政策扶持力度大

河南省认真贯彻落实党中央决策部署，推出"一揽子"惠企政策，打出了"万人助万企"、"三个一批"项目建设活动、"四个拉动"等一套组合拳。在减税降费方面实施了小规模纳税人免征增值税、小型微利企业减征所得税、固定资产加速折旧等税收优惠政策；在融资支持方面加大省级应急周转资金池奖励资金奖补力度，扩大中小微企业应急转贷规模，开展金融支持市场主体特别帮扶行动；在支持企业创新方面，加大对培育入库企业、首次"小升规"工业企业申请认定为高新技术企业、科技型中小企业、"专精特新"中小企业的政策支持力度；在"专精特新"企业培育方面，建立创新型中小企业培育机制，提供技术咨询、指导等服务，发挥财政资金、政府引导基金的引导和杠杆作用，支持社会资金投资创新型中小企业，丰富的优惠政策为民营经济的发展提供了强有力的支撑。

2. 地理位置优越

河南省位于中国的地理中心，拥有"米"字形铁路网络，包括京广、陇海等重要铁路线，以及京港澳、连霍等高速公路，是连接华北、华东、华中和西北的重要交通枢纽。例如，2023年河南省货物运输总量为28.17亿吨，比2022年增长8.9%；货物运输周转量为11892.48亿吨公里，增长4.3%。旅客运输总量为5.90亿人次，比2022年增长119.2%；旅客运输周转量为1662.29亿人公里，增长138.4%。机场旅客吞吐量为2788.83万人次，增长158.4%；机场货邮吞吐量为60.90万吨。四通八达的交通网络，大大降低了物流成本，提高了物流效率。同时，河南省与六个省份接壤，是华北、华东、华中、西北和西南地区的交汇点，这为河南省与周边省份的经济联动和区域合作提供了天然优势，有助于形成更大的市场和更广阔的经济

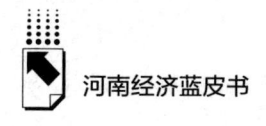

腹地。

3.劳动力资源丰富

2023年末，河南省城镇新增就业人数达到119.32万人，城镇失业人员再就业人数为28.36万人，劳动力资源丰富，为民营经济的发展提供了坚实的基础。从劳动人事争议仲裁和劳动保障监察的数据来看，2023年河南省劳动人事争议仲裁立案受理案件总数为3.99万件，劳动保障监察案件结案数为1693件，显示了劳动力市场的活跃度和对劳动权益保护的重视。

（二）W-劣势分析

1.区域发展不均衡

虽然近年来地区间的差异在缩小，但区域间发展差异仍然较大，西部、中部地区民营经济发展活力要高于东部地区。河南省的区域产业结构以第二产业为主，但不同区域的第二产业比重存在较大差异。例如，中原城市群的服务业发展迅速，而豫北经济区的重化工业发展较快，豫西豫西南经济区轻工业发展迅速，黄淮经济区的农产品加工业占比较高。区域发展不均衡可能导致资源（如资金、人才、技术）在区域内部分配不均，降低整体经济的资源配置效率，增加民营企业运营成本，降低市场竞争力，增加人才流失风险，欠发达地区民营企业获取贷款和其他融资支持的难度往往更大，限制了企业的投资和扩张。

2.产业结构仍待优化

一是产业结构调整压力大，河南省作为农业大省，正面临着由传统农业向现代农业转型的压力，需要通过技术创新和产业升级来提升产品的竞争力和市场价值；工业体系中，传统产业仍占有较大比重，需要通过技术改造和产业转型，推动传统产业向更高端、更环保的方向发展。

二是高新技术产业发展不足，研发投入与经济大省地位不匹配。例如，2021年，河南地区生产总值为58071.43亿元，居全国第5位，而河南研发投入强度居全国第18位，在中部六省中仅高于山西。虽然河南在高新技术产业方面取得了一定的进展，但与全国领先地区相比，高新技术产业的规模和影响力仍有待提升。

三是产业集聚度不高，河南省的产业集聚度相对较低，尚未形成具有强大竞争力的产业集群，限制了产业链的延伸和产业的规模效应；在某些产业集聚区，缺乏具有强大影响力和带动力的龙头企业，中小企业虽然数量众多，但规模小，产业链条往往不够完整，上下游企业之间的联系不够紧密，导致产业链的协同效应和规模效应未能充分发挥。

（三）O-机会分析

1.技术创新带来新机遇

近年来，河南省将创新摆在发展的逻辑起点、现代化河南建设的核心位置，大力实施创新驱动、科教兴省、人才强省战略，民营企业奋楫争先。全省500多家"专精特新"民营企业的主导产品填补了国内市场空白，为解决核心技术"卡脖子"问题和加快建设制造强国贡献了河南力量。广大民营企业通过创新提质增效，在市场竞争中站得住、立得稳、走得远，成为融入国内国际双循环的重要力量。

2.外贸出口带来新机遇

近年来，河南省外贸出口情况表现出较强的韧性和增长势头。根据郑州海关发布的数据，2023年河南省贸易顺差扩大30.0%。从产业分布来看，2023年河南电动汽车、锂电池、太阳能电池"新三样"合计出口值同比增长22.9%，增速明显高于全省出口平均增速，体现了全省制造业加快向高端化、绿色化、智能化转型，外贸强省建设将拥有更强大的支撑。分地区来看，2023年，全省有9个地市进出口值超150亿元，分别为郑州、济源、许昌、洛阳、南阳、三门峡、焦作、濮阳、新乡，进出口值合计占全省外贸总值的91.6%。这些数据表明，河南省在外贸出口方面取得了积极的成果，展现了外贸发展的活力和潜力。民营企业通过外贸出口能够开拓更广阔的国际市场，实现市场多元化，降低对单一市场的依赖风险，更好地利用国际国内两个市场、两种资源，推动内外贸一体化发展，为民营经济高质量发展带来新的市场和机遇。

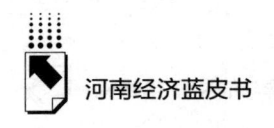

（四）T-威胁分析

1. 产业集中度过高，同质化竞争严重

一是产业分布单一，产品和服务同质化。河南省民营企业在制造业、交通运输、餐饮住宿等传统行业的集中度过高。在这些传统产业中，由于众多企业参与同一市场，提供的产品和服务容易趋于相同，难以形成明显的差异化。

二是资源配置效率低，市场风险集中。产业集中度高的传统产业可能更倾向于沿用成熟的生产方式和管理模式，而不是投入资源进行技术研发和创新，当大量企业集中在少数几个产业时，一旦这些产业受到宏观经济波动或政策调整的影响，整个地区的经济发展都会面临较大风险。

2. 中小微企业融资困难，资金短缺

一是信用评价难，融资成本高。由于信用风险评估难度大，金融机构难以获取企业的全面经营和信用信息，导致融资过程中信息不对称问题突出，影响融资效率，民营企业在获得融资时常常面临较高的利率和各种附加费用，增加了融资成本。

二是融资渠道少，金融产品创新不足。民营企业往往依赖传统的银行贷款，而直接融资渠道如股权融资、债券融资等相对较少，融资来源的多样性不足，难以满足不同类型民营企业的个性化融资需求。

五 对河南省民营经济高质量发展的对策建议

（一）加强区域间互联互通，深入推进区域协调发展

明确区域发展战略定位，根据不同区域的资源禀赋、产业基础和发展潜力，制定差异化的发展战略和定位，避免区域间的同质化竞争。加强基础设施建设，加大对交通、能源、信息等基础设施的投入，提高区域间的互联互通，降低物流成本，促进资源和要素的自由流动。推动区域市场一体化，打

破地区壁垒，促进商品和要素的自由流动，实现区域市场的一体化。推动人才流动和教育均衡发展，建立人才流动机制，推动教育资源均衡分配，提高整体教育水平。

（二）发挥郑州综合优势，链接域外高端资源要素

就当前而言，郑州是河南省最具有吸引集聚高端要素实力的城市。要提升城市定位和发展目标，支持郑州融入全国、全球创新网络，打造全球创新网络枢纽城市。支持高端科研机构落地，积极对接京津冀、长三角、粤港澳大湾区等创新优势区域，吸引行业龙头企业以及国内外知名高校、科研院所等在郑州设立区域性研发中心。支持市县龙头企业在郑州设立研发中心，利用郑州加强与国内外高端资源的联系。

（三）完善信用评价体系，丰富金融产品供给

加强涉企信用信息收集，探索开展经营者准入前诚信教育，提高经营者依法诚信经营意识，并积极拓展信用报告应用；加强事中环节信用监管，全面建立市场主体信用记录，对市场主体开展公共信用综合评价，并依据评价结果进行信用分级分类监管；完善事后环节信用监管，建立失信联合惩戒对象名单制度，督促失信市场主体限期整改，并深入开展失信联合惩戒。创新信用融资服务和产品，政策鼓励金融机构基于市场原则，为运营正常但面临暂时性困难的企业提供连续的融资支持，避免无故撤资、加压或中断贷款，在全省范围内推广"银行+商会+担保+民企"的融资模式。

参考文献

刘肇民、郑红玲：《基于熵权 TOPSIS 的区域经济新动能测度研究——以河北省为例》，《河北北方学院学报》（社会科学版）2021 年第 4 期。

郭玲玲：《河南民营经济高质量发展问题研究》，《中共郑州市委党校学报》2024 年第 4 期。

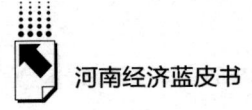

陈浩然：《河南省经济增长质量实证研究》，硕士学位论文，郑州大学，2004。

王磊：《推动民营经济高质量发展的制度创新研究》，博士学位论文，中国社会科学院研究生院，2019。

张景波：《城市经济高质量发展的空间差异及收敛性研究》，博士学位论文，东北财经大学，2019。

B.29 河南重点监测城市新建商品住宅价格健康水平测度与预警研究

赵芷曼 张静文*

摘　要： 房地产业是国民经济的重要组成部分，在经济发展中具有重要地位。本文以河南省为研究对象，利用2015~2022年相关数据构建房地产价格健康水平指标体系，采用组合赋权法对河南省和郑州、洛阳、平顶山三个城市的房地产价格健康水平进行综合测度，然后基于向量机回归模型（SVR）对河南省房地产价格健康水平进行预警分析。最后，在实证分析的基础上，对河南省房地产价格健康水平进行综合评估预测，并提出相关建议：加强市场监管，优化市场环境；构建发展新模式，推动房企健康发展；推动优质项目建设，提升项目竞争力；完善住房保障制度，实现住有所居。

关键词： 房地产业　住宅价格　市场健康水平　河南省

一　绪论

房地产业是国民经济的重要组成部分。促进房地产业平稳健康发展一直是政府的重点工作之一，为此中央政府实施多轮房价调控。在一系列的探索与实践下，中央政府逐步确立了房地产长效机制的根本定位、政策构成以及

---

* 赵芷曼，国家统计局河南调查总队生产价格调查处四级主任科员；张静文，国家统计局洛阳调查队生产价格调查科副科长。

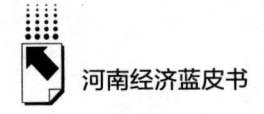

调控思路。

河南省地处中原地带，常住人口接近全国的1/14，居全国第3位，河南房地产业的发展对我国整体房地产市场起着至关重要的作用。目前，河南尚没有一套能够比较完备的综合评价房地产市场健康状况的指标体系。因此，量化研究和分析河南新建商品住宅价格健康水平，对于发现问题、排除隐患、把握时机、发挥优势和促进河南房地产市场进一步平稳健康发展具有重要意义。

二 河南省房地产市场发展情况

（一）市场规模冲高回落

近年来，河南省房地产行业不断发展壮大。河南省商品住宅销售面积2015年为7645.8万平方米，于2019年增长至最高点，为12981.6万平方米，增长了69.8%，2020年、2021年住宅销售面积均保持在较高水平，2022年为8576.3万平方米。河南省商品住宅销售金额2015年为3300.3亿元，于2020年增长至最高点，为8402.5亿元，年均增长20.6%，2022年为5208.2亿元。[①] 河南省房地产开发投资额2015年为4818.9亿元，2021年增长至最高点，为7874.4亿元，年均增长8.5%，2022年为5684.8亿元。房地产开发企业个数2015年为6158个，2022年为8373个，增长了36.0%。房地产增加值占GDP的比重2015年为4.5%，2020年上升至6.4%，2021年、2022年占比略有下降，分别为6.3%、5.9%，依然发挥着重要作用。

（二）调控政策持续发力

党的十八大以来，河南贯彻落实党中央、国务院关于房地产市场平稳健

---

① 由于调整了统计口径，2022年房地产开发投资、商品房销售数据等指标数据与之前公布的数据之间存在不可比因素，不能直接相比计算增速。

康发展的决策部署，在促进房地产市场平稳健康发展方面重点发力。河南省人民政府重点关注房地产领域积累的风险，2015年河南省《政府工作报告》指出要"坚决守住不发生区域性系统性风险底线"，2019年指出要"高度关注房地产领域金融风险"，2024年指出要重视"地方债务、房地产、中小金融机构风险交织"的现状。河南系统谋划、持续发力，稳妥有序处置房地产领域各类风险隐患。

（三）供需方面

收入是影响住房消费的关键因素，河南城镇居民人均可支配收入2015年为25575.6元，2022年为38483.7元，年均增长6.0%，居民人均可支配收入稳步提升。随着居民收入的不断增长，居民对住房消费的需求也日趋旺盛，河南城镇居民人均住房面积2015年为38.4平方米，2022年为51.6平方米，增长了34.6%。河南各地政府也逐步加大改善性住房项目的用地供应，优化住宅供应比例。2023年8月3日，郑州市房管局等八部门联合发布通知，要加大低密度、高品质商品住宅用地供应。

（四）城市化进程不断加快

城市生活设施不断完善，居民居住的幸福感不断增强。一是城市覆盖面不断扩大。2023年，河南城镇化率为58.1%，比2015年提高11.2个百分点。截至2022年底，河南建成区面积3521平方公里，比2015年扩大40.7%。二是城镇居民数量不断增加。2023年，河南城镇常住人口为5701万人，比2015年增加678万人，累计增长13.5%。三是城市建设不断完善。政府对公共服务和公共环境的投入不断增长，2023年河南共有文化和旅游部门所属的公共图书馆177个、博物馆398个，相比2015年分别增长11.3%和48.5%；2022年，河南共建有公园681个，公园绿地面积44627公顷，比2015年分别增长108.3%和77.1%。

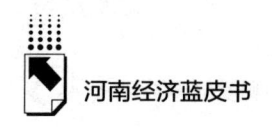

三 河南省房地产市场健康水平综合测度和预警分析

本文拟建立一个更为科学、全面的指标体系，更好地对河南房地产价格健康水平进行评价。

（一）指标的选择

房地产价格健康水平主要分为三个层面：一是"房地产自身发展速度"，反映房地产价格的相对水平；二是"房地产市场供求情况"，反映房地产市场发展的内部平衡；三是"房地产与国民经济协调度"，反映房地产与其他经济指标之间的关系（见表1）。

表1 房地产价格健康水平指标体系

一级指标	二级指标
房地产自身发展速度 X1	商品住宅均价/可支配收入 X11
	房价增速/收入增速 X12
	房价增速/CPI增速 X13
	房价增速/GDP增速 X14
房地产市场供求情况 X2	住宅销售面积/商品房销售面积 X21
	销售面积/竣工面积 X22
	商品房销售额/房地产开发投资额 X23
	竣工面积/土地购置费 X24
	施工面积/竣工面积 X25

续表

一级指标	二级指标
房地产与国民经济协调度 X3	房地产开发投资额/GDP X31
	土地购置费增速/GDP 增速 X32
	房地产开发投资增速/固定资产投资增速 X33
	房地产开发投资增速/GDP 增速 X34

（二）数据来源

为确保数据统计口径的一致性和数据的可靠性，本文全部数据来源于国家统计局、河南省统计局、郑州市统计局、洛阳市统计局和平顶山市统计局的统计数据。① 其中，2015 年的商品房销售面积数据来源于郑州市、洛阳市、平顶山市的年度政府公报，限于篇幅，文章略去了原始数据值。

（三）权重设置

为整体反映各地区房地产市场健康水平，对所选取的 13 个指标进行赋权。先采用熵权法结合 CRITIC 法获取客观赋权权重，再将其与 AHP 层次分析法获取的主观赋权权重相结合，最终获取各项指标权重，从而得到住宅市场健康水平综合测度值，判断住宅价格健康状况。

（四）实证分析

获取 2015~2022 年河南省及郑州、洛阳、平顶山三市房地产市场健康水平测度 13 个指标后，对全部指标做 min-max 标准化以及正向化处理，处理后的数据如表 2 所示。

---

① 即河南省、郑州市、洛阳市、平顶山市 2016~2023 年统计年鉴。

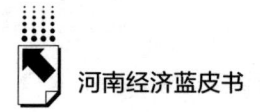

表 2 2015~2022 年河南省及郑州、洛阳和平顶山三市房地产市场健康水平测度相关指标

地区	年份	X11	X12	X13	X14	X21	X22	X23	X24	X25	X31	X32	X33	X34
河南省	2015	0.159	0.203	0.601	0.072	0.730	0.087	0.115	0.318	0.004	0.255	0.027	0.676	0.438
河南省	2016	0.174	0.226	0.291	0.080	0.741	0.152	0.202	0.185	0.001	0.330	0.053	0.747	0.513
河南省	2017	0.165	0.209	0.553	0.087	0.680	0.259	0.296	0.121	0.023	0.345	0.077	0.656	0.375
河南省	2018	0.161	0.212	0.163	0.091	0.726	0.285	0.434	0.105	0.030	0.289	0.095	0.655	0.362
河南省	2019	0.191	0.237	0.031	0.113	0.785	0.351	0.491	0.062	0.053	0.284	0.152	0.688	0.398
河南省	2020	0.241	0.251	0.045	1.001	0.788	0.500	0.488	0.041	0.139	0.298	1.001	0.708	0.664
河南省	2021	0.125	0.135	0.966	0.116	0.835	0.307	0.387	0.070	0.070	0.273	0.166	0.655	0.346
河南省	2022	0.001	0.122	0.368	0.271	0.845	0.156	0.290	0.130	0.065	0.138	0.187	0.590	0.301
郑州	2015	0.949	1.001	1.001	0.070	0.728	0.334	0.015	0.175	0.108	0.710	0.007	0.770	0.553
郑州	2016	1.001	0.239	0.167	0.075	0.751	0.447	0.136	0.036	0.096	0.928	0.037	1.001	0.740
郑州	2017	0.934	0.186	0.153	0.077	0.693	0.504	0.093	0.012	0.134	1.001	0.063	0.794	0.469
郑州	2018	0.726	0.118	0.086	0.068	0.743	0.450	0.254	0.018	0.088	0.861	0.070	0.626	0.343
郑州	2019	0.791	0.249	0.027	0.126	0.761	0.452	0.306	0.012	0.075	0.759	0.107	0.568	0.301
郑州	2020	0.793	0.216	0.142	0.347	0.694	0.737	0.274	0.001	0.246	0.760	0.237	0.670	0.387
郑州	2021	0.647	0.142	0.712	0.188	0.819	0.276	0.140	0.017	0.078	0.624	0.154	0.783	0.094
郑州	2022	0.247	0.001	0.436	0.842	0.854	0.195	0.001	0.046	0.125	0.464	0.338	0.598	0.292
洛阳	2015	0.459	0.360	0.001	0.001	0.700	0.003	0.180	0.168	0.039	0.149	0.004	0.667	0.416
洛阳	2016	0.448	0.209	0.361	0.070	0.623	0.178	0.233	0.278	0.232	0.153	0.002	0.568	0.272
洛阳	2017	0.504	0.249	0.420	0.078	0.649	0.241	0.614	1.001	0.124	0.121	0.000	0.678	0.400

续表

地区	年份	X11	X12	X13	X14	X21	X22	X23	X24	X25	X31	X32	X33	X34
洛阳	2018	0.515	0.222	0.203	0.088	0.448	0.113	0.742	0.810	0.023	0.058	0.001	0.399	0.112
洛阳	2019	0.600	0.265	0.086	0.097	0.619	0.284	0.918	0.251	0.082	0.076	0.003	0.632	0.349
洛阳	2020	0.725	0.284	0.089	0.391	0.613	0.966	0.924	0.017	0.521	0.123	0.028	0.990	1.001
洛阳	2021	0.691	0.198	0.798	0.195	0.741	0.320	0.638	0.150	0.087	0.177	0.010	0.001	0.997
洛阳	2022	0.501	0.115	0.318	0.283	0.353	0.320	0.638	0.006	0.087	0.160	0.075	0.595	0.311
平顶山	2015	0.494	0.211	0.152	0.028	0.321	0.001	0.108	0.382	0.123	0.044	0.000	0.299	0.001
平顶山	2016	0.548	0.247	0.497	0.091	0.371	0.153	0.170	0.175	0.259	0.102	0.001	0.809	0.490
平顶山	2017	0.368	0.112	0.408	0.071	0.001	0.245	0.374	0.621	0.247	0.114	0.001	0.660	0.389
平顶山	2018	0.334	0.194	0.158	0.092	0.045	0.672	0.673	0.118	0.604	0.088	0.001	0.595	0.311
平顶山	2019	0.303	0.195	0.032	0.091	0.933	0.934	1.001	0.078	0.900	0.041	0.001	0.708	0.420
平顶山	2020	0.356	0.250	0.093	0.332	1.001	0.377	0.869	0.078	0.315	0.049	0.007	0.490	0.154
平顶山	2021	0.313	0.187	0.525	0.108	0.858	1.001	0.801	0.057	1.001	0.053	0.002	0.738	0.523
平顶山	2022	0.141	0.103	0.481	0.186	0.872	0.239	0.857	0.209	0.287	0.001	0.003	0.592	0.306

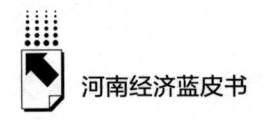

根据上述相关数据指标，分别计算得到利用熵权法、CRITIC 法和 AHP 层次分析法的权重，并先将两类客观赋权权重组合后，再与主客观赋权权重相组合，组合具体计算方式如下：

$$W_j = \frac{\sqrt{a_j \beta_j}}{\sum_{j=1}^{n} \sqrt{a_j \beta_j}}$$

其中 a_j、β_j 均为相关指标权重，最终的综合权重计算结果如表3所示。

表3 综合权重计算结果

指标项	熵权法	CRITIC 法	AHP 层次分析法	最终组合权重
商品住宅均价/可支配收入	0.070	0.086	0.020	0.044
房价增速/收入增速	0.070	0.050	0.019	0.032
房价增速/CPI 增速	0.077	0.098	0.010	0.034
房价增速/GDP 增速	0.081	0.069	0.017	0.038
住宅销售面积/商品房销售面积	0.066	0.074	0.173	0.116
销售面积/竣工面积	0.073	0.072	0.034	0.053
商品房销售额/房地产开发投资额	0.073	0.103	0.073	0.093
竣工面积/土地购置费	0.087	0.094	0.054	0.084
施工面积/竣工面积	0.084	0.077	0.046	0.069
房地产开发投资额/GDP	0.079	0.096	0.186	0.149
土地购置费增速/GDP 增速	0.106	0.061	0.159	0.127
房地产开发投资增速/固定资产投资增速	0.065	0.056	0.076	0.066
房地产开发投资增速/GDP 增速	0.069	0.062	0.134	0.095

根据综合权重，计算各年份房地产市场健康水平指数综合得分如图1所示。

（五）预警区间及警情分析

1. 基于"3σ 原理"的预警区间划分

在得到房地产市场健康水平指数综合得分后，本文将运用"3σ 原理"进一步划分指示偏离健康水平的预警区域。正态分布的平均值 μ 描

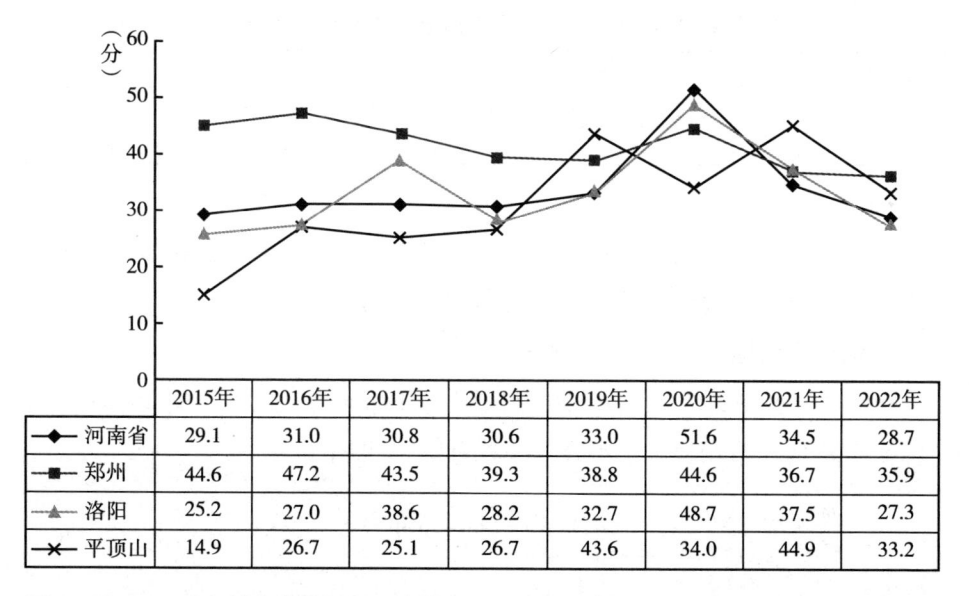

	2015年	2016年	2017年	2018年	2019年	2020年	2021年	2022年
河南省	29.1	31.0	30.8	30.6	33.0	51.6	34.5	28.7
郑州	44.6	47.2	43.5	39.3	38.8	44.6	36.7	35.9
洛阳	25.2	27.0	38.6	28.2	32.7	48.7	37.5	27.3
平顶山	14.9	26.7	25.1	26.7	43.6	34.0	44.9	33.2

图1 2015~2022年河南省及郑州、洛阳和平顶山三市房地产市场健康水平指数综合得分

述了随机变量的中心位置，标准差 σ 表示随机变量的离散情况。由于近年来河南房地产市场发展速度较快，总体来看以 0.35σ 和 0.85σ 来划分范围更为合适（随机变量取值分布在绝对值 0.35σ 范围内的概率为 27.4%，在绝对值 0.85σ 范围内的概率为 60.5%）。健康状况划分预警区间如下。

$[\mu-0.35\sigma, \mu+0.35\sigma)$ 为住宅价格健康运行区间，说明住宅价格与经济社会各方面发展状况相协调；处于区间 $[\mu+0.35\sigma, \mu+0.85\sigma)$ 说明住宅价格相对偏热，超过经济社会发展水平，偏离健康水平；处于区间 $[\mu-0.85\sigma, \mu-0.35\sigma)$ 说明住宅价格相对偏冷，与经济社会发展水平有差距，偏离健康水平；处于区间 $[\mu+0.85\sigma, +\infty)$ 说明住宅价格过热，显著超过经济社会发展水平，严重偏离健康水平；处于区间 $[-\infty, \mu-0.85\sigma)$ 说明住宅价格过冷，显著低于经济社会发展水平，严重偏离健康水平（见表4）。

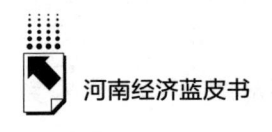

表4 房地产市场健康水平指数预警区间划分标准

区间	$[-\infty, \mu-0.85\sigma)$	$[\mu-0.85\sigma, \mu-0.35\sigma)$	$[\mu-0.35\sigma, \mu+0.35\sigma)$	$[\mu+0.35\sigma, \mu+0.85\sigma)$	$[\mu+0.85\sigma, +\infty]$
警情	过冷	偏冷	健康	偏热	过热

根据上述划分区间，可以计算得到2015~2022年河南省及郑州、洛阳和平顶山三市市场健康水平指数所处的预警区间。

2.河南省房地产市场健康水平分析

以图1、表4的得分结果和预警区间划分标准为基础，绘制2015~2022年河南省房地产市场健康水平及预警控制图（见图2）。

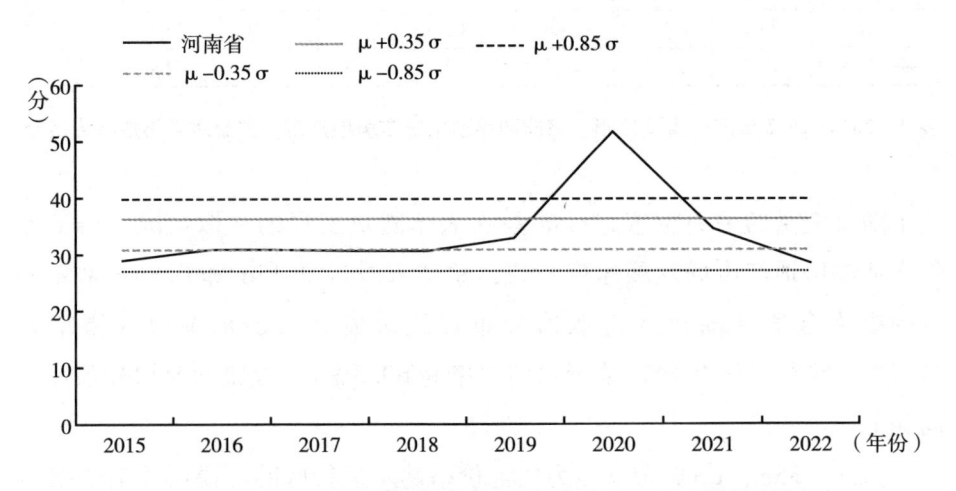

图2 2015~2022年河南省房地产市场健康水平及预警控制图

（1）2015~2018年为平稳弱势期

2015年以来去行政化调控手段加快之后，受经济转型调整、经济下行压力的影响，各种扶持政策相继出台，房地产面临着高库存化，去库存化成为众多房企的艰难任务。在此阶段河南省住宅市场健康水平指数整体平稳，健康区间在$\mu-0.35\sigma$控制线以下，处于偏冷区间，说明房地产市场发展较弱。

（2）2018~2020年为快速上行期

2019年河南省房地产市场开发投资及商品房销售额增速较高。2019年河南省房地产开发投资7464.59亿元，同比增长6.4%；商品房销售额9009.98亿元，同比增长11.9%。在此期间全省连续突破μ+0.35σ和μ+0.85σ两条控制线，实现从正常到偏热、从偏热到过热的波动。

（3）2020~2022年为大幅下降期

自党中央坚持"房子是用来住的、不是用来炒的"定位以来，各地因城施策，保持房地产市场健康平稳发展，加之受2020年新冠疫情影响，楼市供求关系发生较大变化，逐渐从卖方市场进入买方市场，河南省住宅市场健康水平指数回落至偏冷区间。

3. 郑州、洛阳和平顶山三市健康水平分析

同样以图1、表4的得分结果和预警区间划分标准为基础，绘制2015~2022年郑州、洛阳和平顶山三市房地产市场健康水平及预警控制图（见图3、图4、图5）。

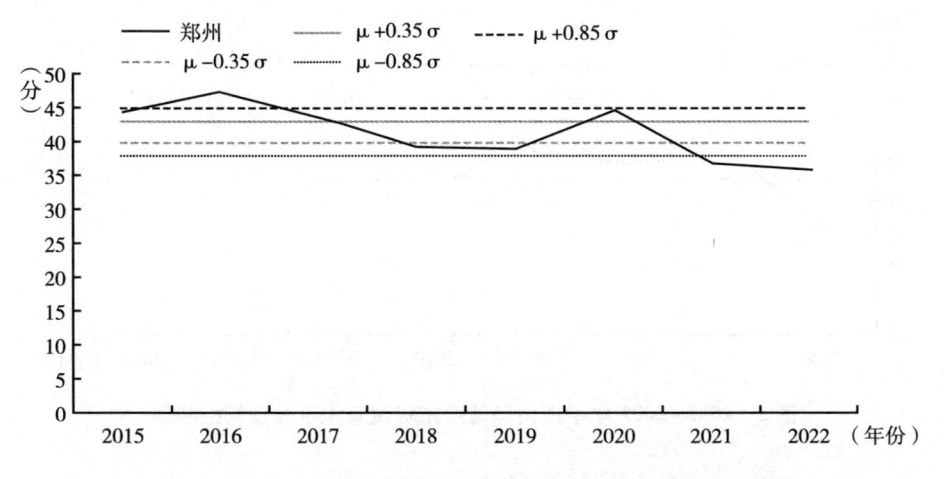

图3 2015~2022年郑州房地产市场健康水平及预警控制图

从图3可以看出，郑州房地产市场发展主要分为四个阶段。第一，2015~2018年健康水平处于上行阶段，该阶段约30120亩土地涌入市场，楼市延续热销的局面。第二，2018~2019年健康水平处于偏冷期，从2018年下半年郑州房地产市场转入拐点，渐渐由热转冷。2019年全国坚持"房住

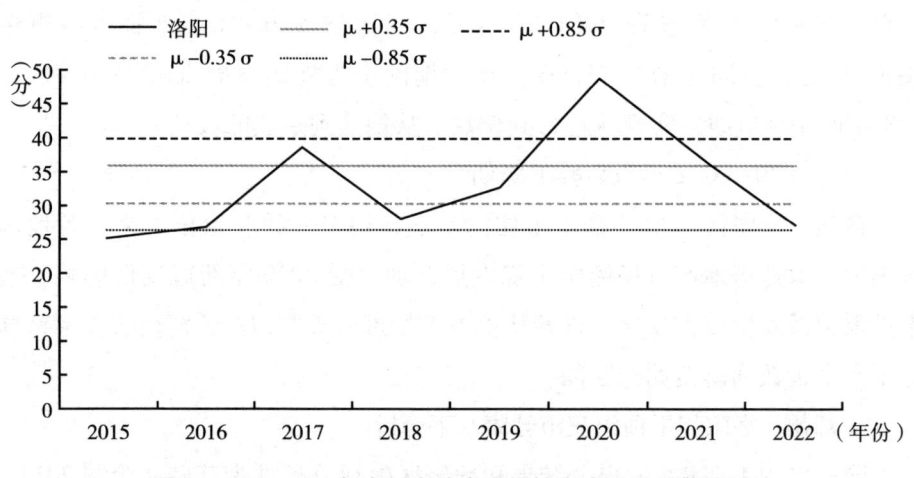

图4 2015~2022年洛阳房地产市场健康水平及预警控制图

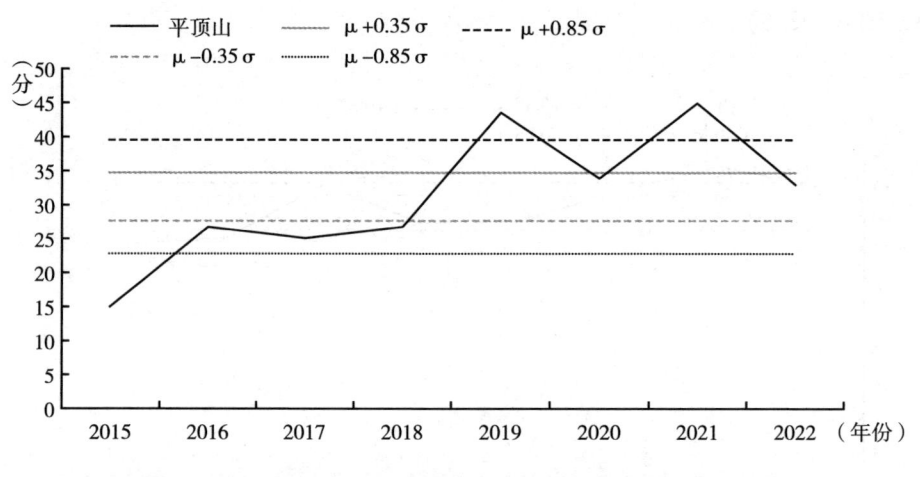

图5 2015~2022年平顶山房地产市场健康水平及预警控制图

不炒",郑州作为省会城市,调控政策从严、金融监管持续强化,市场降温。第三,2019~2020年健康水平处于偏热期,随着郑州市政府不断优化产业结构,创造适合第三产业发展的环境和条件,2019年郑州市固定资产投资同比增长2.8%,其中房地产开发投资增速为2.8%。第四,2020~2022年健康水平处于偏冷期,随着郑州楼市调控的深入,房地产回归居住属性,房价有所下降。

从图 4 可以看出，洛阳住宅市场健康水平指数整体走势与全省走势相似，但震荡幅度较大，从涨幅趋势来看，主要分为四个阶段。第一，2015～2016 年处于较冷阶段，2015 年国家颁布了促进房地产市场发展的新政，洛阳作为三线城市，市场反应并不积极，市场热度并无明显改善。第二，2016～2017 年处于由冷转热阶段，洛阳市相关去库存政策出台后，房地产市场进入高速发展期，实现房价的飞速上涨以及市场销量的同步增长。第三，2017～2020 年处于波动升温阶段，2017 年下半年房地产市场逐渐回归平稳发展轨道，进入稳中微涨阶段，市场销量也同步下降。第四，2020～2022 年处于由热转冷阶段。政府市场调控，加之房管局对房地产市场销售行为进行监督检查，严格落实商品房价格备案制度，在市场热度降低之际稳定了房地产市场。

从图 5 可以看出，平顶山房地产市场健康水平指数 2015～2022 年主要经历过冷、偏冷、偏热和过热、健康四个区间，其中仅 2020 年和 2022 年处于健康区间，其他阶段波动较大。从发展阶段来看，主要分为两个阶段。第一，2015～2018 年处于较冷阶段，2015 年以来平顶山投资增速回落较快，新开工项目减少，项目储备不足，经济增长缺乏后劲，导致房地产市场发展滞后。第二，2018～2022 年处于较热至稳定阶段。随着平顶山市房地产市场逐步回温，房地产投资持续平稳增长，2018 年，平顶山市房地产行业开发投资 164.18 亿元，房地产固定资产投资 215.93 亿元，商品房销售平稳增长，房地产市场整体呈现较快发展。

（六）初步结论

一是河南省房地产市场的健康度水平整体偏弱。从河南省房地产市场健康水平指数来看，近 7 年来仅 2019 年和 2021 年的住宅市场处于健康运行区间，其余 5 年均处于非健康区间。

二是郑州、洛阳和平顶山三市近年房地产市场热度下降。三市因经济水平、政治地位等因素差异和"一城一策"的调控原则影响，导致 2015～2022 年整体房地产市场健康水平区别较大，但近年来的变化趋势较为相近，

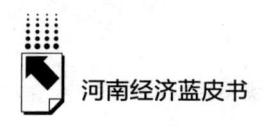

三市自2018年左右房地产市场热度明显上升，洛阳2020年和2021年大部分处于偏热或过热区间，平顶山连续3年处于过热或偏热区间，需加以关注。

四 "十四五"后期河南房地产市场健康水平预测

根据上文建模结果，采用支持向量机回归模型（SVR）对未来河南房地产市场健康水平指数的变化进行预测评估。

（一）预测精度比较分析

本文利用SPSSPRO，以原变量作为输入变量，以上文得到的住宅市场健康水平指数为目标变量，建立支持向量机回归模型。核函数采用线性核函数（linear），其表达形式为K（x1，x2）= <x1，x2>。

设定相关参数后，得到支持向量机回归模型分析结果。在此基础上，本文通过SPSSPRO，采取指数平滑法和灰色预测模型GM（1，1）对住宅市场健康水平指数这一时间序列数据进行拟合。结果显示，模型平滑类型为一次平滑，平滑系数α取0.950。GM（1，1）可对数据少、序列不完整及可靠性低的数据进行预测，其不考虑分布规律或变化趋势，适用于指数增长性的中短期预测。SPSSPRO自动得到平移转换后的数据级比检验值，均在标准范围区间 [0.801，1.249] 内，后验差比C值为0.601（小于0.65说明模型精度基本合格），这意味着数据适合用GM（1，1）构建，模型精度等级合格。通过上述步骤得到该时间序列实际值和三种模型预测值（见表5）。

表5 2015~2022年河南省房地产市场健康水平指数的预测值和实际值比较

年份	实际值	预测值		
		指数平滑法（一次）	GM(1,1)	SVR
2015	29.1	30.3	29.1	29.3
2016	31.0	30.2	32.1	30.8
2017	30.8	30.3	32.8	30.6

续表

年份	实际值	预测值		
		指数平滑法（一次）	GM（1,1）	SVR
2018	30.6	30.3	33.6	30.8
2019	33.0	30.3	34.3	32.9
2020	51.6	30.6	35.1	35.0
2021	34.5	32.7	35.8	36.3
2022	28.7	32.9	36.6	32.8
均方根误差（RMSE）		7.701	10.847	0.569

为对比三种预测方法获取的结果和实际值的匹配程度，表5分别列出了指数平滑法（一次）、GM（1,1）和支持向量机回归（SVR）三种模型的拟合能力和预测精度。采用的指标主要是均方根误差（RMSE）。结果显示，支持向量机模型的RMSE相比其他两个模型显著较小，具有较好的拟合能力和预测精度。

（二）预测结果和初步结论

运用上文创建的SVR模型，对"十四五"后期，也就是2024~2025年河南省房地产市场健康水平指数得分进行预测。输入各变量这两年的取值，主要采用ARIMA方法与指数平滑法结合的方式预测相关走势，并将获取的变量数据代入模型计算预测这两年的房地产市场健康水平指数得分（见图6）。

从结果可以看出，2024年、2025年全省房地产市场健康水平指数得分分别为32.5和33.7。假如仍以上文预警区间划分来分析警情，这一结果表明，"十四五"后期的预测结果持续处于 [$\mu-0.35\sigma$，$\mu+0.35\sigma$) 的住宅价格健康运行区间，且其间全省住宅市场健康水平指数波动不大。

总体来看，"十四五"后期，在全省房地产市场相关指标发展不偏离近年基本走势的前提下，如果保持现有的政策和调控力度，河南省房地产市场健康水平持续低位平稳运行的可能性较大。

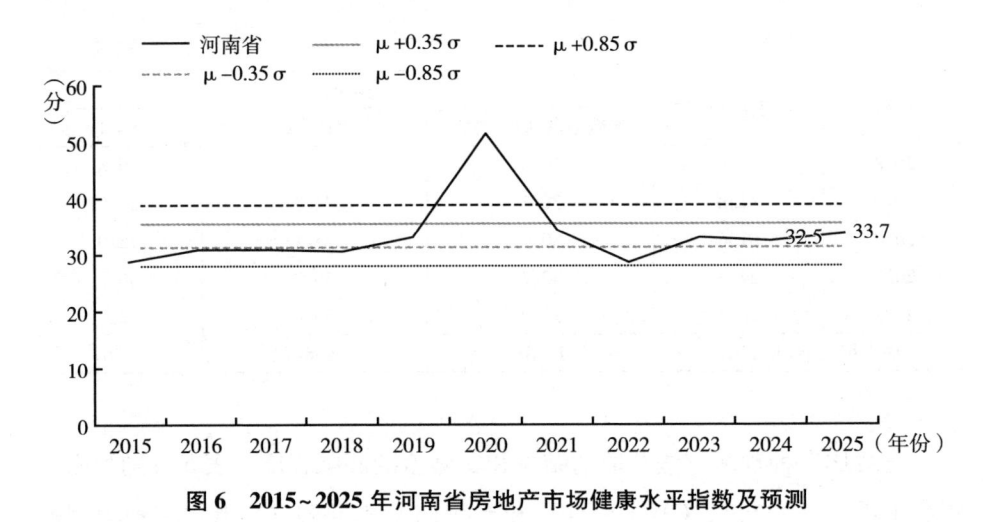

图6 2015~2025年河南省房地产市场健康水平指数及预测

五 意见建议

从上文的分析中可以得出，河南省房地产市场的健康水平整体偏弱，在经历了几年"冷热交替"的剧烈波动后，预计未来两年可能走向平稳健康发展的态势，但仍需警惕出现偏冷甚至过冷势头。

（一）加强市场监管，优化市场环境

一是形成多方面风险的联合防范机制。加强房地产市场监测信息平台建设，进一步优化房地产市场预警体系；多部门联合推动房地产白名单、实行地方债务分类处理等相关政策的落地落实。

二是整治房地产市场秩序。充分发挥河南省房地产业协会、河南省房地产评估师与经纪人协会等社团组织的作用，组织行业座谈，强化调控监管。

三是完善信息反馈渠道。公布投诉电话，畅通反馈渠道，严厉打击违规金融产品，重点查处买卖交易中的违规行为等。

（二）构建发展新模式，推动房企健康发展

一是继续完善现房销售制度，引导企业转变经营模式。优化审批流程，

为企业服务"提速";推动建筑业向智能化、生态化、装配式转型升级;推行"交房即交证"。

二是一视同仁支持不同所有制房企合理融资需求,加大对"市场+保障"的住房供应体系的金融支持力度,着力构建房地产发展新模式。

三是优化金融监管机制。严肃自有资金拿地,项目融资白名单对接;严肃金融机构对于房地产融资的各项指标控制,推进穿透式资金流向监管,加大事后审计、监督检查、终生督查和审计等。

(三)推动优质项目建设,提升项目竞争力

一是优化房地产项目周边配套设施建设。不断完善城市路网、市政管网等市政基础配套设施建设和周边学校、商业、医院等配套设施建设。

二是融入多层次城市应急管理体系建设。加大项目防灾避难场所建设,完善灾害、隐患防范制度,提升项目抵御重大风险隐患的能力。

三是将房地产项目建设与城市品牌塑造相结合,建设真正具有本地特色、适合本地居民的好项目。

(四)完善住房保障制度,实现住有所居

一是持续完善保障性住房建设、管理、运营机制。加大保障性住房房源筹集力度,有效增加保障性住房供给;优化供应结构,针对性地推出多种房型;优化共享生活区域和公共设施,提升社区管理服务水平。

二是完善住房养老制度。定期对房屋进行全面"体检",消除安全隐患;完善房屋安全保险制度、房屋养老金制度,为房屋安全管理体系的建立和运转提供资金保障。

参考文献

马海涛、陈琳、路正南:《基于灰色理论的中国房地产价格指数预测》,《统计与决

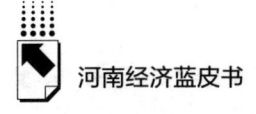

策》2007年第19期。

李慧：《住宅价格合理性评价体系研究》，《广西财经学院学报》2008年第1期。

芦金锋：《利用住宅售租价格比测度合理住宅价格》，《价格理论与实践》2009年第1期。

温海珍、卜晓庆、秦中伏：《城市湖景对住宅价格的空间影响——以杭州西湖为例》，《经济地理》2012年第11期。

任家民：《成都市商品住宅价格合理性研究》，硕士学位论文，四川师范大学，2012。

申瑞娜、曹昶、樊重俊：《基于主成分分析的支持向量机模型对上海房价的预测研究》，《数学的实践与认识》2013年第23期。

张彦周、马秋香：《基于BP-Boosting算法的商品住宅价格预测模型》，《河南科学》2014年第12期。

王树静：《基于灰色理论的北京市商品住宅价格因素分析及预测》，硕士学位论文，北京理工大学，2015。

孙蕾：《山东省房地产金融市场风险状况监测预警的实证研究——基于主成分和灰色预测分析法》，《区域金融研究》2016年第12期。

鲍建华、朱家明、张婷等：《基于灰色分析法对海南省商品住宅价格的预测》，《山西师范大学学报》（自然科学版）2019年第3期。

崔洪利、孙月、唐旭：《基于因子分析与Logistic回归的房地产市场预警模型应用研究》，《华北金融》2019年第8期。

李国昌、陈景辉、彭悦悦：《安徽省房地产泡沫测度分析》，《沈阳工程学院学报》（社会科学版）2020年第3期。

彭志胜、彭悦悦、陈敏玲等：《基于主成分分析法的中国房地产市场实证研究》，《淮阴工学院学报》2020年第3期。

宋俊星、任丽燕、李泽坤：《基于GA-BP神经网络的城市住宅价格预测方法研究》，《现代商业》2020年第6期。

白鹤祥、刘社芳、罗小伟等：《基于房地产市场的我国系统性金融风险测度与预警研究》，《金融研究》2020年第8期。

康琬超：《商品住宅价格合理性理论、方法和实证研究》，硕士学位论文，天津师范大学，2020。

胡磊：《基于支持向量机回归的蔬菜质量安全预测模型研究与应用》，硕士学位论文，安徽农业大学，2020。

战松、唐心怡：《基于因子分析法的沈阳市房地产市场泡沫研究》，《沈阳建筑大学学报》（社会科学版）2021年第5期。

王培涵、查瑞波、杜书滢等：《大型三线城市住宅价格的影响因素及尺度研究》，《福建师范大学学报》（自然科学版）2021年第4期。

钱锟：《基于主成分分析法的黑龙江省房地产泡沫测度分析》，《农场经济管理》2022 年第 6 期。

种晓丽、王文波、黄佳文等：《房地产市场泡沫测度及空间关联性研究——以深圳市为例》，《住宅与房地产》2022 年第 24 期。

李超：《房地产业良性循环：逻辑框架与政策路径》，《中国流通经济》2022 年第 11 期。

徐丹丹：《基于 GA-SVR 模型的西安市新建商品住宅价格预测研究》，硕士学位论文，河北地质大学，2022。

江雨燕、刘昊：《基于 Pearson 系数和萤火虫算法优化 BP 神经网络的住宅价格预测模型》，《南阳理工学院学报》2023 年第 2 期。

周娟、蒋贵国、彭涛：《基于 MGWR 模型的二手住宅价格研究——以成都市主城区为例》，《中国房地产》2023 年第 3 期。

张雪莹、周晓艳、程必立等：《基于住宅价格视角的城市铁路设施邻避效应异质性研究——以长春市中心城区为例》，《地理科学进展》2023 年第 9 期。

S. Gopalakrishnan, C. E. Landry, D. E. Mcnamara, M. D. Smith, Z. Williams, et al., "Policy and Market Forces Delay Real Estate Price Declines on the US Coast," *Nature Communications*, 2024 (15).

朱玉忠、郑蕾、朱万红：《基于时空视角下的城市房价预测模型构建——以北京市为例》，《统计学与应用》2024 年第 2 期。

杨建国：《房地产市场调控政策对经济的影响及效果评估》，《现代营销》（下旬刊）2024 年第 7 期。

朱国印：《城市化进程对房地产市场与经济发展的影响研究》，《中国产经》2024 年第 10 期。

B.30 河南居民消费情况调研报告

赵 杨 王一嫔 李 玉 张佳瑞 李亚辉 魏 巍 武明光*

摘　要： 消费在经济发展中具有基础性作用，是经济增长的关键环节和重要引擎。随着稳经济、促消费各项政策效应的持续显现，河南居民消费提质升级态势明显，消费市场持续恢复，呈现大宗消费需求稳固、"以旧换新"空间广阔等消费特征，但全省消费持续增长的基础并不稳固，居民消费仍存在一些短板和问题，制约了消费扩容升级。本文总结概括了河南居民消费情况现状，深入剖析了消费增长面临的困难和问题，并在此基础上提出了相关建议：稳定收入预期，让居民"能消费"；加强社会保障，让居民"敢消费"；丰富产品供给，让居民"愿消费"；优化消费环境，让居民"肯消费"；加强政策支撑，让居民"想消费"。

关键词： 居民消费　扩容升级　消费市场　河南省

消费是人民对美好生活需要的直接体现，也是经济增长的重要引擎，对经济发展具有基础性作用。2024年国务院《政府工作报告》指出要"促进消费稳定增长""激发潜能消费"。为了解河南居民消费情况，河南省地方经济社会调查队在全省17个省辖市、济源示范区开展了城乡居民消费情况专题调研。调研显示，河南居民消费提质升级态势明显，消费市场持续恢复，呈现大宗消费需求稳固、文旅消费活力十足、线上消费蓬勃发展、"以

---

* 赵杨，河南省地方经济社会调查队队长；王一嫔，河南省地方经济社会调查队副队长；李玉，河南省地方经济社会调查队快速调查室副主任；张佳瑞，苏州科技大学；李亚辉，汝州市财政局；魏巍、武明光，河南省地方经济社会调查队快速调查室。

旧换新"空间广阔的消费特征，但制约居民消费的因素和问题依然存在，进一步推动消费扩容升级仍需持续发力。

一 河南居民消费基本情况

近年来，随着河南一系列促消费重要政策措施的出台和城乡居民可支配收入的平稳增长，全省居民消费恢复向好，消费提质升级态势明显。

（一）居民消费回升向好

调研显示，目前七成以上的居民家庭消费支出同比增长或持平，其中有所增长的为34.2%，基本持平的为42.2%。据统计，2024年前三季度，河南社会消费品零售总额同比增长5.7%，高于全国平均水平2.4个百分点，全省消费领域需求呈现温和回升态势。

（二）消费结构趋向由生存型向发展型、享受型转变

居民消费结构优化升级，逐步从以食品消费为代表的生存型消费向以生活用品及服务、教育等为代表的发展型、享受型消费转变，"悦己消费""学习型旅游"等个性化消费新模式不断涌现。调研显示，当前家庭消费主要集中在生活用品及服务（家电、家具、日用品等）的为54.9%，教育为50.1%，居住（买房、房租、水电费等）为45.8%，医疗保健为30.7%，衣着鞋帽为27.5%，食品烟酒为25.1%，居民消费支出更多用于改善生活条件、提高生活质量，消费结构日趋优化。

（三）消费需求趋向品质升级

当前，居民消费从注重"量"的满足转向注重"质"的提升，智能、环保、高品质等升级类消费需求已成为推动消费增长的重要动能。调研显示，注重智能性、环保性的为60.3%，注重品牌的为26.6%，紧跟老龄化社会需要、注重适老性（适合老年人操作）的为20.7%。从智能产品使用

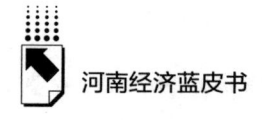

看，83.4%的居民家中使用智能设备，智能电视、空调等智能家电使用率达到70.1%，智能门锁、智能扫地机器人等均有居民使用，智能设备具备可远程控制、安全性高等优势，极大地提高了生活的便利性和舒适性，成为当代生活消费新趋势。

（四）消费理念趋向理性消费

居民消费倾向于在收入范围内追求高品质的生活和较为轻松的消费方式，理性消费成为主流。调研显示，从家庭消费理念看，53.5%的居民选择理性消费，收入范围内可以适当提高生活品质，42.9%的居民选择节俭消费，倾向于满足基本的刚性需求，仅有3.5%的居民选择超前消费，合理利用消费信贷等方式改善目前的生活条件。调研发现，当前升级类消费和注重性价比的消费相互交织，"折扣零售"较为流行，居民既追求高品质，又追求低价格，消费谨慎理性。

二 河南消费市场特点

随着稳经济、促消费各项政策效应的持续显现，全省消费新业态新模式加快涌现，消费市场较为活跃，多元化发展成为新亮点，不断激活经济发展新动能。

（一）大宗消费需求稳固

住房、汽车等大宗消费是以消费升级引领产业升级的主战场，近年来河南大力提振大宗消费，消费潜力持续释放的外部环境不断改善，居民基础性、品质化、绿色化消费需求并存、前景可期。从住房需求看，刚需和改善性需求均有发展空间。调研显示，未来三年内，44.7%的居民有购房需求；从购房目的看，26.2%的居民拟购买刚需性住房，15.4%的居民拟购买改善性住房，3.1%的居民拟购买投资性住房。从汽车需求看，新能源车需求较高，绿色升级趋势显现。未来三年内，38.2%的居民有购车计划；从购车类型看，25.1%

的居民拟购买新能源车，13.1%的居民拟购买燃油车；从购车原因看，31.6%的居民考虑综合能耗、油价等欲购置新车，30.7%的居民因家庭需要拟购买核载人数更多车型，27.3%的居民为方便出行拟购买家中第一辆车，17.4%的居民打算购买档次更高、品质更好的车，进一步提高生活质量。

（二）线上消费蓬勃发展

随着大数据、云计算等新一代数字技术的发展应用，数字消费新业态新模式持续涌现，以直播购物、即时零售等为代表的互联网新兴零售业态融入百姓生活。调研显示，线上消费日益普及，因性价比高、种类丰富可充分比较、足不出户可节约时间等多重优势，96.2%的居民家庭有线上消费行为；线上消费对居民生活重要性凸显，超六成的居民线上消费支出占全部家庭支出的比例在20%以上，13.8%的居民线上消费支出比例达到50%以上；线上消费形式多样，76.2%的居民有电商、直播等网络购物行为，51.6%的居民有线上购票、线上缴费、线上点餐等行为，20.0%的居民使用过在线教育服务，16.6%的居民使用过在线出行服务，线上线下一体化融合发展为居民提供了更便利、更高效的消费体验。

（三）文旅消费活力十足

随着人民群众对美好生活的向往，假日消费、热点打卡、微旅游、City Walk（城市漫步）等文旅新模式持续火热，有力带动了文旅消费持续升温。调研显示，"网红"热点打卡旅游受追捧，44.5%的居民愿意跟随洛阳汉服赏花、胖东来等热点进行沉浸式打卡旅游，居民倾向于选择有特色的景点，注重旅游的质量和体验；低成本出行倾向度较高，从每日最高能接受的人均旅游消费金额看，49.9%的居民能接受100~300元，26.7%的居民能接受100元以下；"近郊游"和"省内游"等短途旅游青睐度较高，从倾向的旅游方式看，73.2%的居民选择近郊游，51.5%的居民选择省内游，35.0%的居民选择跨省游，4.3%的居民选择境外游，短期、近郊、高频的休闲旅游模式悄然兴起。

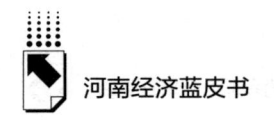

（四）"以旧换新"空间广阔

为拓展消费新空间，推动高质量耐用消费品更多进入居民生活，2024年河南大力推动消费品以旧换新，消费者期盼度较高。调研显示，以旧换新政策将有力撬动消费需求，48.7%的居民在消费领域有以旧换新打算；家电领域以旧换新需求最高，从以旧换新具体项目看，33.0%的居民选择冰箱、洗衣机、空调等家电，大多希望更换功能更完善、操作更智能、使用更便利的家电，16.6%的居民选择汽车，12.9%的居民选择家装；消费者期盼以旧换新领域更广、优惠更大、优化配套措施，66.8%的居民希望以旧换新种类更多、范围更广，60.3%的居民希望政府联合企业推出更大优惠，从配套措施看，56.3%的居民希望加快消费品安全、性能、环保等方面的标准升级完善，51.3%的居民希望完善废旧产品设备回收方式，38.9%的居民希望支持二手商品流通交易并加强监管。

三　河南居民消费存在的问题

当前河南消费结构不断优化，消费潜力持续释放，但在经济下行压力下，消费持续增长的基础并不稳固，居民消费仍存在一些短板和问题，制约了消费扩容升级。

（一）收入水平不高抑制消费信心

收入水平是消费的基础和前提，和消费存在密切的正相关关系，当前收入水平低、未来收入预期不佳直接制约了居民的消费欲望和能力。一方面，全省居民人均可支配收入偏低，2023年河南居民人均可支配收入29933元，仅为全国平均水平的76.3%，消费能力相应较弱；另一方面，受经济大环境和就业形势影响，多数居民认为家庭收入在未来几年不会提高甚至存在减少可能，消费信心不足，存在不敢消费、不愿消费等情况，特别是低收入家庭，有消费意愿但无购买实力。调研显示，70.2%的居民认为收入水平低是影响消费增加的主要因素，38.4%的居民认为对未来预期不确定是影响消费增加的主要因素。调研中居民表示上有老、下有小，收入有限，想提高家庭消费水平有心无力的现象较多。

（二）刚性支出过多挤压消费空间

目前，家庭购房、子女教育、医疗保健、养老需求等刚性支出占居民消费总额比重较大，一定程度上抑制了居民改善性消费支出的能力，对消费形成"挤出效应"。调研显示，58.1%的居民认为住房、教育、医疗、养老等家庭刚性支出过高是影响消费增加的主要因素。从住房、教育、医疗、养老四大支出占家庭总支出的比重看，36.1%的居民四大支出占家庭总支出的比重在50%以上，43.4%的居民四大支出占家庭总支出的比重在20%~50%，刚性支出负担较高。过高的刚性支出压力使得居民在其他消费领域"不敢消费"，攒钱购房、还房贷等的压力让家庭生活质量下降不少，平时在衣着和文娱性消费方面能省即省。

（三）有效供给不足制约消费升级

当前消费品供给与有效需求之间存在着供需错配的结构性问题，高品质产品和服务有效供给不足，不能全面满足居民消费结构持续升级的需要，制约了消费的恢复和扩大。从新能源车消费看，58.6%的居民认为新能源车续航能力差，突出表现在电池续航不足、无法完成长途旅行、冬季续航里程明显减少等方面，21.6%的居民认为电池技术存在安全隐患，产品自身短板制约了消费需求，高端新能源车的研发创新还需持续发力。从家装消费看，伴随着居民健康意识的不断提升，环保装修越来越被居民看重，但52.5%的居民认为家具、装修材料环保问题堪忧，直接影响了居民的消费欲望。从智能产品消费看，26.5%的居民认为目前智能产品操作便捷度不够，为更好地促进以旧换新，43.8%的居民希望推动企业生产更智能、更绿色的新产品。某居民表示智能家居操作复杂不便捷、容易坏、维修费用还高，尤其是智能电视机，基本上形同摆设，老年人想看但不会操作，年轻人一般不看。

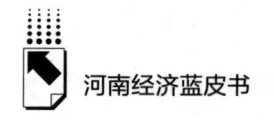

（四）消费环境不优影响消费体验

消费环境是消费者行为的重要影响因素，直接关系着消费效率和消费质量的提升，目前全省消费环境还存在薄弱环节，影响了居民消费的体验感、获得感。一方面，消费配套环境不完善。从旅游看，44.6%的居民认为门票价格过高，42.4%的居民认为景区内二次收费项目多，33.9%的居民认为景区沉浸式、有吸引力的爆点打造不足，33.5%的居民认为基础设施不够完善，16.8%的居民表示住宿、餐饮等配套跟不上。调研发现，牡丹节期间洛阳平价房"一房难求"，某连锁酒店日常价350元，牡丹节期间周末约800元，五一假期约950元，游客住宿难预定、价格贵较为普遍。另一方面，消费者权益保护力度不够。从线上消费看，42.6%的居民表示售后维权较难。从住房消费看，近年来房地产开发商交房质量差、交房不准时、逾期违约等问题频发，消费者维权较难，导致居民不敢轻易购买住房，43.9%的居民希望加强对房地产开发商交房质量、逾期违约等问题的监管。

（五）消费券作用弱化降低刺激效果

为积极促消费、稳增长，河南持续强化政策支持，发放餐饮、百货等各类消费券，一定程度上推动了消费市场的增长，短期刺激效果明显，但中长期效果弱化。从消费券使用效果看，25.1%的居民认为政府近年来的消费券等促消费政策效果不大，48.4%的居民认为效果一般，仅26.5%的居民认为效果较好。从消费券领取情况看，四成居民未领取过且农村地区使用率稍低，调研显示，40.7%的居民未领取过消费券，其中城镇为36.0%，农村为46.0%，消费券吸引力有限。从消费券存在的问题看，反映数量少、额度小最为集中，56.0%的居民认为消费券数量太少，抢不到，41.5%的居民认为消费券额度太小，对消费需求影响不大，25.1%的居民认为消费券可用范围窄，24.4%的居民认为商家价格先提升后优惠，无使用必要，22.6%的居民表示消费券使用有限，满足一定额度才能使用，19.8%的居民表示宣传不到位，无法及时获取领券信息。某居民表示，与2021年"满200减50""满

1000减200"等消费券相比,现在消费券要么抢不到,抢到的也仅为"满50减5元"等小面额,已经失去抢券热情。

四 促进居民消费的相关建议

消费是经济增长的持久动力,是河南实施扩大内需战略的基础支撑。要继续把恢复和扩大消费摆在优先位置,优化消费供给,创新消费场景,加快促进消费回暖和潜力释放,更好满足人民群众对高品质生活的需要,为全省经济高质量发展提供新动能新活力。

(一)稳定收入预期,让居民"能消费"

坚持多措并举、靶向发力,切实稳就业促增收,提高居民消费能力。进一步加大稳工稳岗力度,加强规模以上企业培育,做好中小微企业帮扶,强化企业吸纳用工和提高工资待遇能力,夯实居民就业保障基础。深入落实就业优先政策,组织开展促进青年就业行动,加大返乡入乡创业支持力度,千方百计稳定和促进就业。推进收入分配制度改革,完善再分配制度,着力缩小贫富差距,扩大中等收入群体规模,保障低收入群体生活,形成"中间大两头小"的收入分配格局。健全最低工资标准调整机制,推动居民工资收入合理平稳增长,多渠道提高城乡居民财产性收入,从根本上夯实消费基础。

(二)加强社会保障,让居民"敢消费"

坚持系统谋划、统筹推进,强化政府、社会和市场三方合力,加大住房、教育、医疗、养老社会保障力度,提振居民消费信心。加强住房保障体系建设,加大青年购房、二孩三孩家庭补贴力度,适当降低房产交易税费,支持刚性和改善性住房需求,解决好新市民、青年人等住房问题。推进义务教育优质均衡发展和城乡一体化,提高普惠性教育水平,提高校内兴趣培训质量,加大公益性教培机构建设力度。完善基本医疗保险制度,健全重特大

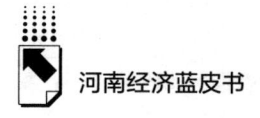

疾病医疗保险和救助制度，支持商业健康保险发展。加强养老服务保障，发展企业年金、职业年金等多层次养老体系，动态调整基本养老服务清单，全方位为老年人提供基础性、普惠性、兜底性服务。

（三）丰富产品供给，让居民"愿消费"

坚持创新驱动、品质提升，增加优质新型产品和生活服务有效供给，让有购买能力和消费需求的居民买到满意的商品和服务，进一步释放消费市场潜能。加强科技成果转化应用，推动新能源车、智能家居等智能化、绿色化高端产品研发创新，推动新一轮品质革命，培育形成更多新技术、新产业、新模式，以高质量供给引领和创造市场新需求。以居民消费品质化、品牌化、个性化需求为导向，积极培育体育赛事、国货"潮品"等消费新热点。探索创新消费场景，把握线上线下消费联动热潮，发展即时零售、数字消费等新模式新业态，激发消费欲望，推动新型消费扩容提质。

（四）优化消费环境，让居民"肯消费"

坚持标本兼治、综合施策，聚焦环境提优、消费提质、监管提效，着力营造放心消费市场环境。升级消费配套服务，实行景区门票减免行动，提升文化、旅游、体育等消费基础设施，强化餐饮、住宿、交通等配套设施建设，在全省打造一大批放心商店、放心市场、放心街区、放心景区等区域品牌，拉动城乡消费。聚焦消费领域的新情况新问题，不断完善消费者保护法规机制，加快消费信用体系建设，夯实消费环境制度基础。持续加强监管执法，依法打击侵权假冒、坑蒙拐骗、泄露隐私等行为。加强房地产市场、互联网交易等重点领域监管，畅通维权渠道，规范售后服务，营造安心放心诚信的消费环境。

（五）加强政策支撑，让居民"想消费"

坚持政府搭台、企业唱戏，不断充实完善政策工具箱，强化政策刺激消费力度，持续释放居民消费潜力。加强消费券政策研究，针对不同消费群体、消费种类、消费倾向等细化政策设计，适当增加消费券发放数量和频次，科学设置消费券使用规则。加大财政金融政策支持力度，用真金白银推动以旧换新行动落地落细，以汽车、家电、家装三大耐用品换新为牵引，加大换新优惠，拓展换新范围，强化配套措施，激发换新意愿。加大促消费政策宣传力度，提高居民知晓率、参与率，发挥政策最大效用。

社会科学文献出版社

皮 书

智库成果出版与传播平台

❖ 皮书定义 ❖

皮书是对中国与世界发展状况和热点问题进行年度监测，以专业的角度、专家的视野和实证研究方法，针对某一领域或区域现状与发展态势展开分析和预测，具备前沿性、原创性、实证性、连续性、时效性等特点的公开出版物，由一系列权威研究报告组成。

❖ 皮书作者 ❖

皮书系列报告作者以国内外一流研究机构、知名高校等重点智库的研究人员为主，多为相关领域一流专家学者，他们的观点代表了当下学界对中国与世界的现实和未来最高水平的解读与分析。

❖ 皮书荣誉 ❖

皮书作为中国社会科学院基础理论研究与应用对策研究融合发展的代表性成果，不仅是哲学社会科学工作者服务中国特色社会主义现代化建设的重要成果，更是助力中国特色新型智库建设、构建中国特色哲学社会科学"三大体系"的重要平台。皮书系列先后被列入"十二五""十三五"" 十四五"时期国家重点出版物出版专项规划项目；自2013年起，重点皮书被列入中国社会科学院国家哲学社会科学创新工程项目。

皮书网

（网址：www.pishu.cn）

发布皮书研创资讯，传播皮书精彩内容
引领皮书出版潮流，打造皮书服务平台

栏目设置

◆ **关于皮书**
何谓皮书、皮书分类、皮书大事记、
皮书荣誉、皮书出版第一人、皮书编辑部

◆ **最新资讯**
通知公告、新闻动态、媒体聚焦、
网站专题、视频直播、下载专区

◆ **皮书研创**
皮书规范、皮书出版、
皮书研究、研创团队

◆ **皮书评奖评价**
指标体系、皮书评价、皮书评奖

所获荣誉

◆ 2008年、2011年、2014年，皮书网均在全国新闻出版业网站荣誉评选中获得"最具商业价值网站"称号；

◆ 2012年，获得"出版业网站百强"称号。

网库合一

2014年，皮书网与皮书数据库端口合一，实现资源共享，搭建智库成果融合创新平台。

皮书网

"皮书说"
微信公众号

权威报告·连续出版·独家资源

皮书数据库
ANNUAL REPORT(YEARBOOK) DATABASE

分析解读当下中国发展变迁的高端智库平台

所获荣誉

- 2022年,入选技术赋能"新闻+"推荐案例
- 2020年,入选全国新闻出版深度融合发展创新案例
- 2019年,入选国家新闻出版署数字出版精品遴选推荐计划
- 2016年,入选"十三五"国家重点电子出版物出版规划骨干工程
- 2013年,荣获"中国出版政府奖·网络出版物奖"提名奖

皮书数据库

"社科数托邦"微信公众号

成为用户

登录网址www.pishu.com.cn访问皮书数据库网站或下载皮书数据库APP,通过手机号码验证或邮箱验证即可成为皮书数据库用户。

用户福利

- 已注册用户购书后可免费获赠100元皮书数据库充值卡。刮开充值卡涂层获取充值密码,登录并进入"会员中心"—"在线充值"—"充值卡充值",充值成功即可购买和查看数据库内容。
- 用户福利最终解释权归社会科学文献出版社所有。

卡号:495854159283
密码:

数据库服务热线:010-59367265
数据库服务QQ:2475522410
数据库服务邮箱:database@ssap.cn
图书销售热线:010-59367070/7028
图书服务QQ:1265056568
图书服务邮箱:duzhe@ssap.cn

法律声明

"皮书系列"(含蓝皮书、绿皮书、黄皮书)之品牌由社会科学文献出版社最早使用并持续至今,现已被中国图书行业所熟知。"皮书系列"的相关商标已在国家商标管理部门商标局注册,包括但不限于LOGO( )、皮书、Pishu、经济蓝皮书、社会蓝皮书等。"皮书系列"图书的注册商标专用权及封面设计、版式设计的著作权均为社会科学文献出版社所有。未经社会科学文献出版社书面授权许可,任何使用与"皮书系列"图书注册商标、封面设计、版式设计相同或者近似的文字、图形或其组合的行为均系侵权行为。

经作者授权,本书的专有出版权及信息网络传播权等为社会科学文献出版社享有。未经社会科学文献出版社书面授权许可,任何就本书内容的复制、发行或以数字形式进行网络传播的行为均系侵权行为。

社会科学文献出版社将通过法律途径追究上述侵权行为的法律责任,维护自身合法权益。

欢迎社会各界人士对侵犯社会科学文献出版社上述权利的侵权行为进行举报。电话:010-59367121,电子邮箱:fawubu@ssap.cn。

社会科学文献出版社